German Grammar

About the Author

Eric V. Greenfield received his A.B. degree from Colgate University and his A.M. degree from Harvard University, and then studied intensively abroad, in Spain, France, and Germany. After holding various teaching posts he joined the faculty of Purdue University, where he taught for more than forty years and now holds the rank of Professor Emeritus of Modern Languages. He is the author of numerous textbooks, including *Technical and Scientific German; Industrial and Scientific French;* and *Spanish Grammar* (another volume in the College Outline Series).

COLLEGE OUTLINE SERIES

GERMAN GRAMMAR

ERIC V. GREENFIELD

Third Edition

BARNES & NOBLE BOOKS
A DIVISION OF HARPER & ROW, PUBLISHERS
New York, Hagerstown, San Francisco, London

Third Edition, 1968

L. C. catalogue card number: 68-55292
ISBN: 0-06-460034-3

Manufactured in the United States of America

82 83 84   20 19 18 17 16 15 14 13 12

Preface

In response to wide demand, this edition of the popular Outline of German Grammar is printed in Roman type. However, the exercises in the last eight lessons are printed both in Roman and in Fraktur type. The interparagraph presentation for these exercises provides an opportunity for the student to practice reading German books printed in Fraktur.

As its name implies, this book contains only the prime essentials of German grammar, and is intended as a text book for those beginning the study of German. Its chief objectives are to identify, explain, and exemplify the high points of German grammar, and also by constant repetition in abundant reading and translation exercises, to implant a basic vocabulary of 760 words. The fundamental keynotes of this book are simplicity and repetition.

Mature, well prepared students, reciting three times a week, can master the contents of this book in one semester. It is my own experience, however, that students lose nothing in time or accomplishment, if they devote twenty-five or even thirty weeks to the beginning grammar.

This book is not the result of a capricious impulse to add one more text to an already overcrowded field, but is rather the outgrowth of several ideas that have insistently forced themselves upon me in some thirty-odd years of experience in teaching first-year German classes. These ideas, which, I trust, will conduce to simplification and clarification in presenting German grammar, and which I have tried to emphasize in this book, are:

(*a*) Topical or unitary lessons
(*b*) Very small vocabulary (760 words)
(*c*) Simplified treatment of noun declension
(*d*) Abundance of German text (12,000 words)
(*e*) Complete one-page conjugations of 26 verbs.

Topical or Unitary Lessons. All beginning German texts must contain the prime essentials of German grammar, whether they be distributed over sixty lessons or compressed into sixteen. The sixteen-lesson book must, obviously, crowd several grammatical themes into one chapter. The whole problem then simmers down to sequence, grouping and

5

presentation. Any sequence that ever has been, or ever can be devised, will be subject to harsh criticism since practically every unit of German grammar has its proponents who demand for it a position in the first third of the book. As to grouping of units, it seems to me far more effective pedagogically and strategically to divide the grammar into its various unitary difficulties and to attack these units individually, rather than in combinations of two, three, or even four. Hence the forty-eight lessons in this book, each devoted to one prime unit of German grammar.

760-Word Vocabulary. Individual views on the ability of students to acquire vocabulary in a foreign language vary most widely, probably because of a confusion in the use of the terms *active vocabulary* and *passive vocabulary*. It is axiomatic, however, that words are learned and retained largely in proportion to the number of times they are encountered, whether audibly or visually, and especially in proportion to the number of times they are made use of in a conscious effort to express a complete thought or idea. The vocabulary herein suggested consists of 760 different words selected on the basis of Wadepuhl and Morgan's Minimum Standard German Vocabulary. Some 82% of these words are found in the basic first thousand of Wadepuhl and Morgan's list, and nearly 18% in the second thousand, a very few words having been introduced arbitrarily. These 760 words are meant to be a working, active vocabulary. I believe that the student, who in one year acquires and uses with facility both in composition and conversation 760 words of a foreign tongue, has accomplished all that we can reasonably expect and demand of him in the field of active vocabulary. This book, however, because of its very small vocabulary, can be used effectively by those wishing to complete the grammar in one semester.

Simplified Treatment of Noun Declension. The simplified treatment of nouns, as herein suggested, is, if not entirely an innovation, at least novel. Instead of loading the student down with four or five lessons of dry and confusing explanations on the strong, weak, and mixed declensions, one simple lesson, it seems to me, suffices for the ample elucidation of the whole subject. The learning of the gender and nominative plural of each and every noun is, of course, a difficulty that cannot be circumvented.

Abundance of German Text. This book contains approximately 12,000 words of German text. These 12,000 words, if read aloud in

German, will surely give ample oral and aural practice. In a text containing only 760 different words, which are introduced at the rate of 16 to a lesson, I see little excuse for translation from German to English. My advice would be: Read! Reread! Do not translate!

The other, most important and most difficult part of the language teacher's art, namely, inducing the pupil to make a conscious effort to use these words to clothe his own ideas, must devolve upon the teacher himself.

Complete One-Page Conjugations, in which the structural relations and beautiful symmetry of the various modes and tenses are shown, are, I believe, something entirely new in German grammars. Many students have assured me that they never understood the structure, or appreciated the symmetry, of the Germanic verb until they had carefully written out the complete conjugation of several verbs on the plan here suggested. These 26 complete conjugations of various types of verbs form a main *raison d'être* of this book.

It is a pleasure to acknowledge the invaluable assistance of Mr. Reinhart Rall, German exchange student to Purdue University during the year 1938-39, in writing the German exercises.

To my colleagues, Professors Otto A. Greiner, John T. Gunn, and George W. Spindler, who have so conscientiously read and corrected my manuscript and made many helpful suggestions, I am most deeply grateful.

I am also grateful to Mr. Fritz L. Samson and Mr. Werner Plaut for their thorough reading of the proof.

And last but not least, I owe a heavy debt of obligation to Professor Gerhart Baerg, of DePauw University, whose kindly and competent criticisms have been most helpful.

E. V. Greenfield

Table of Contents

9

Introduction

German pronunciation should offer far less difficulty than English, since, with very few exceptions, German words are spelled in accordance with their pronunciation and are pronounced in accordance with their spelling.

The pronunciation of any foreign language is acquired principally through imitation and practice. Independent reading of rules on pronunciation except by experienced language students, is largely useless. Every rule here given should be read aloud in class. The lists of illustrative words under each rule are made long intentionally, in order to provide ample opportunity for individual students and groups of students to imitate the teacher's pronunciation.

I. The Alphabet. The German alphabet, like English, contains twenty-six letters.

German form		German name		Roman form	
𝔄	a	a	(ah)	A	a
𝔅	b	be	(bay)	B	b
ℭ	c	ce	(tsay)	C	c
𝔇	d	de	(day)	D	d
𝔈	e	e	(ay)	E	e
𝔉	f	ef	(eff)	F	f
𝔊	g	ge	(gay)	G	g
𝔥	h	ha	(hah)	H	h
ℑ	i	i	(ee)	I	i
ℑ	j	jot	(yot)	J	j
𝔎	k	ka	(kah)	K	k
𝔏	l	el	(el)	L	l
𝔐	m	em	(em)	M	m
𝔑	n	en	(en)	N	n
𝔒	o	o	(oh)	O	o
𝔓	p	pe	(pay)	P	p

German form	German name		Roman form	
ℚ q	ku	(koo)	Q	q
ℛ r	r	(er)	R	r
𝔖 ſ, ß, ß	eß	(ess)	S	s ß
𝔗 t	te	(tay)	T	t
𝔘 u	u	(oo)	U	u
𝔙 v	vau	(fow)	V	v
𝔚 w	w	(vay)	W	w
𝔛 x	ix	(ix)	X	x
𝔜 y	ypſilon	(ipsilon)	Y	y
ℨ z	zet	(tset)	Z	z

Notes on German type peculiarities:

(*a*) Capitals I and J have the same form: Inſel, island: Jahr, year.

(*b*) s has two forms, ſ and ß. At the end of syllables ß is used, in other places ſ. Hauß, biß, unß, unſer, leſen, ſtark.

(*c*) Double s is printed ſſ and ß (es-zet). ß is used after long vowels and diphthongs, before consonants, and at the end of a word or of an element of a compound; ſſ is used elsewhere. (This rule is simply explanatory; do not try to memorize it. In using Roman script use ss to represent both these forms.) ißt, Fuß, beißen, Straße, laſſen, Waſſer.

Whether printed ſſ or ß, the pronunciation is the same.

(*d*) Other combinations of letters that are printed as one character, are ch (tsay-hah) = ch; ck (tsay-kah) = ck; tz (tay-tset) = tz.

II. Capitalization. All nouns, and adjectives used as nouns, begin with capital letters.

das Haus (the house)
der Sohn (the son)
das Kind (the child)

der Tisch (the table)
der Junge (the boy)
das Gute (the good)

Adjectives denoting nationality are written with a small letter.

deutsch englisch französisch

III. Syllabification. Every syllable must contain a vowel or a vowel combination. A single consonant (also ch, ph, sch, st, ß,

th, which are considered single consonants) standing between vowels, belongs with the following vowel.

Sa-che	be-rei-ten	Ge-bäu-de
le-sen	Blu-me	glau-ben
gu-te	trei-ben	Mei-le
ge-le-gen	rie-chen	Schul-ar-beit
wa-schen	A-bend-schu-le	

When two or more consonants come together in the middle of a word, the last consonant goes with the following vowel.

freund-lich	des-halb	Dok-tor
Kin-der	Deutsch-land	um-sonst
Win-ter-gar-ten	be-gin-nen	ver-kau-fen
Ge-fal-len	kom-men	Stun-de
deut-lich	ver-su-chen	Leh-rer

IV. Accent. The following rules of accent hold good for the great majority of German words. Some exceptions will be explained later.

(*a*) In uncompounded words, the chief accent falls on the first syllable.

set′-zen	im′-mer	Stun′-de
freund′-lich	Dok′-tor	Leh′-rer
Win′-ter	wa′-schen	kau′-fen
deut′-lich	En′-de	Vo′-gel

(*b*) Each component of a compound word has its own individual accent, the principal accent, however, falling on the first component.

Was′-ser-wa-gen	Mor′-gen-stun-de
Schul′-leh-rer	Schlaf′-zim-mer
Gar′-ten-blu-men	Land′-kar-te
Hand′-schuh-la-den	wun′-der-schön

(*c*) No general rule can be given for the accent of foreign words that have been absorbed by German.

Na-tion′	Fa-mi′-lie	Cha-rak′-ter
mo-dern′	na-tio-nal′	Ar-chi-tek-tur′

V. Vowels. The following rules on long and short vowels will be found very useful and helpful in learning to pronounce German.

(*a*) A vowel doubled or followed by h is long.

Boot, See, Staat, fahren, Jahr, Ohr, ehrlich.

(*b*) An accented vowel followed by a single consonant is long.

lesen, sehen, Brot, schon, Tag, nur, Kino, Lage.

In some of the commonest monosyllables, however, even when strongly accented, the vowel is short.

ab, an, bin, hat, hin, man, mit, um, was, weg.

(*c*) A vowel followed by two or more consonants is regularly short.

setzen, doch, jetzt, Bild, endlich, Geld.

(*d*) Unaccented vowels, when not final, are short.

eben, essen, Zimmer, Königin, Boden, anderer, zusammen.

The vowels are pronounced thus:

ā = a in father.

schaden, schlafen, Staat, fahren, Name, Lage, nahm.

ă = a in artistic, what.

Bank, Tante, jemand, also, bald, machen, etwas, langsam.

ē = a in late, Kate, May.

lesen, sehen, Heer, See, Schnee, zehn, Fehler.

ĕ = e in bet, ten, Ned, men; when final, it is pronounced like a in comma, Emma.

Bett, setzen, Geld, Stunde, wohnen, Messer, Reise, sprechen.

ī = i in machine.

ihm, ihnen, dir, Berlin, ihr, Amerika.

ĭ = i in sin, tip, twist, bit.

mit, Zimmer, Bild, hinter, finden, bitten, immer, singen.

ō = o in bone, both, go.

loben, Sohn, Boot, schon, oder, Roman, Monat, Boden.

ŏ = o in omit, obey. It is never pronounced like the sound in pod, cob, doll.

geworden, Glocke, Soldat, kommen, oft, Volk, ob, Dorf.

ū = oo in pool, fool, cool.

Schule, Student, Stuhl, schlug, Uhr, zu, Schuh, Juni, fuhren.

ŭ = u in pull, full; or oo in wood, foot, hood.

Mutter, Stunde, Unglück, unser, Butter, Gesundheit, durfte.

VI. Umlaut or Modified Vowels. The vowels a, o, u may, in addition to the sounds given above, be modified into still other sounds. These modified sounds are indicated by two dots, and are called umlauts. Five of these six umlaut sounds have no exact equivalents in English, and must be acquired through imitation.

ā̈ = approximately the first vowel sound in their.

Väter, spät, ähnlich, Gläser, nähen, ungefähr, zählen.

ä̆ = e in let, lent, ten, mess, Ted, tell, Nell, pest.

Hände, Äpfel, Bänke, Hälfte, Gärten, Männer, März, hätte, Lärm, Nächte.

ō̈ = a in lane, but with lips tensely rounded and protruded. This sound ö (like French eu in **feu**) does not occur in English.

König, Söhne, schön, hören, böse, töten, Böden, französisch, Öfen.

ö̆ = short e in let, ten, pest, but with rounded lips. This sound (like French eu in **beurre**) does not occur in English.

Köpfe, öffnen, Wörter, Schlösser, könnte, Börse, zwölf, plötzlich, Dörfer.

ṻ = ę in be, he, but with lips tensely rounded and protruded. This sound does not occur in English. It has the same pronunciation as French u (tu, vu).

Stühle, über, früh, Prüfung, grün, Frühling, Tür, führen, müde.

ü̆ = short i in lip, bin, pill, but with lips rounded and protruded.

zurück, Glück, lüfte, müssen, Küche, Mütter, fünf, Flüsse.

VII. Diphthongs. The diphthongs in German are:

au = ou in house, mouse.

Haus, aus, faul, bauen, glauben, August, Aufgabe.

äu = oi in oil, coil, toil.
     Häuser, läuten, Gebäude, Fräulein, läufst, Bäume.

eu = oi in oil, coil, toil.
     Deutsch, Leute, Freund, treu, euer, bedeuten, neu, heute.

ai = i in fine, dine, twine.
     Kaiser, Mai.

ei = i in fine, dine, twine.
     Stein, weil, gleich, Freitag, ein, sein, fleißig, klein.

ie = e in be, see, me; it is not slurred as in the usual English pro-
     nunciation of be, me, etc., but is pronounced as pure vo-
     calic e.
     Tier, lieben, hier, bieten, tief, wieder, sieben, wiegen, niemand.

VIII. Consonants

b   = English b, generally. Abend, haben, bald, geben, Baum.

b   = p at the end of syllable or word, and also before inflec-
       tional suffixes beginning with a consonant.
       abschreiben, abfahren, hob, lobte, habt, ob, blieb.

c   as an independent letter, is now seldom used, except in
       foreign words. Before a, o, u, au, ou, or a consonant, it is
       pronounced k; elsewhere like ts. Café.

ch   = no English sound. It is nearest to English k, which, how-
       ever, cannot be made into a continuous sound, but comes
       to an abrupt stop. German ch, on the other hand, is pro-
       duced by contracting the air passages just enough to cause
       audible friction, but not enough to cause a stop as in k.
       German ch can be continued indefinitely as a sound.
       Dach, ich, lachen, Dichter, machen, Buch, auch, hoch,
       Küche, doch, acht, endlich.

sch = sh: schade, schlafen, schlagen, Tisch, Fisch, schließen.

ck   = k: wecken.

d   = d, generally.
       dein, binden, Dorf, müde, weder, ander, Stunde, deutsch.

d   = t at the end of a word or syllable, or before inflectional suf-
       fixes beginning with a consonant.

Hand, Land, Leid, Lied, bandst, fandst, Bild, Handschuh, Abendessen.

dt = t: Stadt, gesandt, sandte.

f = f: Dorf, fragen, schlafen, fünf, fast, Fleisch.

g = g in good, gave, in most positions: Gras, gut, geben, Aufgabe, Garten, gegen, gern.

g at the end of a word or syllable, or before inflectional suffixes beginning with a consonant, sounds like ch in ich, hoch, Buch, Dach. In some parts of Germany, it is pronounced like k, in other parts like g.

mag, Tag, lagst, lag, bog, König, ruhig.

ng = ng in singer, never as ng in finger.

singen, fangen, lange, hangen, gingen, Finger.

h = h in house at the beginning of a word, or of a stem-syllable.

hören, haben, wohin, woher, Wahrheit, Klugheit, gehören. Elsewhere h is silent and merely indicates that the preceding vowel is long.

sehen, gehen, ehrlich, ehe, sehr, Lehrer, fuhr, fahren.

i = y in you, yes.

Juli, ja, Juni, jung, jener, jeder, Januar, Jahr, jetzt.

k = k: kochen, wecken, kalt, bekommen, kühl, klug, klar, erklären.

l = l in long: lachen, gelingen, Volk, klug, klar, kühl, fallen.

m = m in man, same, more.

mehr, müde, Mann, jedermann, Name, Mädchen, Amerika, mein, Baum.

n = n in name, no, Sunday.

Ende, Mann, Sonntag, senden, ander, Name, plaudern.

ng (has been explained under g)

p = p in pure, ape, reap.

Pult, Papier, Kopf, plaudern, Pferd, Platz, Professor, Präsident, Apfel.

q = occurs only before u; qu is pronounced nearly like kv.

Quadratmeile.

r is pronounced with a distinct trill except at the end of a word or syllable, where a mere tap will suffice.

raten, bereiten, arm, berühmt, Pferd, plaudern, Präsident, erreichen, Garten, war.

s ≐ s in rose, nose, because, when standing at the beginning of a word, before a vowel, or when standing between vowels.
sehen, sagen, böse, Esel, amüsieren, Gläser, Gesundheit. Elsewhere s is like s in sold, same; Glas, fast, lassen, gestern, best, essen, Klasse.

sp, st at the beginning of a word or stem-syllable are pronounced shp, sht.
Stein, sprechen, gestanden, spielen, verstehen, Sprache.

t = t: Zeit, Hut, hinter, spät, arbeiten, Garten, gestern, Leute.

th = t: the h in this combination is always silent.
Theater, Thron, Theodor.

v = f in father, fear, defeat.
Vater, wovon, vier, verstehen, Volk, vollenden, Vogel.

w = v in very, evil, evening.
Wasser, Löwe, gewinnen, Mittwoch, was, entweder, weil, wahr, weiß, Welt, Wetter, wieder.

x = x in wax, axle. It occurs in very few words, and not at all in this book.

z = ts in cuts, boots, hurts.
stolz, Zimmer, ziehen, wozu, französisch, schmelzen, vierzehn, zwei, Zeitung, zusammen, scherzen.

IX. **Punctuation.** In general, the marks of punctuation and their uses are the same as in English. The dependent clause, however, is always preceded by a comma. An imperative sentence is always punctuated with an exclamation point.

X. **Reading Exercises.** It is recommended that the following poems be read and reread many times before beginning the grammar proper. A brief explanation of the content, without any attempt at translation, may add interest to these practice exercises.

(*a*)   Eins zwei drei.
Alt ist nicht neu.
Neu ist nicht alt.
Warm ist nicht kalt.
Kalt ist nicht warm.
Reich ist nicht arm.

Eins zwei drei.
Alt ist nicht neu.
Arm ist nicht reich.
Hart ist nicht weich.
Frisch ist nicht faul.
Ochs ist kein Gaul.

Eins zwei drei.
Alt ist nicht neu.
Sauer ist nicht süß.
Händ' sind keine Füß',
Füß' sind keine Händ',
Das Lied hat ein End'.

(*b*)   Du bist wie eine Blume,
So hold und schön und rein;
Ich schau dich an, und Wehmut
Schleicht mir ins Herz hinein.

Mir ist, als ob ich die Hände
Aufs Haupt dir legen sollt',
Betend, daß Gott dich erhalte
So rein und schön und hold.

(Heinrich Heine)

(*c*)   **Der alte König**

Es war ein alter König,
Sein Herz war schwer, sein Haupt war grau;
Der arme, alte König,
Er nahm eine junge Frau.

Es war ein schöner Page
Blond war sein Haupt, leicht war sein Sinn;
Er trug die seidne Schleppe
Der jungen Königin.

Kennst du das alte Liedchen?
Es klingt so süß, es klingt so trüb!
Sie mußten beide sterben,
Sie hatten sich viel zu lieb.

(Heinrich Heine)

(*d*) Wir fuhren allein im dunkeln
Postwagen die ganze Nacht;
Wir ruhten einander am Herzen,
Wir haben gescherzt und gelacht.

Doch als es morgens tagte,
Mein Kind, wie staunten wir!
Denn zwischen uns saß Amor,
Der blinde Passagier.

(Heinrich Heine)

(*e*) Ich liebe den Winter, ich liebe den Schnee,
Ich liebe das Eis and den Fluß und den See.

Ich liebe die Blume, ich liebe das Spiel,
Ich liebe die Schule, ich liebe gar viel.

Ich liebe das Bächlein, das Tal und die Höh'n,
Ich liebe die Vögel, sie singen so schön.

(Folksong)

(*f*) Du, du liegst mir im Herzen,
Du, du liegst mir im Sinn,
Du, du machst mir viel Schmerzen,
Weißt nicht, wie gut ich dir bin!

So, so wie ich dich liebe,
So, so liebe auch mich,
Die, die zärtlichsten Triebe
Fühl' ich nur einzig für dich!

Doch, doch darf ich dir trauen,
Dir, dir mit leichtem Sinn?
Du, du darfst auch mich bauen,
Weißt ja, wie gut ich dir bin!

Und, und wenn in der Ferne
Dir, dir mein Bild erscheint,
Dann, dann wünscht' ich so gerne,
Daß uns die Liebe vereint!

(Folksong)

Present Tense of sein—Personal Pronouns—
Principal Parts

I. Present Tense of sein (be)

ich bin (I am)　　　　　　wir sind (we are)
du bist (you are)　　　　　ihr seid (you are)
er ist (he is)　　　　　　　sie sind (they are)
sie ist (she is)　　　　　　Sie sind (you are)
es ist (it is)
In conjugating any tense, ordinarily only the three singular forms
(ich, du, er) and the three plural forms (wir, ihr, sie) are given.

II. Personal Pronouns

(a) Notice that ich (I) is not capitalized, except when beginning a
sentence.

(b) Note that du, ihr, and Sie all mean you. One uses:
du in speaking familiarly to a child, relative, or friend; ihr in
speaking familiarly to children, relatives, or friends;
Sie in speaking formally to one person, or to several. This
pronoun of formal address is always capitalized; it is used with
the third person plural form of the verb; it is the pronoun of
address most generally used in classroom conversation.

Karl, wo bist du?　　　　　Charles, where are you?
Vater, wo bist du?　　　　　Father, where are you?
Kinder, wo seid ihr?　　　　Children, where are you?
Herr Braun, wo sind Sie?　　Mr. Brown, where are you?
Wo sind Sie?　　　　　　　Where are you?
Wo sind sie?　　　　　　　Where are they?
Wo ist sie?　　　　　　　　Where is she?

III. Principal Parts. German verbs, like English, have three principal parts—the infinitive, the past tense, and the perfect participle.

sein (be)   war (was)   gewesen (been)

In studying any German verb, learn first of all its principal parts, since they are the basis of the whole verb structure, and from them any tense can be very easily derived.

Vocabulary

wo where	**auch** also, too
warum why	**aber** but; however
groß large	**und** and
klein small	**nicht** not
schön beautiful	**hier** here
gut good	**da** there
ja yes	**sehr** very
nein no	**zu Hause** (at) home
Karl Charles	**Heinrich** Henry
Bertha Bertha	**Herr Braun** Mr. Brown

sein, war, gewesen (be, was, been)

Exercises

A. 1. Wo bist du Karl? 2. Warum bist du hier? 3. Warum bist du nicht zu Hause? 4. Wo ist Heinrich? Ist er zu Hause? 5. Ja, er ist zu Hause. 6. Da ist Bertha; sie ist hier, aber Heinrich ist zu Hause. 7. Bertha ist klein und schön. 8. Ist sie gut? 9. Ja, sie ist sehr gut. 10. Wo sind Sie, Herr Braun? 11. Warum sind Sie nicht zu Hause? 12. Heinrich ist zu Hause, aber wir sind hier. 13. Wo seid ihr, Karl und Bertha? 14. Warum seid ihr hier?

B. 1. Bertha is very small, but she is beautiful. 2. We are here. 3. Bertha and Charles are good. 4. Why aren't they at home? 5. Why aren't you at home, Mr. Brown? 6. Mr. Brown is very good. 7. Is he large? 8. Yes, he is very large. 9. Bertha and Charles and I are here. 10. Why are you here, Bertha and Charles? 11. Is Henry here? 12. No, he is at home.

LESSON II

Present Tense of werden—Definite and Indefinite Articles—Nouns—Agreement of Personal Pronouns

I. Present Tense of werden (become, get)

ich werde	wir werden
du wirst	ihr werdet
er (sie, es) wird	sie (Sie) werden

In English, the present and past tenses of a verb may be expressed in three different ways or forms, namely:

(a)	*Simple form*	I become, I work
		I became, I worked
(b)	*Progressive form*	I am becoming, I am working
		I was becoming, I was working
(c)	*Emphatic form*	I do become, I do work
		I did become, I did work, etc.

German, on the other hand, has no progressive and emphatic forms; **Er wird böse** may be translated: He gets angry; he is getting angry; he does get angry.

II. Definite Article (the)

	Masculine	Feminine	Neuter
Singular	der	die	das
Plural	die	die	die

der Lehrer	the teacher	die Lehrer	the teachers
das Kind	the child	die Kinder	the children
die Aufgabe	the lesson	die Aufgaben	the lessons
der Schüler	the pupil	die Schüler	the pupils

III. Indefinite Article (a, an)

	Masculine	Feminine	Neuter
	ein	eine	ein

ein Schüler	a pupil	ein Kind	a child
eine Aufgabe	a lesson	ein Lehrer	a teacher

23

IV. Nouns

(*a*) All nouns are capitalized in German.

das Kind	das Wetter	die Aufgabe

(*b*) Gender. Nouns denoting males are usually masculine, and those denoting females are usually feminine.

der Mann	the man	der Onkel	the uncle
die Frau	the woman	die Tante	the aunt

Names of inanimate objects may be masculine, feminine, or neuter. The learning of the gender of German nouns is a difficult task.

das Wetter	the weather	der Stuhl	the chair
die Aufgabe	the lesson	die Feder	the pen

(*c*) Pluralization. German nouns are pluralized in several ways, some by merely umlauting the vowel, some by adding **e**, some by adding **er**, some by adding **(e)n**, and some remain unchanged. The learning of these various plurals is also a difficult task. In studying German nouns, learn the gender and the nominative plural, thus:

der Vater	die Väter	die Aufgabe	die Aufgaben
der Onkel	die Onkel	der Schüler	die Schüler
das Kind	die Kinder	der Stuhl	die Stühle

V. Agreement of Personal Pronouns.

A personal pronoun used to refer to an inanimate object is always of the same gender as the noun to which it refers.

Ist die Aufgabe interessant?	Sie ist sehr interessant.
Ist der Stuhl klein?	Ja, er ist klein.

VI. Nicht wahr?

(not true? isn't it true?) Notice how the invariable German phrase 'nicht wahr? ' corresponds to a large variety of English question-phrases.

Sie ist zu Hause, nicht wahr?   She is at home, isn't she?
Er hat ein Buch, nicht wahr?   He has a book, hasn't he?
Wir gehen nach Hause, nicht wahr?   We are going home, aren't we?

VII. Position of Certain Words

(a) Adverbs of time precede adverbs of place.

Er ist jetzt zu Hause. He is at home now.

(b) Predicate adjectives usually stand at the end of the clause.

Das Wetter wird jetzt schön. The weather is getting beautiful now.

Vocabulary

die Aufgabe (die Aufgaben) lesson
die Eltern (*plur.*) parents
das Kind (die Kinder) child
der Lehrer (die Lehrer) teacher
der Schüler (die Schüler) pupil
das Wetter (*no plural*) weather
Frau Braun Mrs. Brown
Fräulein Braun Miss Brown
alt old

jung young
heiß hot
kalt cold
interessant interesting
oder or
heute today
jetzt now
der, die, das the
ein, eine, ein a, an; one

werden (wurde, geworden) become, get

Exercises

A. Hier sind die Kinder. Sie sind Schüler. Ein Schüler ist nicht hier. Er ist zu Hause. Der Lehrer ist Herr Braun. Er ist jetzt hier, aber Frau Braun und Fräulein Braun sind zu Hause. Sind die Kinder alt oder jung? Sie sind jung, nicht wahr? Ein Lehrer ist alt; Herr Braun ist nicht sehr alt, aber er wird alt. Die Eltern werden alt. Fräulein Braun ist jung und schön. Wo ist sie heute? Sie ist jetzt zu Hause. Frau Braun ist auch zu Hause. Ist die Aufgabe heute interessant? Ja, sie ist heute sehr interessant. Die Aufgaben werden jetzt interessant, nicht wahr? Auch der Lehrer ist interessant. Das Wetter ist heute schön, nicht wahr? Ja, es ist sehr schön. Ist es heiß oder kalt? Es ist jetzt heiß, aber es wird kalt. Heute sind die Schüler gut. Heute ist der Lehrer gut. Heute ist die Aufgabe interessant. Jetzt ist das Wetter schön, aber heiß.

B. 1. A teacher gets old. 2. A lesson becomes interesting. 3. A pupil gets old. 4. We are getting old, aren't we? 5. Is the teacher old or young? 6. Why isn't Mr. Brown here today? 7. Where are Mrs. Brown and Miss Brown today? 8. Miss Brown, you are young and beautiful, aren't you? 9. I am young, but I am not beautiful. 10. The lesson is interesting. 11. Are the lessons now getting interesting? 12. Where is the lesson today? 13. The weather is cold now, but it is beautiful. Why aren't the parents here? 15. Are they getting old too?

Lesson III

Present Tense of haben—Regular Verbs

I. Haben, hatte, gehabt (have)

Present Tense of haben

ich habe	(I have, I am having, I do have)
du hast	(you have, you are having, you do have)
er hat	(he has, he is having, he does have)

wir haben	(we have, we are having, we do have)
ihr habt	(you have, you are having, you do have)
sie haben	(they have, they are having, they do have)

II. Regular Verbs. The German infinitive usually ends in **-en**. The verb stem is obtained by dropping final **-en** of the infinitive.

lernen (lern-) learn   spielen (spiel-) play

Regular verbs in English have no vowel change in the three principal parts.

learn	learned	learned
play	played	played

Regular verbs (often called weak verbs) in German have, likewise, no vowel change in the three principal parts.

lernen	lernte	gelernt
spielen	spielte	gespielt
arbeiten	arbeitete	gearbeitet
studieren	studierte	studiert

The characteristics of the regular (weak) German verb, as shown by the above examples, are:

(*a*) The stem vowel never changes.

(*b*) The past tense is formed by adding **-te** to the stem; in a few cases, where the verb stem ends in **n, d,** or **t,** add **-ete**. (**arbeiten—arbeitete; regnen—regnete**).

(*c*) The perfect participle is formed by prefixing **ge** and adding **t** to the stem. If the stem ends in **n, d,** or **t,** add **et.** (arbeiten—gearbeitet; regnen—geregnet).

(*d*) Verbs ending in **-ieren** (studieren) take no **ge-** prefix in the perfect participle.

Present Tense

lernen (learn)	arbeiten (work)	studieren (study)
ich lerne	ich arbeite	ich studiere
du lernst	du arbeitest	du studierst
er lernt	er arbeitet	er studiert
wir lernen	wir arbeiten	wir studieren
ihr lernt	ihr arbeitet	ihr studiert
sie lernen	sie arbeiten	sie studieren

The present tense endings are, therefore:

Singular	*Plural*
-e	-en
-(e)st	-(e)t
-(e)t	-en

When I do something, the verb ends in **-e** (ich spiele). When he does something, the verb ends in **-t** (er studiert). When we or they do something, the verb ends in **-en** (wir lernen, sie lernen). When you (formal) do something, the verb ends in **-en** (Sie studieren; Was lernen Sie?)

NOTE: When the verb stem ends in d or t, an e is inserted before the endings in the second person singular, the third person singular, and the second person plural.

Vocabulary

der Bleistift (die Bleistifte) pencil
das Buch (die Bücher) book
die Feder (die Federn) pen
das Heft (die Hefte) notebook
die Schule (die Schulen) school;
   in der—, at school, in school
Deutsch German

wer who
was what
etwas something
nichts nothing
gewöhnlich usually
immer always
oft often

arbeiten (arbeitete, gearbeitet) work
haben (hatte, gehabt) have
lehren (lehrte, gelehrt) teach
lernen (lernte, gelernt) learn
spielen (spielte, gespielt) play
studieren (studierte, studiert) study

Exercises

In der Schule

A. Ist Herr Braun in der Schule? Nein, er ist zu Hause. Sind Frau Braun und Fräulein Braun in der Schule? Nein, sie sind immer zu Hause.

Wer ist jetzt in der Schule? Der Lehrer und die Schüler sind jetzt in der Schule. Der Lehrer ist gewöhnlich da. Die Kinder sind oft da.

Wo sind die Eltern? Sie sind heute zu Hause. Gewöhnlich arbeiten sie zu Hause. Sie studieren nicht oft. Wir studieren zu Hause und in der Schule. Wir arbeiten immer. Wir lernen etwas, nicht wahr?

Karl, was hast du da? Ich habe Bücher und Bleistifte. Ich lerne Deutsch. Die Aufgaben sind sehr interessant.

Arbeitet der Lehrer auch? Ja, er arbeitet immer in der Schule. Er lehrt Deutsch. Er studiert Deutsch zu Hause. Oft spielt er zu Hause.

Was hat der Lehrer? Er hat Bücher und Kinder zu Hause und Bleistifte, Federn, Hefte und Schüler in der Schule.

Warum lernt Heinrich Werner nichts? Er ist sehr jung und spielt immer. Er hat Bücher und Hefte, aber er studiert nicht. Warum arbeitet er nicht? Warum ist er jetzt zu Hause? Warum ist er nicht hier?

B. 1. Who is the teacher? 2. What does he teach? 3. Are the pupils in school now? 4. What are they studying? 5. We often study at home. 6. Charles, where is the school? 7. The school is getting large, isn't it? 8. The pupils are young. 9. A child is usually at home. 10. Miss Werner, have you books and notebooks at school? 11. She is always studying German. 12. We have pens and pencils. 13. Here is a pen. 14. Here is a pencil, too. 15. We learn something, but they learn nothing. 16. Are the pupils old or young? 17. The weather is getting cold, isn't it? 18. What is a school? 19. Why isn't Henry here? 20. Where are the children?

Declension of the Definite and Indefinite Articles
—Declension of Nouns

I. Definite Article (the)

		Masc.	Singular Fem.	Neut.	Plural M.F.N.
Nom.	the	der	die	das	die
Gen.	of the	des	der	des	der
Dat.	to the	dem	der	dem	den
Acc.	the	den	die	das	die

II. Uses of the Cases

Nominative: a noun or pronoun is said to be in the nominative case, when it is the grammatical subject of the sentence.
Das Buch ist alt. The book is old.
Sie hat viele Schüler. She has many pupils.

Genitive: the genitive has several uses, the most important of which is the expression of possession. It is also used after certain prepositions.

die Bücher des Lehrers the teacher's books
die Frauen der Lehrer the teachers' wives
wegen der Frauen because of the women

Dative: the dative has many uses; most frequent, perhaps, is its use as the indirect object of a verb. It is also used after certain prepositions.

Er gibt den Kindern Geld. He gives the children money.
mit einem Bleistift with a pencil

Accusative: the direct object of a transitive verb is put in the accusative case.

Wir lernen die Aufgaben. We learn the lessons.

III. Indefinite Article (a, an)

		Masc.	Fem.	Neut.	
Nom.	a	ein	eine	ein	
Gen.	of a	eines	einer	eines	No
Dat.	to a	einem	einer	einem	Plural
Acc.	a	einen	eine	ein	

eines Kindes of a child **einer Frau** of (to) a woman

The indefinite article is usually omitted before an unmodified predicate noun denoting nationality or profession.

Er ist Amerikaner. He is an American.
Er ist Lehrer. He is a teacher.

IV. Kein (not a, not any, no) is declined like ein; it is used, of course, in both singular and plural.

		Masc.	Singular Fem.	Neut.	Plural M.F.N.
Nom.	no	kein	keine	kein	keine
Gen.	of no	keines	keiner	keines	keiner
Dat.	to no	keinem	keiner	keinem	keinen
Acc.	no	keinen	keine	kein	keine

Sie hat keine Eltern. She has no parents.
Keine Fenster in den Zimmern No windows in the rooms

V. Declension of Nouns.
The following simple rules for the declension of nouns hold good for more than 99 per cent of all nouns in the German language. The few exceptions to these rules can be learned individually.

Singular. Learn the gender of each noun, for the gender is the guide to the declension in the singular.

	Masc.	Fem.	Neut.
Nom.	. . . .	. . . .	. . . .
Gen.	. .(e)s	. . . .	. .(e)s
Dat.	. . . .	. . . .	. . . .
Acc.	. . . .	. . . .	. . . .

Feminine nouns never add an ending in the singular; masculine and neuter nouns require only one ending, namely, (e)s for the genitive case. (Masculine and neuter nouns of one syllable often add -e to the dative, but it is not required.)

	the table	the door	the book
Nom.	der Tisch	die Tür	das Buch
Gen.	des Tisches	der Tür	des Buches
Dat.	dem Tisch(e)	der Tür	dem Buch(e)
Acc.	den Tisch	die Tür	das Buch

Plural. Learn the nominative plural of each noun, for this form is the guide to the declension in the plural; all the other plural forms are exactly like it, except that the dative must always end in -(e)n. If the nominative plural ends in -n, no additional n is required for the dative case.

	the tables	the doors	the books
Nom.	die Tische	die Türen	die Bücher
Gen.	der Tische	der Türen	der Bücher
Dat.	den Tischen	den Türen	den Büchern
Acc.	die Tische	die Türen	die Bücher

Therefore, to decline and use a noun correctly, you must know:

(*a*) its gender

(*b*) its nominative plural.

VI. Names of Persons regularly add s to form the genitive.

Karls Zimmer   Carl's room

Berthas Eltern   Bertha's parents

Vocabulary

das Fenster (die Fenster) window

der Stuhl (die Stühle) chair

die Tafel (die Tafeln) blackboard

der Tisch (die Tische) table

die Tür (die Türen) door

das Zimmer (die Zimmer) room

das Schulzimmer (die Schulzim-mer) schoolroom

nur only

braun brown

lang long

kurz short

neu new

schwarz black

weiß white

kein (keine, kein) not a, not any, no

viel much; viele many

in (+ *dat.*) in; in dem *may contract* to im

mit (+ *dat.*) with

plaudern (plauderte, geplaudert) talk, chat

Exercises

Im Schulzimmer

A. Was ist ein Schulzimmer? Ein Schulzimmer ist ein Zimmer, wo der Lehrer lehrt, und wo die Schüler lernen. Wir sind jetzt in einem

Schulzimmer. Es ist lang und groß. Es hat viele Fenster, aber nur eine Tür. Die Fenster und die Tür sind braun.

Im Schulzimmer sind viele Stühle und Tafeln. Der Stuhl des Lehrers ist schwarz, aber die Stühle der Schüler sind weiß. Die Tafeln sind immer schwarz; sie sind auch sehr lang. Der Tisch des Lehrers ist neu und schön.

Die Aufgaben werden jetzt sehr lang. Wir studieren die Aufgaben in der Schule und auch zu Hause. Wir lernen Deutsch. Der Lehrer plaudert mit den Schülern. Die Schüler plaudern mit dem Lehrer nur in der Schule.

Was hat der Lehrer? Er hat einen Stuhl und einen Tisch und eine Feder. Er hat immer eine Feder, aber er hat keinen Bleistift. Er hat viele Bücher im Schulzimmer und auch zu Hause. Die Schüler haben gewöhnlich viele Bleistifte aber keine Federn. Ich habe nur einen Bleistift und er ist alt und kurz.

Heinrichs Bücher sind hier aber er ist nicht in der Schule. Wo ist er heute? Warum ist er nicht hier? Arbeitet er zu Hause? Wo sind Heinrichs Eltern?

Wir lernen Deutsch. Es ist sehr interessant, nicht wahr?

B 1. Where are the pupils now? 2. We are in the schoolroom. 3. The teacher's table is long. 4. The pupils' chairs are small. 5. The blackboards are new, aren't they? 6. The teacher's table is long and beautiful. 7. The lesson is short today. 8. Are the lessons interesting? 9. I have no notebook here. 10. Have you many books, Miss Werner? 11. I have many books, but I have no notebook. 12. The windows of the room are very large. 13. The room has only one door. 14. He is talking with the teacher. 15. The teacher often chats with the children. 16. Isn't the weather beautiful today? 17. It is very hot, isn't it? 18. The schoolroom is getting hot too.

Lesson V

Strong (or Irregular) verbs

I. **Strong Verbs.** German strong verbs have the following characteristics:

> (a) the past tense changes the stem vowel, and the first person singular takes no ending.
>
> (b) the perfect participle has the prefix **ge-** and ends in **en**.

lesen	las	gelesen	(read	read	read)
kommen	kam	gekommen	(come	came	come)
sprechen	sprach	gesprochen	(speak	spoke	spoken)

> Notice the similarity in English and German irregular verbs; a large number of verbs that are irregular in English are also irregular in German.

II. **Present Tense.** Strong verbs take the same endings in the present tense as do weak (regular) verbs. Thus:

ich gehe	wir gehen	ich komme	wir kommen
du gehst	ihr geht	du kommst	ihr kommt
er geht	sie gehen	er kommt	sie kommen

III. **Change of Stem Vowel.** In many strong verbs, but not in all, the following vowel changes occur in the second and third person singular of the present tense:

> a becomes ä; ē becomes **ie**; ĕ becomes **i**.

> **schlafen** (sleep), **lesen** (read), and **sprechen** (speak) are conjugated thus:

ich schlafe	ich lese	ich spreche
du schläfst	du liesest (liest)	du sprichst
er schläft	er liest	er spricht
wir schlafen	wir lesen	wir sprechen
ihr schlaft	ihr lest	ihr sprecht
sie schlafen	sie lesen	sie sprechen

Note also the present tense of **essen** (eat) and **gehen** (go), since these verbs occur in this lesson.

ich esse, du ißt, er ißt, wir essen, ihr eßt, sie essen
ich gehe, du gehst, er geht, wir gehen, ihr geht, sie gehen

In the lesson vocabularies, the principal parts of strong and irregular verbs and irregularities of the present tense will be indicated thus:

sprechen (sprach, gesprochen) [sprichst, spricht] speak
schlafen (schlief, geschlafen) [schläfst schläft] sleep
lesen (las, gelesen) [liesest, liest] read
essen (aß, gegessen) [ißt, ißt] eat

Vocabulary

das Haus (die Häuser) house; **zu Hause**, at home; **nach Hause** home, toward home (*motion to*)

das Leben (die Leben) life

die Zeitung (die Zeitungen) newspaper

auf dem Lande in the country

auf das Land to the country

in die Schule (zur Schule) to school (*motion*)

endlich finally

früh early

spät late

wie how

wieder again

müde tired

zwei two

essen (aß, gegessen) [ißt, ißt] eat

gehen (ging gegangen) [gehst, geht] go

heißen (hieß, geheißen) be called; **Wie heißt sie?** (What is her name?) **Ich heiße Heinrich.** (My name is Henry.)

kommen (kam, gekommen) come

lesen (las, gelesen) [liesest, liest] read

schlafen (schlief, geschlafen) [schläfst, schläft] sleep

sprechen (sprach gesprochen) [sprichst, spricht] speak

wohnen dwell, live reside (*denoting specific location*)

Exercises

Das Leben eines Lehrers

A. Wie heißt der Lehrer? Er heißt Anton Braun. Wie heißt die Frau des Lehrers? Sie heißt Anna. Herr und Frau Braun haben nicht viele Kinder. Sie haben nur zwei Kinder. Die Kinder heißen Marie und Wilhelm.

Wo wohnt Herr Braun? Er wohnt auf dem Lande. Er hat ein Haus auf dem Lande. Frau Braun und die zwei Kinder wohnen auch da. Das Haus ist nicht gross, aber es ist neu und schön. Es ist weiß.

Herr Braun kommt immer früh zur Schule. Er arbeitet viel in der Schule. Er studiert die Aufgaben. Er lehrt die Schüler Deutsch. Er spricht Deutsch mit den Schülern. Er liest die Hefte der Schüler.

Endlich wird der Lehrer müde, und er geht wieder nach Hause mit Marie und Wilhelm. Sie sind auch müde. Gewöhnlich gehen sie spät nach Hause. Sie plaudern zu Hause mit Frau Braun.

Herr Braun ißt nicht viel. Die zwei Kinder essen sehr viel. Herr und Frau Braun plaudern wieder und lesen die Zeitung. Die Kinder studieren die Aufgaben und lernen etwas zu Hause.

Endlich wird es spät. Die Eltern und die Kinder schlafen wieder. Frau Braun und die Kinder schlafen immer sehr gut. Herr Braun schläft gewöhnlich gut, aber oft schläft er nicht viel.

Das Leben eines Lehrers ist sehr interessant, nicht wahr?

B. 1. What is the teacher's name? 2. His name is Anton Braun. 3. Are the children old or young? 4. Is Mrs. Braun at home today? 5. Does he speak German with the children? 6. I don't read the newspapers. 7. Who reads the newspapers? 8. Are you going home now? 9. Why don't you go home, Mary? 10. It is getting late. 11. They go to school early. 12. We go home late. 13. Who lives in the country? 14. Is (the) life in the country interesting? 15. We are going to the country today. 16. The weather is getting beautiful. 17. Are you tired, Miss Klein? 18. Where are the pupils' pens and pencils? 19. Who is sleeping in the schoolroom? 20. Who eats here?

Lesson VI

Demonstrative Adjectives

I. Demonstrative Adjectives. A demonstrative adjective points out or indicates the object spoken of; it is not a descriptive adjective. The six German demonstrative adjectives are:

dieser	diese	dieses (this, these)
jeder	jede	jedes (each, every)
jener	jene	jenes (that, those)
mancher	manche	manches (many a; some)
solcher	solche	solches (such)
welcher	welche	welches (which, what)

The are all declined like **dieser.**

	Singular		Plural
M.	*F.*	*N.*	*M.F.N.*
dieser	diese	dieses	diese
dieses	dieser	dieses	dieser
diesem	dieser	diesem	diesen
diesen	diese	dieses	diese

diese Stadt (this city)   welche Leute (which people)
jede Stadt (every city)   solchen Leuten (to such people)
in jener Stadt (in that city)   mancher Bauer (many a farmer)

II. "Dieser" Words. The six demonstrative adjectives and the definite article (der, die, das) are often classified together and called the "dieser" words.

Vocabulary

dieser (-e, -es) this, these	**der Bauer (die Bauern)** farmer
jeder (-e, -es) each, every	**die Leute** (*plur.*) the people
jener (-e, -es) that, those	**die Stadt (die Städte)** city
mancher (-e, -es) many (a); some	**arm** poor
solcher (-e, -es) such	**reich** rich
welcher (-e, -es) which, what	**glücklich** fortunate, happy
das Automobil (die Automobile)	**zufrieden** satisfied
or **das Auto (die Autos)**	**gern (gerne)** gladly

37

bleiben (blieb, geblieben) stay, remain
fahren (fuhr, gefahren) [fährst, fährt] ride (*in a vehicle*)
finden (fand, gefunden) find
Note carefully the following phrases:
(*a*) **in der Stadt** (*dat. of location*) in the city, in town
(*b*) **in die Stadt** (*acc. of motion to*) into the city, into town
(*c*) **zu Fuß gehen** go on foot, walk
(*d*) **Ich habe dieses Buch gern.** I like this book.
(*e*) **Ich studiere gern.** I like to study.
(*f*) **mit einem Auto fahren** ride in an automobile

Exercises

Dieser Bauer und jener Bauer

A. Wie heißt dieser Bauer? Er heißt Anton Lang. Wie heißt jener Bauer? Jener Bauer heißt Konrad Riebel. Dieser Bauer ist reich, er hat zwei Automobile. Jener Bauer ist arm, er hat kein Automobil. Das Haus and die Autos dieses Bauers sind schön, und er ist glücklich. Die Frau und die Kinder jenes Bauers sind schön, und er ist auch glücklich. Anton Lang fährt gerne mit dem Auto. Er fährt oft in die Stadt, aber er bleibt nicht gerne da. Er bleibt gerne zu Hause.

Herr und Frau Lang bleiben gern zu Hause und arbeiten sehr. Sie sind mit dem Leben auf dem Land zufrieden. Sie haben keine Kinder. Jener Bauer, Konrad Riebel, geht immer zu Fuß. Er geht nicht oft in die Stadt. Er wohnt und bleibt gern auf dem Lande. Er arbeitet nicht viel. Er ißt gerne zu Hause. Er liest die Zeitungen, spielt mit den Kindern und er schläft gut. Solche Leute sind immer glücklich. Sie finden das Leben schön. Sie haben das Leben auf dem Lande gern.

Nicht jeder Bauer wohnt auf dem Lande. Mancher Bauer wohnt in der Stadt. Manche Bauern fahren gern mit dem Auto; sie fahren oft auf das Land aber sie bleiben nicht gerne da. Sie sind gewöhnlich reich und finden das Leben auf dem Lande uninteressant. Solche Leute sind gewöhnlich unglücklich. Sie sind mit dem Leben in der Stadt und auf dem Lande unzufrieden.

Welche Leute sind glücklich? Welcher Bauer findest das Leben schön? Jene Bauern auf dem Lande arbeiten gern. Diese Schüler studieren die Aufgaben gern. Der Lehrer lehrt gern. Solche Leute sind gewöhnlich glücklich und finden das Leben interessant. Nicht oft werden sie reich; sie bleiben gewöhnlich arm.

B. 1. I like to ride in an auto. 2. We like to ride in the country. 3. Those farmers often go into town. 4. They don't like to stay in town. 5. Are the teacher's parents rich? 6. No, they are very poor, but they are happy. 7. Are you satisfied with that chair, Charles? 8. With which children does he play? 9. Why do you always stay at home, Anton? 10. That farmer is always talking, isn't he? 11. Doesn't he like to work? 12. No, he likes to play with the children. 13. What book are you reading now, Miss Lang? 14. Do you like it? 15. The pupils like this book. 16. They are studying in that schoolroom. 17. Why are you going to the country today, Mr. Riebel? 18. Every farmer has an auto. 19. Many farmers don't like to stay at home. 20. What people find life uninteresting? 21. My name is Best; what is yours? 22. I like to walk.

C. 1. Anna's pen. 2. the farmer's house. 3. the farmers' children. 4. every pupil's room. 5. which child's book? 6. the parents' house. 7. these pupils' books. 8. the doors and windows of the room. 9. such weather. 10. of that school.

LESSON VII

Possessive Adjectives

I. The Possessive Adjectives are:

mein	meine	mein	my
dein	deine	dein	your
sein	seine	sein	his; its
ihr	ihre	ihr	her
unser	unsere	unser	our
euer	eure	euer	your
ihr	ihre	ihr	their
Ihr	Ihre	Ihr	your

II. **Declension of Possessive Adjectives.** They are all declined like **mein**, thus:

Singular			Plural
M.	*F.*	*N.*	*M.F.N.*
mein	meine	mein	meine
meines	meiner	meines	meiner
meinem	meiner	meinem	meinen
meinen	meine	mein	meine

The possessive adjectives present the following difficulties:

(*a*) **ihr** may mean either *her* or *their*; the course of the conversation or the matter read will indicate which meaning is intended.

(*b*) **dein, euer,** and **Ihr,** meaning *your,* are used thus:
dein (*familiar sing.*) to a person addressed as **du**
euer (*familiar plur.*) to persons addressed as **ihr**
Ihr (*polite*) to person or persons addressed as **Sie.**
Karl, wo sind deine Bücher?
Kinder, wo sind eure Federn?
Wo ist Ihr Schulzimmer, Herr Werner?

(*c*) Notice that **euer** drops the middle **e** when an ending is added.

40

	Singular		Plural
M.	F.	N.	M.F.N.
euer	eure	euer	eure
eures	eurer	eures	eurer
eurem	eurer	eurem	euren
euren	eure	euer	eure

Unser, unsere, unser may be spelled in full, or the e of the stem
may be dropped when an ending is added.

| Nom. | unser | unsre | unser |
| Gen. | unsres | unsrer | unsres, etc. |

III. **Possessive Adjectives** must agree with the noun they modify in
gender, number, and case.
  Ich spiele mit ihrem Sohn.   Er ist der Sohn Ihres Freundes.
  Seine Mutter ist jetzt hier.   Sie ist die Mutter Ihrer Freundin.
IV. **"Kein" Words.** Ein, kein, and the eight possessive adjectives are
often grouped together, and are classified by many grammars as the
"kein" words.

Vocabulary

der Vater (die Väter) father
die Mutter (die Mütter) mother
der Bruder (die Brüder) brother
die Schwester (die Schwestern)
  sister
der Freund (die Freunde) friend
die Freundin (die Freundinnen)
  friend
häufig frequently

selten seldom
mein my
dein your
sein his, its
ihr her
unser our
euer your
ihr their
Ihr your

besuchen (besuchte, besucht) visit
fragen (fragte, gefragt) ask

Exercises

Unsere Freunde

A. Meine Eltern haben nur zwei Kinder.   Ich heiße Rudolf und
meine Schwester heißt Lotte. Ich habe keinen Bruder und sie hat keine
Schwester.   Unser Vater hat viele Freunde aber er besucht seine

Freunde sehr selten. Er bleibt gewöhnlich zu Hause, wo er immer arbeitet und studiert. Er plaudert viel mit den Kindern und liest gern die Zeitungen, aber er spielt sehr selten.

Häufig besucht der Lehrer unsere Eltern. Oft fragt er unseren Vater: „Herr Werner, warum bleiben Sie immer zu Hause? Warum besuchen Sie nicht Ihre Freunde in der Stadt? Warum gehen Sie nicht auf das Land mit Ihren Kindern?"

Unsere Mutter hat viele Freundinnen. Sie besucht ihre Freundinnen sehr häufig. Sie besucht auch die Eltern meiner Freunde. Sie und ihre Freundinnen fahren häufig in die Stadt oder auf das Land.

Ich habe meine Freunde, Lotte hat ihre Freundinnen. Wir haben viele Freunde in der Stadt and auf dem Lande. Ich spiele mit meinen Freunden, aber nicht mit ihren Freundinnen.

In der Schule fragt unser Lehrer oft: „Wo sind eure Bücher? Warum studiert ihr nicht eure Aufgabe? Du, Karl, wo ist dein Bleistift? Warum spielst du immer mit deinem Heft?"

B. 1. My parents are not at home. 2. My mother is riding in the automobile. 3. Our friends live in the city. 4. Where does her brother live? 5. Charles, do you visit your friends? 6. Anna, why don't you visit your friends? 7. Mr. Werner, why don't you visit your friends? 8. We visit our friend in the country frequently. 9. My brother doesn't like to walk. 10. Her father likes to ride in the auto. 11. Her mother seldom reads a newspaper. 12. Her father's friend is coming home today. 13. Where do your pupils study, Mr. Werner? 14. She is speaking German with her teacher. 15. The children are studying their lessons again. 16. What is the teacher reading?

C. Conjugate orally in class: (*a*) I have my pen, you have your pen, he has his pen, etc. (*b*) Where are my friends, where are your friends?, etc. (*c*) Ich habe mein Auto gern, etc. (*d*) Mein Vater arbeitet in der Stadt, etc. (*e*) Ich studiere meine Aufgabe, etc.

LESSON VIII

Past Tense

Learn the three principal parts of each and every verb, for they form the basis of the whole conjugation.

The second principal part of a verb is always the **ich** form of the past tense. Notice that the **ich** and **er** forms of the past tense are always exactly alike.

Strong and weak verbs are distinguished primarily in the formation of the past tense.

I. Weak (Regular) Verbs. Weak verbs form the past tense by adding **te** to the stem. If the verb stem ends in **t**, an **e** is inserted between the final **t** of the stem and the **t** of the ending. The past tense endings of weak verbs are:

-(e)te	-(e)ten
-(e)test	-(e)tet
-(e)te	-(e)ten

Past tense of **lernen, spielen,** and **arbeiten.**

ich lernte	ich spielte	ich arbeitete
du lerntest	du spieltest	du arbeitetest
er lernte	er spielte	er arbeitete
wir lernten	wir spielten	wir arbeiteten
ihr lerntet	ihr spieltet	ihr arbeitetet
sie lernten	sie spielten	sie arbeiteten

II. Strong Verbs. Strong verbs form the past tense by changing the vowel (or diphthong) of the stem. Thus:

bleiben, blieb	laufen, lief
finden, fand	sitzen, saß

Strong verbs have in the past tense these endings:

———	en
(e)st	(e)t
	en

Where the second person endings st and t are not easily pronounced when joined directly to the stem, euphonic e is inserted between the stem and the ending.

Past tense of **bleiben, finden, gehen,** and **kommen.**

ich blieb	ich fand	ich ging	ich kam
du bliebst	du fandest	du gingst	du kamst
er blieb	er fand	er ging	er kam
wir blieben	wir fanden	wir gingen	wir kamen
ihr bliebt	ihr fandet	ihr gingt	ihr kamt
sie blieben	sie fanden	sie gingen	sie kamen

III. **Be, have,** and **become** are, in most languages, so peculiar in their conjugation as to defy rules and classifications. The past tenses of **sein, haben,** and **werden** are:

ich war	ich hatte	ich wurde
du warst	du hattest	du wurdest
er war	er hatte	er wurde
wir waren	wir hatten	wir wurden
ihr wart	ihr hattet	ihr wurdet
sie waren	sie hatten	sie wurden

IV. German has but one form of the past tense, whereas English may translate any such German phrase simply, progressively, emphatically, and often as showing customary action.

Ich sagte. I said. I was saying. I did say. I used to say.

Wir taten. We did. We were doing. We did do.

Er wurde. He became. He was becoming. He did become.

V. **Use of the Past Tense.** The past tense is used

(a) Descriptively. **Er arbeitete.** He was working.

(b) To express a customary or repeated action. **Wir gingen oft nach Hause.** We went home often.

(c) In narration, to express a number of past events in their relation to one another. (*See Exercise* A.)

Vocabulary

die Frau (die Frauen) woman; wife; Mrs.

der Mann (die Männer) man, husband

der Onkel (die Onkel) uncle

die Tante (die Tanten) aunt

der Laden (die Läden) store

die Sache (die Sachen) thing

die Zigarre (die Zigarren) cigar

die Zigarette (die Zigaretten) cigarette

das Bier beer

billig cheap
teuer dear, expensive
also therefore
früher formerly

wenig little; wenige, few; ein—,
  a little
zu *(adv.)* too

kaufen (kaufte, gekauft) buy
verkaufen (verkaufte, verkauft) sell
rauchen (rauchte, geraucht) smoke
sitzen (saß, gesessen) sit
trinken (trank, getrunken) drink
tun (tat, getan) do

Exercises

Mein Onkel Ernst

A. Mein Vater hat keine Schwester und nur einen Bruder. Dieser Bruder heißt Ernst. Ernst ist also mein Onkel.

Mein Onkel Ernst war früher reich und hatte einen Laden in der Stadt. Die Frau meines Onkels hieß Lena. Tante Lena arbeitete gern im Laden und zu Hause. Sie kaufte wenig und verkaufte viel. Sie fuhr nicht oft mit dem Auto und besuchte ihre Freundinnen sehr selten. Sie blieb gewöhnlich zu Hause, aber sie tat auch viel in dem Laden.

Onkel Ernst blieb auch gerne zu Hause. Er saß da und rauchte Zigarren und Zigaretten und trank immer viel Bier. Er rauchte und trank zu viel, und Zigarren, Zigaretten und Bier sind nicht billig.

In dem Laden tat Onkel Ernst sehr wenig. Er arbeitete nicht gern. Er kaufte zu viel and verkaufte zu wenig. Die Sachen in seinem Laden waren schön und gut, aber zu teuer, also blieben sie immer da.

Dieser Bruder meines Vaters las keine Bücher, und selten las er die Zeitungen. Er spielte gerne und schlief viel. Er war immer müde. Er besuchte häufig seine Freunde in der Stadt. Er fuhr gern mit seinem Auto auf das Land. Also wurde er endlich arm. Jetzt hat er nichts.

B. 1. My uncle had a store in the city. 2. My uncle's store was large. 3. Who bought many things? 4. Were the things in his store cheap or dear? 5. Who liked to stay at home? 6. Who liked to smoke cigars? 7. He and his wife liked to go auto riding, didn't they? 8. I was sitting at home with my mother. 9. What were their names? 10. She was always reading her newspaper. 11. Such people are always tired. 12. Those pupils usually studied their lessons at home. 13. He found nothing in his schoolroom. 14. Usually we spoke German with our teachers. 15. My sister's friends finally came home. 16. What is your uncle's wife's name? 17. Why aren't those men working? 18. The men finally went home.

C. 1. We bought. 2. We sold. 3. He sat. 4. He was sitting. 5. We were smoking. 6. They had. 7. She visited. 8. What was he doing? 9. Her name was Anna. 10. I was reading. 11. They went home. 12. It was getting late. 13. Who was smoking? 14. We had it. 15. Who were playing? 16. She was studying. 17. She liked to study it. 18. I stayed at home. 19. He stayed too. 20. They ate it.

Irregular Nouns

More than 99% of all German nouns are declined regularly, according to the rules given in Lesson IV. Feminine nouns are always declined regularly, and add no endings in the singular. All, except three, of the irregular nouns used in this book are explained in this lesson.

I. Herr, Knabe, Präsident, Soldat, and Student are declined thus:

der Herr	der Knabe	der Präsident
des Herrn	des Knaben	des Präsidenten
dem Herrn	dem Knaben	dem Präsidenten
den Herrn	den Knaben	den Präsidenten
die Herren	die Knaben	die Präsidenten
der Herren	der Knaben	der Präsidenten
den Herren	den Knaben	den Präsidenten
die Herren	die Knaben	die Präsidenten

der Soldat	der Student
des Soldaten	des Studenten
dem Soldaten	dem Studenten
den Soldaten	den Studenten
die Soldaten	die Studenten
der Soldaten	der Studenten
den Soldaten	den Studenten
die Soldaten	die Studenten

II. Das Auto, das Café, das Hotel, das Kino, der Park, and das Restaurant, following English and French pluralization, are pluralized by adding -s. These nouns are declined thus:

Sing. —　　-s　　　—　　　—
Plur. -s　　-s　　-s　　-s

III. The suffix **-in** is added to several masculine nouns denoting nationality or occupation to form a corresponding feminine noun.

der Amerikaner (die Amerikanerin) der Lehrer (die Lehrerin)
der Schüler (die Schülerin)   der Student (die Studentin)

These feminine nouns are declined thus:

Sing.   —   —   —   —
Plur.   -nen   -nen   -nen   -nen
Example: **die Studentinnen, die Lehrerinnen**

IV. Diminutives. In English we have various diminutive forms such as booklet, duckling, seedling, lambkin, Jamie, dearie, etc. German diminutives, however, are formed by adding **-chen** or **-lein** to the noun and modifying the vowel (umlaut), if possible. Diminutive nouns are always neuter, and take no ending to form the plural.

das Kind (die Kinder)   das Kindlein (die Kindlein)
die Frau (die Frauen)   das Fräulein (die Fräulein)
der Bruder (die Brüder)   das Brüderchen (die Brüderchen)

V. Compound Nouns. In English we continually use nouns as qualifiers of nouns, as evening class, railroad president, church work, paper company, glove factory, etc. In German, however, such expressions are usually compounded; consequently the German language is very rich in compound nouns. These compounds always have the gender and inflection of the final noun.

(*a*) **die Eisenbahngesellschaft (das Eisen,** iron; **die Bahn,** track; **die Gesellschaft,** company) railroad company
(*b*) **die Handschuhfabrik (die Hand,** hand; **der Schuh,** shoe; **die Fabrik,** factory) glove factory.

Vocabulary

der Arzt (die Ärzte) physician, doctor

das Café (die Cafés) café

das Hotel (die Hotels) hotel

der Kaufmann (die Kaufleute) merchant

das Kino (die Kinos) moving picture theater

der Knabe (die Knaben) boy
das Mädchen (die Mädchen) girl
die Nähe neighborhood, vicinity
der Park (die Parks) park
der Präsident (die Präsidenten)
    president
der Professor (die Professoren)
    professor
das Restaurant (die Restaurants)
    restaurant

der Soldat (die Soldaten) soldier
der Student (die Studenten)
    student
die Studentin (die Studentinnen)
    student
die Universität (die Universitäten)
    university
später later
usw. (und so weiter) etc.

an (auf) der Universität at the university

Exercises

Schüler und Schülerinnen

A. In unserer Stadt sind viele Schulen und eine Universität. Wir wohnen also in einer Universitätsstadt. Viele Leute wohnen in der Nähe der Schulen. In der Nähe der Universität sind Hotels, Kinos, Cafés, usw. In jedem Hotel ist ein Restaurant. Wir haben auch zwei Parks in unserer Stadt.

In den Schulen sind viele Knaben und Mädchen. Die Knaben und Mädchen in den Schulen sind Schüler und Schülerinnen. Die Lehrer in den Schulen sind Männer, und die Lehrerinnen sind Frauen. Mein Vater war früher Schullehrer; später wurde er Professor an einer Universität; jetzt ist er Kaufmann.

Viele Schüler werden später Studenten auf einer Universität. Die Schülerinnen werden also Studentinnen auf der Universität. Manche Schüler werden Lehrer in den Schulen, und manche Lehrer werden später Universitätsprofessoren. Nicht viele Professoren aber werden Universitätspräsidenten. Der Präsident unserer Universität wohnt in der Nähe der Universität.

Die Männer auf der Universität werden später Ärzte, Professoren, Kaufleute, Soldaten, usw. Früher wurden sehr wenige Studenten Soldaten, aber jetzt werden viele Studenten Soldaten; sie finden das Soldatenleben sehr interessant. Das Leben eines Arztes ist auch sehr interessant, nicht wahr?

B. 1. I used to live near a university. 2. Our city has many hotels. 3. The restaurants in hotels are not cheap. 4. We used to eat in a restaurant. 5. Every moving picture theater in the city was beautiful. 6. What is the name of that café? 7. We were sitting in his uncle's café. 8. A student studies at a university, doesn't he? 9. A pupil studies in a school. 10. The boys and girls go to school. 11. I used to go to school. 12. What is that merchant's name? 13. Those merchants have stores near the university. 14. Later, the pupils become students. 15. Few university professors become rich. 16. The girl students lived near the university. 17. Why didn't they talk with their teacher (*fem.*)? 18. I asked the boy where he lived. 19. The doctor was chatting with a soldier. 20. The students at the universities later become doctors, merchants, teachers, etc.

Future Tense

I. Future Tense. The future tense in German is a compound tense composed of the present tense of the verb **werden** and the infinitive, which is always transposed to the end of the clause. The future tense, being formed absolutely regularly and in the same way for all verbs, is the easiest of the six tenses.

> **Ich werde morgen zur Schule gehen.**
> **Er wird etwas in der Stadt kaufen.**

Future Tense of sein, werden, kaufen

ich werde sein	ich werde werden	ich werde kaufen
du wirst sein	du wirst werden	du wirst kaufen
er wird sein	er wird werden	er wird kaufen
wir werden sein	wir werden werden	wir werden kaufen
ihr werdet sein	ihr werdet werden	ihr werdet kaufen
sie werden sein	sie werden werden	sie werden kaufen

II. Present Tense with Future Meaning. In German, as in English, the present tense is often used, especially with an adverb of time, to express a future meaning.

> **Wir gehen bald nach Hause.**
> **Er bleibt nicht lange da.**

Vocabulary

Deutschland *n.* Germany
das Ende (die Enden) end; am —
des Jahres, at the end of the
year; **zu — kommen**, come to
an end; **zu — sein**, be at an
end, be through
die Ferien (*plur.*) vacation

das Jahr (die Jahre) year
die Ostern (*plur.*) Easter; **zu —,**
at Easter; **die Osterferien**
der Sommer (die Sommer)
summer
die Weihnachten (*plur., but takes
sing. verb*) Christmas; **zu —,** at

Christmas; **die Weihnachtsferien**   **schon** already
denn (*conj.*) for   **drei** three
bald soon   **vier** four
lange long, a long while

auf eine Universität gehen, go to (attend) a university
dauern (dauerte, gedauert) last, continue
helfen (half, geholfen) [hilfst, hilft] [*takes dat.*] help
sehen (sah, gesehen) [siehst, sieht] see
treffen (traf, getroffen) [triffst, trifft] meet

Exercises

Die Ferien

A. Das Schuljahr dauert sehr lange, nicht wahr?   Die Lehrer und die Schüler sind schon müde. Bald wird aber das Schuljahr zu Ende kommen, und dann werden wir Ferien haben. Jeder Lehrer und jeder Schüler wird glücklich sein, denn die Sommerferien sind lang.

Bald kommt aber das Ende des Sommers; dann sind die Ferien zu Ende und die Schüler gehen wieder in die Schulen, und die Studenten gehen auf die Universitäten in Berlin, Jena, Leipzig, Marburg, usw. Deutschland hat nur sechsundzwanzig (26) Universitäten. Nicht jede Stadt in Deutschland ist eine Universitätsstadt.

Ich werde auf der Universität in Marburg studieren, denn mein Vater wohnte früher in Marburg und hat die Stadt sehr gern. Meine Schwester wird zu Hause bleiben und der Mutter helfen. Unsere Eltern sind nicht sehr arm, aber sie sind auch nicht reich.

Auf der Universität werde ich viele Freunde und Freundinnen sehen, und auch drei oder vier Professoren treffen. Die Studenten arbeiten nicht immer in ihren Zimmern, denn sie besuchen viel die Cafés, die Kinos und die Parks.

Dann kommt Weihnachten bald. Die Ferien zu Weihnachten sind die Weihnachtsferien. Dann bleibt kein Student in der Stadt. Jeder Student und jede Studentin wird die Leute zu Hause besuchen, denn die Weihnachtsferien sind lang. Zu Weihnachten werden wir nicht arbeiten oder studieren; wir werden nur essen, spielen und schlafen.

Es dauert nicht lange und dann kommt Ostern. Zu Ostern haben die Universitäten in Deutschland die Osterferien. Deutschland ist klein, und die Osterferien sind lang; also gehen die Studenten wieder nach Hause.

Ja, das Universitätsjahr in Deutschland ist kurz, denn die Universitäten haben viele und sehr lange Ferien. Die Studenten Deutschlands haben das Universitätsleben sehr gern.

B. 1. He will stay at home. 2. We shall go home. 3. Soon vacation will come. 4. Where shall we eat? 5. He will get rich. 6. Soon he will be rich. 7. It will be beautiful. 8. We shall sell it soon. 9. What will you do, Mr. Braun? 10. It will last a long time.

C. 1. My sister stays at home and helps her mother. 2. I shall not be at home. 3. My friends will study at the university in Marburg. 4. Many girls will visit their brothers and sisters at the university. 5. Germany is not large, and the students go home frequently. 6. Will Hans Brinck go to the University? 7. Will he come home at Christmas? 8. Will he study German in Germany? 9. The year at the university will be short, won't it? 10. Do you meet many friends there, Anna? 11. We shall go by auto. 12. Is the Easter vacation long or short? 13. At what university are your children studying? 14. The Christmas vacation is already ended. 15. He likes Marburg, for his father formerly lived there. 16. We met her parents there at Christmas. 17. Does that farmer speak German? 18. We lived in the country four years. 19. At the end of the year you will sell your store, won't you? 20. Usually she did nothing.

Normal and Inverted Word Orders

The rules concerning the position of the verb are of capital importance; they are carefully observed by the educated, and are usually unconsciously observed and followed even by the uneducated.

I. **Normal Position of the Verb.** The normal word order is:
(1) Subject and its modifiers; (2) verb; (3) verbal modifiers. As we have already learned, the infinitive of the future tense goes to the end of the clause.

> **Wir blieben gestern zu Hause.**
> **Ich werde meinen Freund zu Weihnachten sehen.**
> **Seine Kinder plauderten sehr selten.**

Unlike the English usage, German never puts an adverb between the subject and the verb.
We frequently visited them. **Wir besuchten sie häufig.**

II. **Coordinating Conjunctions.** The coordinating conjunctions (and, or, for, but) do not affect the word order of a clause.

aber (but)	**oder** (or)	**denn** (for)
sondern (but)	**und** (and)	

Aber, used as a conjunction, always stands first in its clause; when not the first word in the clause, it is an adverb meaning *however*.
Sondern is used only after a negative clause, and introduces an idea absolutely contradictory to the one stated in the preceding clause.

> **Das Haus ist schön, aber es ist alt.**
> **Das Haus ist aber sehr groß.**
> **Meine Feder ist nicht weiß, sondern schwarz.**
> **Die Feder ist nicht neu, aber sie schreibt sehr gut.**

Er kaufte zwei Hefte, denn sie waren billig.
Mein Onkel trank Bier und rauchte Zigarren.
Die Bauern sind sehr arm, oder sie sind sehr reich.

III. **Inverted Word Order.** Independent clauses are arranged in the Normal or the Inverted word order.

If the independent clause begins with any word (**hier, da, heute, gestern, bald,** etc.) or a group of related words (**Im Garten, Den alten Mann, In der Stadt,** etc.) other than the subject, the second element must be the verb. The sequence in the inverted word order is, therefore:

(1) any word or word group other than the subject; (2) verb; (3) subject; (4) other modifiers.

Hier ist das Haus des Lehrers.
Jedem Kinde gab der Mann etwas.
Sehr gerne werde ich Ihrem Vater helfen.
Gewöhnlich fanden wir nichts in seinem Laden.
Nicht lange dauern unsere Ferien.

IV. **Present of hangen (hang) and stehen (stand).**
ich hange, du hängst, er hängt, wir hangen, ihr hangt, sie hangen.
ich stehe, du stehst, er steht, wir stehen, ihr steht, sie stehen.

Vocabulary

Note: Hereafter the plural of nouns will be indicated thus: **der Mann (-̈er), die Frau (-en), das Bild (-er),** etc.

das **Badezimmer** (-) bathroom
das **Bild** (-er) picture
die **Decke** (-n) ceiling
das **Eßzimmer** (-) dining room
der **Fußboden** (-̈) floor
die **Küche** (-n) kitchen
die **Mitte** center, middle
das **Schlafzimmer** (-) bedroom
die **Wand** (-̈e) wall
das **Wohnzimmer** (-) living room

an (*dat. of location*) at, on
um (*acc.*) around
oben above, upstairs
unten below, downstairs
sondern but
blau blue
grün green
rot red
fünf five
sechs six

hangen (hing, gehangen) [hängst, hängt] hang
kochen (kochte, gekocht) cook
stehen (stand, gestanden) stand

Exercises

Unser Haus

A. In unserem Hause sind nur sechs Zimmer. Oben haben wir drei Schlafzimmer, unten haben wir das Wohnzimmer, das Eßzimmer und die Küche. Wir haben auch ein Badezimmer.

Das Badezimmer ist oben. Es ist sehr schön, denn der Fußboden und die Decke sind weiß und die Wände sind grün. In dem Badezimmer hängt kein Bild.

Das Schlafzimmer der Eltern ist groß. Es hat zwei Türen und vier Fenster. An den Wänden hangen wenige Bilder, denn der Vater schläft nicht gern in einem Zimmer mit vielen Bildern an den Wänden.

Unsere Küche ist klein, denn die Mutter kocht sehr wenig. Wir essen nicht in der Küche, sondern im Eßzimmer, denn das Eßzimmer ist groß und schön. Früher hatte jedes Haus ein Eßzimmer, jetzt aber haben viele Häuser kein Eßzimmer.

Der Fußboden des Eßzimmers ist braun, die Wände sind blau, und die Decke ist weiß. In der Mitte dieses Zimmers steht ein Tisch und um den Tisch stehen sechs Stühle. An jeder Wand hängt ein, und nur ein, Bild. Ein schönes Zimmer, nicht wahr?

Das Wohnzimmer mit seinen drei Türen und fünf Fenstern haben wir sehr gern. In der Mitte und an den Wänden stehen viele Tische und Stühle. Diese Stühle und Tische sind rot. Der Fußboden und die Decke sind weiß; die Wände sind aber blau. An den Wänden dieses Zimmers hangen viele Bilder. Häufig sitzen wir da um den Tisch in der Mitte des Zimmers. Der Vater raucht eine Zigarre oder liest eine Zeitung; meine Schwester und ich studieren unsere Aufgaben. Was tut die Mutter? Sie tut immer etwas.

Wir sind mit unserem Hause sehr zufrieden.

B. 1. We haven't five rooms, but six. 2. I used to sleep in that bedroom. 3. The ceiling and the walls were red, and I didn't like it. 4. Now the floor is brown. 5. In the middle of the dining room stands a table. 6. The table and the chairs are red. 7. We don't eat in the kitchen, but in the dining room. 8. They have no dining room, but they have six rooms in their house. 9. Do you like pictures in a bedroom, Mr. Ludwig? 10. He didn't stay upstairs long. 11. Her father always smokes downstairs. 12. Our bathroom walls are green. 13. Only four pictures are hanging on our dining room walls. 14. Very frequently the doors and windows of a house are brown. 15. The ceiling of this room is blue.

C. Vocabulary Review. (a) Name six colors in German. (b) Name six various rooms. (c) Count to six. (d) Count to six thus: **ein Stuhl, zwei Tische,** etc. (e) Name twelve objects in the schoolroom. (f) Name twelve adverbs of time. (g) Name five adverbs of place. (h) Name eight members of the family. (i) Name six adjectives descriptive of people. (j) Name the seven "**dieser**" words. (k) Name six verbs denoting school activities.

Lesson XII

Transposed Word Order

I. Transposed Word Order. In dependent clauses the verb stands at the end. If the tense is a compound tense (future, or any of the three perfect tenses), then the finite (inflected) verb form is the last word.

Er rauchte immer Zigarren, obgleich er sehr arm war.
Wir gehen oft zu Fuß, weil wir kein Auto haben.
Sie schreiben, daß sie zu Weihnachten nach Hause kommen werden.
Note that the dependent clause is always set off by a comma.

II. Subordinating Conjunctions. Conjunctions that introduce dependent clauses are called subordinating conjunctions. The most common of these conjunctions are:

als when	**ehe** before	**während** while
bis until	**nachdem** after	**wann** when
da since (*reason*)	**ob** whether	**weil** because
damit in order that	**obgleich** although	**wenn** if; when
daß that	**seitdem** since (*time*)	**wie** how

Als, wann, and **wenn,** all meaning when, are used thus:

Als is used to introduce a single definite past action.
Wann is used to introduce direct or indirect questions.
Wenn is used in all other cases.
Er rauchte eine Zigarre, als er mit dem Manne plauderte.
Wann studieren diese Studentinnen?
Ich fragte den Lehrer, wann seine Schüler spielen.
Jeder Lehrer ist glücklich, wenn seine Schüler zu Hause studieren.
Die Ferien waren immer zu kurz, wenn wir unsere Eltern besuchten.

58

III. When the dependent clause begins the sentence, the principal clause is put in the inverted order.

Weil sie sehr arm sind, haben sie kein Auto.
Während sie etwas kochte, lasen wir im Wohnzimmer.

IV. Omission of daß. Just as the conjunction *that* may be omitted in English, daß may be omitted in German; the dependent clause is then put in the normal order.

Er sagt, daß ich sein Buch habe.
Er sagt, ich habe sein Buch.

V. Omission of wenn (if). When **wenn** (if) is omitted, the inverted word order is required.

Wenn das Buch im Hause ist, werde ich es finden.
Ist das Buch im Hause, so werde ich es finden.
Sind die Schlafzimmer zu klein, dann kaufen wir das Haus nicht.

Vocabulary

als when
bis until
da since (*reason*), as; when
damit in order that
daß that
ehe before
nachdem after
ob whether

obgleich although
seitdem since (*time*)
während while
wann when
weil because
wenn if; when
wie how; as, like
so so; thus (*often not translated*)

sagen (sagte, gesagt) say
schreiben (schrieb, geschrieben) write

Exercises

A. 1. Früher wohnten wir auf dem Lande. 2. Als wir da wohnten, hatten wir viele Freunde. 3. Wir waren glücklich, weil wir so viele Freunde hatten. 4. Obgleich wir kein Kino, kein Café und kein Restaurant hatten, waren wir mit dem Leben auf dem Lande zufrieden. 5. Jetzt wohnen wir in der Stadt. 6. Ich bin jetzt nicht so glücklich wie früher auf dem Lande. 7. Viele Leute sagen, daß wir glücklich sind, weil unser Haus schön ist, oder weil wir häufig das Kino besuchen. 8. In der Schule lerne ich Deutsch. 9. Ich schreibe jede Aufgabe, damit ich

Deutsch gut lerne. 10. Auf dem Lande schrieb ich mit Bleistiften, da eine Feder zu teuer war. 11. In der Stadt schreiben wir immer mit Federn, da der Lehrer die Bleistifte nicht gern hat. 12. Habe ich keine Feder, so schreibe ich nichts. 13. Der Lehrer sagt, daß diese Aufgabe interessant ist. 14. Er sagt aber, jede Aufgabe ist interessant. 15. Ich fragte den Lehrer heute, wann wir Deutsch sprechen werden.

B. 1. He studies it, because he likes it. 2. Although he studied German a long time, he did not speak it. 3. He said, however, that he liked the school. 4. He asks the pupils whether they have pens or pencils. 5. While he was speaking, the pupils were talking. 6. Before he came, the merchants of the city were satisfied. 7. After he bought an auto, he always had many friends. 8. I shall stay here until they come home. 9. Although the house was new and large, they did not like it. 10. At Christmas he will go home again. 11. His mother will ask how large the kitchen is. 12. While the men sat in the kitchen and smoked, the women chatted in the living room. 13. He will write again at Easter. 14. He helped the boys, because they were very tired. 15. Since this lesson is so interesting, I shall study it. 16. My brother says he will study it too. 17. If he sleeps too long, he gets tired.

C. Oral Exercise, or Written Quiz (10 min.) 1. because the farmers are poor 2. since he will come home soon 3. although I have no pen 4. until he bought a store 5. before you wrote it, Mrs. Kleist 6. that they stayed at home 7. when he finally found it 8. whether he sold beer, etc. 9. since the students came home 10. although they had six rooms upstairs.

Lesson XIII

Perfect Tense (haben)

I. Perfect Tenses. Both English and German have three primary tenses and three perfect tenses, namely:

Present	Present Perfect
Past	Past Perfect
Future	Future Perfect

The formation of the six tenses is very similar in English and German, as shown by the following synopses.

	see (saw, seen)	sehen (sah, gesehen)
Pres.	I see	ich sehe
Past	I saw	ich sah
Fut.	I shall see	ich werde sehen
Pres. Perf.	I have seen	ich habe gesehen
Past Perf.	I had seen	ich hatte gesehen
Fut. Perf.	I shall have seen	ich werde gesehen haben

We have already learned the three primary tenses. The three perfect tenses are conjugated thus:

Pres. Perf.	*Past Perf.*	*Fut. Perf.*
ich habe gesehen	ich hatte gesehen	ich werden gesehen haben
du hast gesehen	du hattest gesehen	du wirst gesehen haben
er hat gesehen	er hatte gesehen	er wird gesehen haben
wir haben gesehen	wir hatten gesehen	wir werden gesehen haben
ihr habt gesehen	ihr hattet gesehen	ihr werdet gesehen haben
sie haben gesehen	sie hatten gesehen	sie werden gesehen haben

The following notations may be helpful:

(*a*) Every clause in any perfect tense must contain a perfect participle to denote the thing done or perfected; this perfect participle is invariable in form.

(*b*) The present perfect tense uses the present tense of the auxiliary verb:

ich habe gesehen; er hat gearbeitet, etc.
The past perfect tense uses the past tense of the auxiliary verb:
ich hatte gesehen; er hatte gearbeitet, etc.
The future perfect tense uses the future tense of the auxiliary verb.
ich werde gesehen haben; er wird gearbeitet haben, etc.

(c) Perfect participles and infinitives stand at the end of the clause.

> **Er hatte es schon getan.**
> **Haben Sie das Haus verkauft?**
> **Ich hatte begonnen, meine Aufgabe zu studieren.**

(d) Perfect tenses in the transposed order (dependent clauses) throw the inflected verb form to the end of the clause.

> **Nachdem er seinen Freund gefunden hatte,**
> **Da er alles so billig verkauft hat,**
> **Wenn ich es getan haben werde, etc.**

II. Use of Tenses.

(a) In English, every one of the six tenses can be expressed progressively, as, I have been working, I will be working, I had been working, etc. The German has no special progressive form, and all tenses can be expressed in only their one simple form.

(b) All the tenses except the past, and the present perfect are used practically the same as in English. The past tense in German is used to express progressive, continued, customary, or repeated action in the past.

> **Sein Onkel wohnte in Berlin.**
> **Ihre Mutter war sehr schön.**
> **Wir gingen häufig in die Stadt.**

In conversation the present perfect tense is generally used to express a single event in the past. This usage is somewhat different from the English.

> **Haben Sie den Mann gesehen?**   Did you see the man?
> **Was hat sie gesagt?**   What did she say?

Warum haben Sie nicht geschrieben? Why didn't you write?

Note, however, that the past tense is regularly used in both spoken and written language to describe or narrate a series of related events in the past.

Er ging in die Stadt, aß in einem Café, traf fünf oder sechs Freunde, kaufte seinen Eltern drei oder vier Bücher und eine Zeitung und kam spät nach Hause.

(c) The future perfect tense is rarely used in either English or German.

Vocabulary

die Antwort (-en) answer
die Arbeit (-en) work
die Fortschritte (*m. pl.*) progress
die Frage (-n) question
die Klasse (-n) class
der Platz (-̈e) place, seat; public square

alles all, everything
allerlei all sorts of (*things*)
doch still, yet, however, surely
jawohl yes, indeed
natürlich naturally, of course

antworten (antwortete, geantwortet) answer, reply [+ *dat.*]
beginnen (begann, begonnen) begin
hören (hörte, gehört) hear
machen (machte, gemacht) make, do
nehmen (nahm, genommen) [nimmst, nimmt] take
stellen (stellte gestellt) place, put
verstehen (verstand, verstanden) understand

Idioms

Fortschritte machen = progress, make progress
Fragen stellen = ask questions
Platz nehmen = take a seat, sit down

Exercises

Wir machen Fortschritte

A. Obgleich wir Deutsch nicht lange studiert haben, haben wir heute begonnen, es in der Klasse zu sprechen. Wir haben endlich ein wenig Deutsch gehört. Jetzt finden wir unsere Arbeit sehr interessant.

Nachdem die Klasse Platz genommen hatte, hat der Lehrer begonnen, Deutsch zu sprechen. Natürlich haben wir nicht alles verstanden, weil wir kein Deutsch gehört oder gesprochen hatten. Wir hatten es nur geschrieben, und doch hatten wir viel gelernt. Herr Braun hat der Klasse allerlei Fragen gestellt. Lange hat er mit Anna Werner geplaudert. Er fragte und sie antwortete.

„Anna, hast du die Aufgabe studiert? "

„Jawohl, Herr Lehrer, ich habe diese Aufgabe studiert."

„Hast du Fortschritte gemacht? "

„Natürlich, Herr Braun, denn ich habe viel gearbeitet."

„Hast du alles in der Aufgabe verstanden? "

„Nicht alles, aber ich habe Ihnen (you) zwei oder drei Fragen zu stellen."

„Anna, ist dein Vater Arzt? "

„ Nein, Herr Braun. Früher war er Arzt, jetzt aber ist er Kaufmann in dieser Stadt."

Dann fragte er Stella Martin: „Was haben Sie heute gegessen? Haben Sie heute etwas gekocht?   Haben Sie alles gut verstanden? Haben Sie diese Aufgabe interessant gefunden?" usw. Obgleich Fräulein Martin nicht viel studiert hatte, war er doch mit ihren Antworten zufrieden.

Wir haben gute Fortschritte gemacht, nicht wahr? Bald werden wir alles in diesem Buch gelernt haben.

B. 1. You will understand it soon, Miss Braun. 2..Have you seen my room, Karl? 3. Of course, it is not very large. 4. Have you made progress already, Mr. Klein? 5. Yes, indeed; we have had six lessons. 6. Have you found the work interesting, Henry? 7. He will ask all sorts of questions. 8. The pupils had already sat down. 9. I am beginning to understand German. 10. The children had taken everything. 11. What will she do now? 12. Their house had stood there five years. 13. What are you making, Anna? 14. We made it yesterday.

C. Translate the sentences in this paragraph in the present perfect tense. 1. Did you buy something? 2. I didn't buy it. 3. Did you see his store? 4. Yes, indeed, I saw his store. 5. Did they visit their parents? 6. They visited their friends in the city. 7. Did she read the newspaper? 8. Why didn't they take their pens and pencils? 9. Did you hear everything, Marie? 10. Did they make progress? 11. The boys didn't answer the teacher (*dat.*). 12. Where did the man sit?

13. Did it last a long time?   14. We didn't drink it. 15. We didn't see your brother, Anna. 16. He made it. 17. I didn't take it. 18. That boy took it. 19. We studied something. 20. Although she cooked it. 21. How long did it last?   22. Why didn't she ask her father?

D. Write out the conjugation of any three of the following verbs in all the six tenses we have studied: (*a*) sehen; (*b*) sitzen; (*c*) kaufen; (*d*) stehen; (*e*) haben; (*f*) tun; (*g*) finden; (*h*) essen; (*i*) lesen; (*j*) schlafen; (*k*) machen.

Lesson XIV

Perfect Tense (sein)

I. **Haben as a Tense Auxiliary.** All verbs that take objects (i.e., all transitive verbs) form their perfect tenses with the auxiliary verb **haben.**

> **Der Knabe hatte nichts gehört.**
> **Wir haben gute Fortschritte gemacht.**

II. **Sein as a Tense Auxiliary.** Sein, werden, and **bleiben,** and all intransitive verbs denoting change of position or condition, form the perfect tenses with the verb **sein.**

> **Wir sind schon in der Stadt gewesen.**
> **Warum sind Sie heute zu Hause geblieben?**
> **Die Kinder waren schon zur Schule gegangen.**

Stehen and **sitzen,** while intransitive, take the auxiliary **haben,** because they do not denote change of position or condition.

> **Es hatte lange da gestanden.**
> **Wo hat sie früher gesessen?**

III. **Perfect Tenses of bleiben**

Pres. Perf.	*Past Perf.*	*Fut. Perf.*
ich bin geblieben	ich war geblieben	ich werde geblieben sein
du bist geblieben	du warst geblieben	du wirst geblieben sein
er ist geblieben	er war geblieben	er wird geblieben sein
wir sind geblieben	wir waren geblieben	wir werden geblieben sein
ihr seid geblieben	ihr wart geblieben	ihr werdet geblieben sein
sie sind geblieben	sie waren geblieben	sie werden geblieben sein

IV. The following intransitive verbs denoting change of position or condition take **sein** as their auxiliary to form the perfect tenses. These verbs never take **haben** as their auxiliary.

fallen fall
fließen flow
folgen follow
gehen go
geschehen happen

kommen come
laufen run
schwimmen swim
springen spring, jump
werden become

In all vocabularies, hereafter, verbs that take the auxiliary **sein** will be indicated thus:

fahren (fuhr, gefahren) [fährst, fährt] [sein] drive, go, ride
springen (sprang, gesprungen) [sein] spring, jump

Vocabulary

der Fluß (-̈sse) river
das Gut (-̈er) farm
das Wasser water
gestern yesterday

morgen tomorrow
überall everywhere
durch (*with acc.*) through
warm warm

fallen (fiel, gefallen) [fällst, fällt] [sein] fall
fließen (floß, geflossen) [sein] flow
folgen (folgte gefolgt) [sein] [*takes dat.*] follow
geschehen (geschah, geschehen) [geschieht] [sein] happen
laufen (lief, gelaufen) [läufst, läuft] [sein] run
schwimmen (schwamm, geschwommen) [sein] swim
springen (sprang, gesprungen) [sein] spring, jump

Exercises

Was ist gestern geschehen?

A. Gestern hat der Vater gesagt: „Wir sind lange zu Hause geblieben, denn das Wetter ist sehr kalt gewesen. Heute ist es aber warm und schön. Wir werden auf das Land gehen und Onkel Ernst und Tante Klara besuchen."

Wir waren glücklich, als er das (that) sagte, denn wir besuchen das Gut meines Onkels sehr gerne. Ich habe schon gesagt, daß Onkel Ernst nicht reich ist, obgleich sein Gut so groß und schön ist.

Also haben wir meinen Onkel auf dem Lande besucht. Die Eltern sind mit dem Auto gefahren, weil sie immer ein wenig müde sind. Wir Kinder sind den Eltern zu Fuß gefolgt.

Endlich waren wir da. Wir haben überall gespielt. Ein Fluß fließt durch das Gut meines Onkels. Wir sind ins Wasser gesprungen und sind über (across) den Fluß geschwommen, denn das Wasser war warm. Während wir schwammen, ist ein Mädchen in den Fluß gefallen. Da sie aber auf dem Lande wohnt, schwimmt sie sehr gut.

Nachdem wir lange gespielt hatten, haben wir gegessen. Wir haben im Eßzimmer gegessen. Dann sind wir nach Hause gegangen. Wir sind mit den Eltern gefahren, da wir alle so müde waren.

Das ist alles, was gestern geschehen ist. Was wird morgen geschehen?

B. 1. The weather had been very cold. 2. The weather has become too warm. 3. The water in the river is getting warm. 4. Your uncle has a farm, hasn't he? 5. We frequently visit our uncle in the country. 6. A river flows through his farm. 7. We like to swim in that river, when the water is warm. 8. Have you heard what happened yesterday? 9. Who helped the girl? 10. What was that girl's name? 11. Does that river flow through the city too? 12. Why did you eat in the dining room, when you were in the country? 13. Did you play with your uncle's children? 14. They ran into the house. 15. The children followed their parents into the dining room. 16. Where have you been, Miss Berg? 17. What has happened in the city today? 18. We didn't eat in the kitchen, but in the dining room. 19. In the middle of the room was a table. 20. The men were smoking and the women were talking while the children played. 21. When shall we go to the country again? 22. We are making progress, aren't we?

C. Write in all six tenses the complete conjugation of **werden, fallen, stehen**, and **sitzen**.

Lesson XV

Prepositions (I)

I. The following prepositions govern the dative case:

aus out of, from
bei by, near; with, at (the house of)
mit with

nach after, to; according to
seit since
von from, of, off; by
zu to

Nach, when meaning *according to*, usually stands after the word it governs. Note, too, the use of **bei** meaning *at, with, at the house of.*

dem Wetter nach according to the weather
bei meinem Freunde at my friend's; at my friend's house
bei dem Lehrer at the teacher's house; with the teacher

II. **Wissen (wußte, gewußt) know** (*a fact*). The present tense of **wissen** is:

ich weiß
du weißt
er weiß

wir wissen
ihr wißt
sie wissen

Vocabulary

aus out of, from
bei, by, near; with, at
mit with
nach after, to; according to
seit since
von from of, off; by
zu to

das Geld money
die Nacht (⁻e) night
der Tag (-e) day
genug enough
nie never
sieben seven
acht eight

wissen [wußte, gewußt] know

Exercises

A. 1. Die Kinder liefen aus der Schule. 2. Ich weiß, daß sie Geld genug hat. 3. Seit jener Nacht habe ich den Mann nie gesehen. 4. Den Kindern nach haben sie kein Geld. 5. Wir haben es von ihrer Schwester gehört. 6. Er ging zu seinem Vater und sagte ihm (him), was er gehört hatte. 7. Häufig waren sie mit den Kindern des Arztes über den Fluß geschwommen. 8. Sind Sie lange bei dem Präsidenten geblieben? 9. Den Studenten nach wissen die Professoren sehr wenig. 10. Wer hat jene Sachen aus seinem Restaurant genommen? 11. Ich weiß nicht, wer es getan hat. 12. Da die Nächte so lang geworden sind und die Tage so kurz, ist das Wetter kalt. 13. Obgleich er oft mit jenen Knaben gespielt hat, weiß er doch nicht, wo sie wohnen. 14. Morgen beginnen die Ferien. 15. Nach den Weihnachtsferien werden die Schüler sehr wenig Geld haben. 16. Nach sieben oder acht Jahren wird er Präsident der Schule sein. 17. Unser Haus stand bei dem Fluß. 18. Was haben Sie mit dem Gelde gekauft? 19. Es ist aus dem Auto gefallen, als wir nach der Stadt fuhren. 20. Ich wußte nicht, daß sie wieder zu ihren Eltern gegangen war. 21. Was ist geschehen? 22. Haben Sie alles verstanden?

B. 1. out of the kitchen 2. after that day 3. according to the school 4. at my uncle's 5. with her pupils 6. out of every store 7. after the holidays 8. with such pupils 9. to her friend (f.) 10. from the newspaper 11. near our house 12. with every class.

C. 1. He hasn't money enough to buy a store. 2. What does he do with his money? 3. After seven or eight days they sold their farm. 4. I didn't know they had sold their house. 5. I shall go into the city with your parents. 6. What happened at your sister's? 7. Her brother had fallen out of a window. 8. He had been at the university a long time. 9. Have you heard why he came home? 10. I only know that he is at home now. 11. What shall I say to your friends? 12. The children had taken everything out of the house. 13. He is not satisfied with my work. 14. We shall stay at the doctor's house while we are in the city. 15. She seldom went into a café or a movie, although she had much money. 16. You will always find something in the kitchen.

Prepositions (II)

I. The following prepositions always govern the genitive case:

anstatt (statt) instead of   während during
trotz in spite of   wegen on account of

anstatt seines Bruders   während der Nacht
trotz seiner Schwester   wegen Ihres Geldes

II. The following prepositions always govern the accusative case:

bis (usually followed by an-   durch through
other preposition, that   für for
determines the case of   gegen against
the following noun)   ohne without
till, until; as far as   um around, about

bis heute   ohne eine Küche
bis zur Schule   um jedes Bild
für einen Freund   gegen die Wand

Vocabulary

die Kirche (-n) church; zur –, to church   durch through
der Regen rain   für for
der Schnee snow   gegen against; toward
der Wald (̈ er) forest, woods   ohne without
der Wind (-e) wind   trotz in spite of
anstatt (statt) instead of   um around, about
bis until; as far as   während during
wegen on account of

Exercises

A. 1. durch die Tür 2. für meine Freunde 3. trotz des Schnees 4. gegen den Wind 5. während der Nacht 6. durch die Kirche 7. aus der Kirche 8. trotz der Kirche 9. mit den Kirchen 10. bis zur Kirche 11. gegen Ende des Jahres 12. wegen des Windes 13. aus dem Hause 14. für meine Schwester 15. gegen das Fenster 16. durch das Fenster 17. mit den Studenten 18. durch die Wand 19. aus der Küche 20. um das Hotel 21. im Walde 22. aus ihrem Walde 23. durch diesen Wald 24. statt meines Freundes 25. ohne Tische oder Stühle 26. bis zum Walde 27. von seinen Brüdern.

B. 1. for a friend 2. without money 3. without his money 4. in spite of his money 5. from the ceiling 6. in spite of the rain 7. through the snow 8. at my uncle's house 9. at the doctor's 10. against the wind 11. until now 12. on account of the wind 13. out of our forest 14. with his class 15. after two years 16. since that night 17. for his wife 18. out of a newspaper 19. for our merchants 20. without a dining room 21. during the day 22. at Christmas 23. on foot 24. toward (the) end of the vacation 25. without their notebooks 26. instead of my money.

C. 1. early 2. late 3. now 4. always 5. everywhere 6. a long while 7. soon 8. already 9. usually 10. often 11. never 12. again 13. of course 14. etc. 15. frequently 16. seldom 17. therefore 18. formerly 19. something 20. everything 21. enough 22. yesterday 23. today 24. tomorrow 25. upstairs 26. downstairs.

Lesson XVII

Prepositions (III)

I. The following prepositions may govern either the dative or the accusative cases. The dative case is used in expressing fixed locality or position; the accusative is used in expressing motion to a place.

an at, on, to, up to	**über** over, above
auf upon, on, to	**unter** under; among
hinter behind	**vor** before, in front of
in in, into	**zwischen** between
neben beside	

Er stand an der Tür.
Er ging an die Tafel.
Wir wohnten zwischen der Kirche und der Schule.
Die Männer gingen hinter die Kirche.
Sie arbeiteten hinter der Kirche.
Wir sind im Flusse geschwommen.
Wir sind in den Fluß gesprungen.

II. The following contractions of prepositions with the definite article are very common.

an dem = am	**in dem = im**
an das = ans	**in das = ins**
auf das = aufs	**von dem = vom**
bei dem = beim	**zu dem = zum**
für das = fürs	**zu der = zur**

III. Prepositions are seldom used with it or them (referring to things) in the dative and accusative cases; instead, one prefixes **da** (**dar**, before vowels) to the required preposition.

through it (them) **dadurch**	out of it (them) **daraus**
for it (them) **dafür**	in it (them) **darin**
with it (them) **damit**	over it (them) **darüber**

after it (them) **danach**   from it (them) **davon**
on it (them) **darauf**   to it (them) **dazu**

Er nahm es und sprang damit ins Wasser.
Dann floß das Wasser daraus.
Ich werde dafür arbeiten und etwas dazu geben.

Vocabulary

der Baum (-e) tree   **hinter** behind
das Dorf (-er) village   **in** in, into
der Spaziergang (-e) walk   **neben** beside
die Straße (-n) street   **über** over, above
der Weg (-e) road, way   **unter** under; among
an at, on, to, up to   **vor** before, in front of
auf on, upon, to   **zwischen** between

bereiten (bereitete, bereitet) prepare
brauchen (brauchte, gebraucht) need
führen (führte, geführt) lead
leben (lebte, gelebt) live [*indefinite as to location*]
schicken (schickte, geschickt) send

Idiom: einen Spaziergang machen, take a walk

Exercises

A. Jetzt brauchen wir sehr wenig Geld, denn wir wohnen in einem Dorfe. Früher, als wir in Boston lebten, brauchten wir viel Geld. Wir haben viele Freunde hier und wohnen gerne in einem Dorfe, anstatt in der Stadt.

In der Mitte unseres Dorfes ist ein Park. Die Dorfkirche und die Dorfschule sind in diesem Park. Zwischen der Schule und der Kirche sind viele schöne Bäume. Bäume stehen vor der Schule, hinter der Schule, neben der Schule, um die Kirche, – überall haben wir Bäume in unserem Dorfe. Wir spielen sehr oft unter diesen Bäumen.

Um den Park sind die vier Straßen des Dorfes. Eine von diesen Straßen führt in die Stadt, wo der Vater arbeitet. Diese Straße, auf der nur Automobile fahren, heißt Autostraße. Ein Weg führt aus dem Dorfe, über einen Fluß und in einen Wald. Oft bereitet die Mutter etwas zu essen, und dann machen wir einen Spaziergang in jenen Wald. Wir machen solche Spaziergänge sehr gerne.

Ich habe schon von meinen Schulen und von meinen Lehrern gesprochen. Jetzt haben wir einen sehr interessanten Lehrer. Er sitzt sehr selten. Er steht viel an der Tafel. Gewöhnlich steht er zwischen der Tafel und seinem Tisch. Er schreibt sehr viel an die Tafel. Er schickt die Schüler oft an die Tafel. Wir stehen oft an der Tafel (daran). Wenn unsere Arbeit an der Tafel (daran) zu Ende ist, nehmen wir Platz.

Ich brauche nichts mehr zu sagen. Schon wissen Sie, daß ich mit diesem Dorfleben sehr zufrieden bin.

B. 1. What do you need, Mr. Klein? 2. Although I need the money, I shall send the boys something. 3. What will they do with it? 4. They will buy trees with it for their farm. 5. Two roads lead through their farm. 6. Haven't they been in Germany? 7. Yes, indeed, they lived there a long time. 8. We have a park in our village. 9. I have frequently played in it. 10. Our house stands beside the church. 11. Their hotel is in front of the park. 12. We shall take a walk with the teacher's children. 13. Shall we go into the forest? 14. A road leads out of the village. 15. A river flows between the village and the forest. 16. On my uncle's farm is a forest. 17. The parents sent their children into the forest. 18. Our teacher is always standing at the blackboard. 19. Chairs were standing around the table in their dining room. 20. We shall visit our sister after the Christmas vacation. 21. Much water was flowing out of it.

C. What four prepositions govern the genitive case?
What seven prepositions govern the dative case?
What six prepositions govern the accusative case?
What nine prepositions govern the dative or accusative case?

Lesson XVIII

Personal Pronouns

I. The German personal pronouns are declined thus:

N.	ich	du	er	sie (she)	es
G.	meiner	deiner	seiner	ihrer	—
D.	mir	dir	ihm	ihr	—
A.	mich	dich	ihn	sie	es

N.	wir	ihr	sie (they)	Sie (you)
G.	unser	euer	ihrer	Ihrer
D.	uns	euch	ihnen	Ihnen
A.	uns	euch	sie	Sie

The genitive case of the personal pronouns is now very seldom used.

Wir waren unser vier. There were four of us.

Erinnere dich meiner! Remember me!

II. The omission of the genitive and dative cases of **es** has been explained in the previous lesson.

of it (**davon**); to it (**dazu**); with it (**damit**), etc.

III. Note the word order in these phrases:

It is I.	= **Ich bin es.**	It is we.	= **Wir sind es.**
It is you.	= **Du bist es.**	It is you.	= **Ihr seid es.**
It is he.	= **Er ist es.**	It is they.	= **Sie sind es,** etc.

IV. Two Idiomatic Expressions.

(*a*) *To like* may be expressed by **gern haben, lieb haben,** or by **gefallen** (**gefiel, gefallen**) [+ *dat.*] *please.*

Ich habe diese Schule gern.	= **Diese Schule gefällt mir.**
Sie hatte sein Gut sehr gern.	= **Sein Gut gefiel ihr.**
Wie gefällt Ihnen unser Dorf?	

* **Es gefällt mir sehr. Ich habe es sehr lieb.**
Der Spaziergang durch den Wald hat ihnen sehr gefallen.

(*b*) *How are you? I feel fine. How is your brother?* etc. are usually expressed thus:

Wie geht es Ihnen? (How are you?)
Es geht mir sehr gut. (I feel fine.)
Wie geht es deinem Bruder?
Es geht meinem Bruder sehr gut.

Vocabulary

der Sohn (-̈e) son
die Stunde (-n) hour
die Tochter (-̈) daughter
dumm stupid
faul, lazy

fleißig industrious
lieb dear; — **haben,** like
neun nine
zehn ten

danken (dankte, gedankt) [*takes dat.*] thank; **Danke schön!** Thank you.
gefallen (gefiel, gefallen) [**gefällst, gefällt**] [*with dat.*] please
klopfen (klopfte, geklopft) knock
lieben (liebte, geliebt) love
schließen (schloß, geschlossen) shut, lock

Exercises

Allerlei Fragen

A. Gestern haben wir wieder Deutsch in der Klasse gesprochen. Ich werde Ihnen schreiben, was wir gesagt haben. Der Lehrer hat uns allerlei Fragen gestellt, und wir haben ihm geantwortet, wenn wir ihn verstanden haben. Sie werden sehen, daß wir gute Fortschritte gemacht haben.

Lehrer: Wer hat an meine Tür geklopft?
Schüler: Ich habe geklopft, Herr Lehrer.
Lehrer: Warum haben Sie geklopft?
Schüler: Die Tür war geschlossen.
Lehrer: Ich wußte nicht, daß sie geschlossen war. Wer hat sie geschlossen?
Schüler: Ich weiß nicht. Ich weiß nur, daß sie geschlossen war.
Lehrer: Wie geht es Ihnen heute?
Schüler: Sehr gut, Herr Lehrer, denn ich habe gut geschlafen.
Lehrer: Wie lange haben Sie geschlafen?

Schüler: Neun oder zehn Stunden.

Lehrer: Haben Sie auch gut gegessen?

Schüler: Danke schön, Herr Lehrer, ich habe auch gut gegessen.

Lehrer: Lieben Sie Ihre Eltern?

Schüler: Natürlich liebe ich sie, denn ich bin ihr Sohn.

Lehrer: Lieben Sie die Tochter Ihrer Eltern?

Schüler: Natürlich liebe ich sie, denn sie ist meine Schwester.

Lehrer: Sind Sie faul?

Schüler: Ich bin nie faul. Ich bin immer fleißig, aber auch ein wenig dumm.

Lehrer: Das (that) war eine dumme Frage, nicht wahr?

Schüler: Ich habe Ihnen schon geantwortet.

Lehrer: Wie gefällt Ihnen mein Schulzimmer?

Schüler: Es ist neu und schön, aber nicht groß genug.

Lehrer: Gefällt Ihnen dieses Wetter?

Schüler: Nein, es ist zu kalt, und wir haben zu viel Regen gehabt.

Lehrer: Hat die Klasse alles gut verstanden, was wir gesagt haben?

Schüler: Jawohl, Herr Lehrer.

Lehrer: Sehr gut! Also haben wir Fortschritte gemacht. Ich habe diese Klasse sehr lieb. Danke schön! (Ich danke Ihnen sehr.)

B. 1. I had slept only five or six hours. 2. He asked me all sorts of questions. 3. I didn't understand him. 4. I have been very stupid, but I have not been lazy. 5. We thanked her for the money. 6. I closed the door for him. 7. His friends love him for he loves them and he does much for them. 8. They have four daughters but no sons. 9. Who knocked at my door? 10. What will they buy with it? 11. How is your mother today? 12. Haven't you seen her today? 13. How do you like this school? 14. How does he like his room? 15. He frequently studies in it. 16. Here is your money; what will you do with it? 17. Her son will stay at our house. 18. We love them, for they have frequently helped us. 19. Who is at the door? 20. It is they. 21. That is enough for today. Thank you.

C. Oral or Written Work in Class. 1. with them 2. without me 3. with us 4. with it 5. without you, Karl 6. without you, Miss Ober 7. in it 8. for her 9. against him 10. against it 11. for it 12. after you, Mr. Ober 13. after her 14. out of it 15. from me 16. from them 17. against them 18. around them 19. around me 20. to us.

Lesson XIX

Interrogative Pronouns

I. Wer and Was. The two commonest interrogative pronouns, **wer** (who) and **was** (what), are declined thus:

wer (who)	was
wessen (whose)	—
wem (whom)	—
wen (whom)	was

Was is not used, except colloquially, in the genitive and dative cases.

Wer hat es Ihnen gegeben?
Wessen Bleistift hast du da?
Mit wessen Kindern habt ihr gespielt?
Wem haben Sie gestern geschrieben?
Wem sind Sie gefolgt?
Wen haben Sie im Parke gesehen?
Was lesen Sie jetzt?

II. Wo + Prepositions. Note that **was** is used only as the subject and the direct object of verbs; it is not used in the genitive, dative, and accusative as the object of prepositions, but a compound of **wo** (before vowels, **wor**) and the preposition is used instead. Thus:

in what	= **worin**	with what	= **womit**
on what	= **worauf**	for what	= **wofür**
to what	= **wozu**	out of what	= **woraus**

Woraus wird er die Stühle machen?
Womit haben sie ihre Aufgaben geschrieben?
Worauf habe ich es gestellt?

III. Was für ein. The interrogative **Was für ein** (what kind of a) is, of course, much used. In this phrase, **für** is not considered as a preposition, and does not, therefore, govern the case of the following noun.

Was für ein Baum steht vor ihrem Hause?
Was für einen Baum haben Sie gekauft?
Von was für einem Baum sprechen Sie?
Was für Bäume stehen hinter der Kirche?
Was für Leute wohnen in dieser Strasse?

Vocabulary

der Dampfer (-) steamship
die Eisenbahn (-en) railroad
Europa *n.* Europe
Frankreich *n.* France
Französisch *n.* French (*lang.*)
der Handschuh (-e) glove
der Hut (-̈e) hat
das Kleid (-er) dress; **die Kleider,** clothes

die Reise (-n) journey; **eine —**
  machen, go on a journey, travel
der Schuh (-e) shoe
einmal once; once upon a time
je ever
womit with what
deutsch (*adj.*) German
französisch (*adj.*) French

kosten (kostete, gekostet) cost
reisen (reiste, gereist) [sein] travel

Idioms

Auf Wiedersehen! Till we meet again! Goodbye!
Was für ein what kind of a

Exercises

A.   **Eine Reise nach Europa**

Herr Stein: Reisen Sie gern, Herr Weber?

Herr Weber: Jawohl, Herr Stein; ich bin einmal in Europa gewesen.

Herr Stein: Mit wem haben Sie die Reise nach Europa gemacht?

Herr Weber: Mit meiner Frau und Johann, unserem Sohn.

Herr Stein: Wie sind Sie nach Europa gefahren?

Herr Weber: Wir sind nach New York mit dem Auto gefahren; von New York nach Hamburg sind wir mit einem Dampfer, und von Hamburg nach Berlin mit der Eisenbahn gefahren.

Herr Stein:	Sie haben Hamburg und Berlin sehr interessant gefunden, nicht wahr?
Herr Weber:	Jawohl, Herr Stein; es sind große, schöne, interessante Städte.
Herr Stein:	Diese Reise hat Ihnen viel gekostet, nicht wahr?
Herr Weber:	Eine Reise nach Europe ist nie billig. Nichts kostet so viel wie hier bei uns, aber alles ist teuer genug. Frau Weber hat Kleider, Hüte, Schuhe und Handschuhe gekauft. Sie hat auch viele Sachen für die Kinder gekauft.
Herr Stein:	Für wessen Kinder hat sie viele Sachen gekauft? Sie haben nur ein Kind, nicht wahr?
Herr Weber:	Für die Kinder ihrer zwei Brüder. Frau Weber hat jene Kinder sehr lieb.
Herr Stein:	Sie sind auch in Paris gewesen, nicht wahr?
Herr Weber:	Wir haben Freunde in Paris besucht. Wir sind lange in Frankreich geblieben, denn Frau Weber spricht Französisch sehr gut und findet das Leben in Frankreich sehr interessant.
Herr Stein:	Was haben Sie in Europa gekauft, Herr Weber?
Herr Weber:	Ich habe nur Bücher gekauft.
Herr Stein:	Was für Bücher haben Sie so interessant gefunden?
Herr Weber:	Ich habe deutsche Bücher für mich und französische Bücher für meine Frau gekauft. Ich lese Deutsch gern und sie liest Französisch gern.
Herr Stein:	Auf Wiedersehen, Herr Weber. Ich werde bald eine Reise nach Europa machen.
Herr Weber:	Auf Wiedersehen, Herr Stein.

B. 1. Who has been in France and Germany? 2. Mr. and Mrs. Weber have been in Europe once. 3. With whom did they make the journey to Europe? 4. Whose children does Mrs. Weber love? 5. What kind of a dress did she buy in Germany? 6. Do clothes cost much in France? 7. Why did she buy shoes and gloves there when they are very cheap at home? 8. Does she speak French? 9. Where do her friends in France live? 10. Did they go by rail from Hamburg to Berlin? 11. Do you like her hat? 12. Which hats did she buy in France? 13. I don't like her gloves. 14. I have never been in Europe. 15. What are the pupils writing with? 16. What was the name of that steamship? 17. He sent her the money for it. 18. Shall we buy books with it? 19. Instead of books, I shall buy clothes with it. 20. Goodbye, my friends. 21. We like this work very (much).

C. 1. with this pen 2. with that pencil 3. without her friend (m.) 4. without her friend (f.) 5. through a forest 6. out of his forest 7. of those people 8. of such people 9. in his foot 10. in his feet 11. at my brother's 12. at his house 13. after three years 14. since that year 15. at the end of the summer 16. at the end of the day 17. at the end of the year 18. until Easter 19. during that night 20. for his money 21. without a church 22. through the rain 23. against the wind 24. on account of the boys 25. in spite of her dress.

LESSON XX

Imperative Mode

I. Imperative Mode. Direct commands may be given to persons addressed as **du**, **ihr**, and **Sie**; German has, therefore, three forms in its imperative mode.

(1) *familiar* **du**-*form*	**Bleibe!**	**Trinke!**
(2) *familiar* **ihr**-*form*	**Bleibt!**	**Trinkt!**
(3) *formal* **Sie**-*form*	**Bleiben Sie!**	**Trinken Sie!**

Warte hier, Karl, bis ich dich rufe!
Sagt mir, Kinder, was ihr gesehen habt!
Schicken Sie mir das Geld sofort, Herr Walz!

Practically all verbs in the German language form their imperatives in this way: -e, -t, and -en Sie. The familiar **ihr**-form and the formal **Sie**-form are always regular.

Irregularities in the **du**-form:

(*a*) The three imperative forms of **sein**: **Sei! Seid! Seien Sie!**

(*b*) The familiar **du**-form is irregular in strong verbs whose stem vowel **e** changes to **i** or **ie** in the present indicative; this vowel change then takes place also in the first imperative form, and there is no final **e**.

Pres. Indic.		*Imperative*	
ich trete, du trittst	Tritt!	Tretet!	Treten Sie!
ich gebe, du gibst	Gib!	Gebt!	Geben Sie!
ich spreche, du sprichst	Sprich!	Sprecht!	Sprechen Sie!
ich sehe, du siehst	Sieh!	Seht!	Sehen Sie!
ich nehme, du nimmst	Nimm!	Nehmt!	Nehmen Sie!
ich esse, du ißt	Iß!	Eßt!	Essen Sie!
Note also sein (be)	Sei!	Seid!	Seien Sie!

The formal command is the form most generally used in class-work.

II. Exhortations. Expressions of the form *Let's write her a letter!*, *Let's go home!*, *Let's give him something!* are made thus:

Schreiben wir ihr einen Brief! Gehen wir nach Hause! Geben wir ihm etwas!

Note, however: **Seien wir fleißig!** (Let's be diligent!)

Vocabulary

der Brief (-e) letter	**langsam** slow; slowly
das Glas (÷er) glass	**schnell** fast
der Satz (÷e) sentence	**sofort** immediately
bitte please; you are welcome	**zuerst** first, at first
deutlich clear; distinctly	

bringen (brachte, gebracht) bring
geben (gab, gegeben) [gibst gibt] give
holen (holte, geholt) fetch
legen (legte, gelegt) lay
öffnen (öffnete, geöffnet) open
rufen (rief, gerufen) call
setzen (setzte, gesetzt) set
treten (trat, getreten) [trittst, tritt] [sein] step
warten (wartete, gewartet) wait; — **auf** + *acc.*, wait for
„**Bitte, bringen Sie mir ein Glas Wasser!** "
„**Sehr gerne, Herr Lehrer.**"
„**Danke schön.**"
„**Bitte.**" (You are welcome.)

Exercises

A. I. (*Commands to a child or to a friend*) 1. Karl, hole mir ein Glas Wasser! 2. Warte hier auf mich! 3. Lege sie hinter das Haus! 4. Tritt an das Fenster, Karl, und hilf jenem Manne! 5. Sprich deutlich, Kind! 6. Rufe deine Brüder! 7. Komme bald nach Hause! 8. Klara, gehe sofort nach Hause! 9. Bitte, gib mir jenes Buch! 10. Schreibe jeden Satz an die Tafel! 11. Rauche nicht so viel, Wilhelm! 12. Nimm es! 13. Sei fleißig! 14. Iß nicht so schnell, Anna!

II. (*Commands to children or to friends*) 1. Öffnet eure Bücher! 2. Tretet in mein Schulzimmer! 3. Wartet auf uns! 4. Holt eure Gläser!

5. Setzt sie auf den Tisch! 6. Ruft eure Eltern aus der Küche! 7. Seid nicht so dumm! 8. Bringt mir eure Hefte! 9. Lest zuerst eure Sätze! 10. Tut es für ihn! 11. Helft euren Freunden! 12. Sprecht langsam und deutlich! 13. Legt sie auf meinen Tisch! 14. Beginnt die Arbeit sofort!

III. (*Formal Commands and Exhortations*) 1. Holen Sie mir ein Glas Wasser, bitte! 2. Legen Sie sie auf den Tisch in der Küche! 3. Bringen Sie uns jenen Studenten! 4. Gehen wir sofort zu ihm! 5. Laufen Sie schnell durch den Wald! 6. Sprechen wir Deutsch! 7. Sprechen Sie deutlich! 8. Sagen Sie es langsam! 9. Schreiben Sie ihnen einen Brief! 10. Gehen Sie an die Tafel und schreiben Sie diesen Satz daran! 11. Nehmen Sie Platz!—Danke schön.—Bitte. 12. Seien wir Freunde! 13. Besuchen Sie uns zu Weihnachten! 14. Fragen Sie ihn zuerst, warum er es getan hat.. 15. Antworten Sie mir sofort! 16. Öffnen Sie die Fenster und die Türen! 17. Bitte, lesen Sie nicht so langsam! 18. Bleiben wir heute zu Hause!

B. I. (*To a child or friend*) 1. Lay it on the table. 2. Wait for me 3. Say it fast. 4. Speak distinctly. 5. Be industrious. 6. Eat slowly. 7. Come home at once. 8. Help your brother. 9. Go to the blackboard. 10. Please write your sentences on it. 11. Stay here. 12. Give me the money.

II. (*To children or friends*) 1. Go home. 2. Stay here. 3. Take them. 4. Study your lesson. 5. Wait for the girls. 6. Call the boys. 7. Step into the kitchen. 8. Set it on the table. 9. Write them on the blackboard. 10. Speak distinctly. 11. Be diligent, my sons. 12. Open the door.

III. (*Formal Commands and Exhortations*) 1. Read it fast. 2. Bring me a glass (of) water, please. 3. Let's study our lesson. 4. Speak slowly, please. 5. Open your books. 6. Lay the newspaper in the living room. 7. Tell him everything. 8. Please, have a seat. 9. Take enough of them. 10. Ask the teacher. 11. Set them under the table. 12. Please, sell them to me. 13. Don't go to Europe now. 14. Don't buy gloves in that store. 15. Don't tell her where we have been today. 16. Let's go home immediately. 17. Go to the blackboard first. 18. Let's read it now. 19. Write it again. 20. Send it soon. 21. Speak distinctly.

LESSON XXI

Modal Auxiliaries

I. **Modal Auxiliaries.** Verbs such as *can, will, ought,* and *must,* that describe a state of mind or mood, and help to convey the idea expressed by any complementary infinitive, are called Modal Auxiliaries.

German has six modal auxiliaries; because of their constant use, they should be thoroughly mastered.

dürfen	denotes	PERMISSION
können	denotes	ABILITY
mögen	denotes	LIKING; POSSIBILITY
müssen	denotes	COMPULSION, NECESSITY
sollen	denotes	EXPECTANCY; DUTY
wollen	denotes	WILL, INTENTION, DESIRE

II. **Principal Parts.**

dürfen	durfte	gedurft	(dürfen)	be allowed, may
können	konnte	gekonnt	(können)	can, be able
mögen	mochte	gemocht	(mögen)	care to, like to; may
müssen	mußte	gemußt	(müssen)	must, have to
sollen	sollte	gesollt	(sollen)	be to, shall; ought to
wollen	wollte	gewollt	(wollen)	will, want to

The uses of the two forms of the perfect participle will be explained in Lesson XXII.

III. **Present Indicative.**

dürfen	können	mögen	müssen	sollen	wollen
ich darf	kann	mag	muß	soll	will
du darfst	kannst	magst	mußt	sollst	willst
er darf	kann	mag	muß	soll	will
wir dürfen	können	mögen	müssen	sollen	wollen
ihr dürft	könnt	mögt	müßt	sollt	wollt
sie dürfen	können	mögen	müssen	sollen	wollen

86

IV. Past Indicative.

ich durfte	konnte	mochte	mußte	sollte	wollte
du durftest	konntest	mochtest	mußtest	solltest	wolltest
er durfte	konnte	mochte	mußte	sollte	wollte
wir durften	konnten	mochten	mußten	sollten	wollten
ihr durftet	konntet	mochtet	mußtet	solltet	wolltet
sie durften	konnten	mochten	mußten	sollten	wollten

While the present indicative is very irregular, the past indicative presents no difficulties of conjugation.

V. Complementary Infinitives. Modal auxiliaries are practically always followed by infinitives to complete their meaning; these complementary infinitives never take **zu**.

> **Er muß es lernen.**
> **Sie mußte einen Brief schreiben.**
> **Wir wollten ihn nicht sehen.**
> **Ich kann diese Aufgabe nicht verstehen.**
> **Er mochte mit dem Automobil fahren.**
> **Es mag wahr sein.**

VI. Future Tense of Modal Auxiliaries. The future is formed regularly. **Er wird es können. Wir werden es müssen. Die Schüler werden es dürfen.**

Complementary infinitive phrases, however, are enclosed within the modal phrase, and are put immediately before the infinitive.

> **Er wird es nicht verstehen können.**
> **Wir werden die Bücher nach Hause bringen dürfen.**
> **Die Schüler werden sie lesen wollen.**
> **Wir werden morgen zu Hause bleiben müssen.**

VII. Peculiarities in Use of sollen and wollen.

(a) **Sollen**, occasionally, means "be said to."
> **Sie soll sehr reich sein.**
> **Die Zimmer sollen zu klein sein.**

(b) **Wollen**, occasionally, means "claim to."
> **Sie will eine reiche Tochter haben.**
> **Der Arzt wollte da gewesen sein.**

VIII. Man. The indefinite pronoun man may be translated *one, people, we, they, you.* It is singular, and takes the verb in the third person singular.

Man sieht ihn sehr häufig da.
Man ißt sehr langsam in Frankreich.
Was kann man daraus machen?

Vocabulary

das Klavier (-e) piano	**besonders** especially
die Musik music	**schwach** weak
die Stimme (-n) voice	**stark** strong
das Theater (-) theater	**man** (*indef. pron.*) one, people,
beliebt popular	we

dürfen (durfte, gedurft *or* **dürfen)** be permitted, may
können (konnte, gekonnt *or* **können)** can, be able to
mögen (mochte, gemocht *or* **mögen)** like to; may
müssen (mußte, gemußt *or* **müssen)** must, have to
sollen (sollte, gesollt *or* **sollen)** be to, shall; be said to; ought to
wollen (wollte, gewollt *or* **wollen)** wish to, want to, will
singen (sang, gesungen) sing

Exercises

Die Musik in Deutschland

A. 1. Wir haben zu Hause ein Klavier. Die Mutter kann sehr gut spielen, denn sie hat lange Musik studiert. Anna spielt Klavier gern, nicht so gut aber wie die Mutter. Anna ist ein wenig faul, und mag nicht arbeiten; sie will immer mit ihren Freundinnen laufen und schwimmen und fahren. Man muß lange Musik studieren, wenn man gut spielen oder singen will.

Der Vater hat eine gute Stimme, und er singt sehr gerne. Er kann sehr gut singen, wenn er will. Seine Stimme ist nicht stark, und doch nicht besonders schwach; sie ist aber schön. Man muß viel singen, wenn man eine starke Stimme haben will, nicht wahr?

In Deutschland ist die Musik sehr beliebt. Früh und spät kann man sie überall hören. Man hört sie auf dem Lande und in der Stadt, in den Restaurants, Theatern, Kirchen und besonders in den großen Cafés, wo man Bier trinkt. Die Musik in Deutschland ist gewöhnlich sehr gut.

Leipzig soll die große Musikstadt Deutschlands sein. Dresden, Stuttgart und natürlich Berlin sind aber auch große Musikstädte.

Sie haben gewiß von Mozart, Mendelssohn, Schubert, Schumann und Wagner gehört. Was können Sie von diesen Männern sagen? Wie gefällt Ihnen ihre Musik? Warum ist ihre Musik immer so beliebt geblieben?

Man hat oft gesagt, daß Deutschland das Land der Schulen ist. Warum darf man nicht auch sagen, daß es das Land der Musik ist?

B. 1. We must go home soon. 2. I shall have to stay at home. 3. Who wants to go to the theater with me? 4. I like to go to the theater too. 5. May I go with you, Miss Schiller? 6. I couldn't do anything with it. 7. We shall have to learn everything in the book. 8. In Germany one hears music everywhere. 9. People like to sing with her. 10. Her voice is very strong and beautiful. 11. Have you a piano at your house? 12. Who can play it? 13. My friend is to sing there soon. 14. Don't sell them, Anna. 15. Let's buy her a picture for her room. 16. We had to send her home. 17. He claims to be a doctor. 18. They are said to sing especially well. 19. In spite of the rain he wanted to come with them. 20. Whose music is very popular in Germany? 21. I shall soon have to prepare my lessons for tomorrow.

C. (a) I have to work; I had to work; I shall have to work.

(b) He likes to play; he liked to play; he will like to play.

(c) We can't sing; we couldn't sing; we shall not be able to sing.

(d) May I sit here? I was allowed to sit here. I shall be allowed to sit here.

(e) He wants to swim; he wanted to swim; he will want to swim.

LESSON XXII

Modal Auxiliaries (*Continued*)

I. **Two Perfect Participles.** The modal auxiliaries have two forms of
the perfect participle, one beginning with ge, the other the same as
the infinitive. The infinitive form is used when a modal auxiliary in
any perfect tense has a complementary infinitive. This is sometimes
called the "double infinitive construction."

Since modal auxiliary verbs are usually accompanied by a complementary infinitive, the ge form of the perfect participle is rela-
tively seldom used.

When the complementary infinitive is not expressed, the pronoun
es is usually inserted in its stead.

> Er hat die Aufgabe nicht lernen können.
> Er hat es nicht gekonnt.
> Wir haben unsere Freunde besuchen wollen.
> Wir haben es gewollt.
> Hat sie nie tanzen dürfen?
> Hat sie es nie gedurft?

II. **Double Infinitive Construction in Dependent Clauses.** When the
double infinitive construction is used in a dependent clause, the
auxiliary **haben** is not transposed as we should expect, but stands
immediately before the two infinitives. This same peculiarity occurs
also in the future tense in dependent clauses.

> Er hat gestern nach Hause gehen müssen.
> Weil er gestern nach Hause hat gehen müssen, ...
> Wir hatten nicht gut schlafen können.
> Obgleich wir nicht gut hatten schlafen können, ...
> Wann werde ich diese Geschichte erzählen dürfen?
> Ich weiß nicht, wann ich diese Geschichte werde erzählen dürfen.

Vocabulary

das Beispiel (-e) example; z. B.
(zum —), for example
das Fräulein (-) young lady,
Miss
die Geschichte (-n) story; history

die Sehenswürdigkeit (-en) thing
worth seeing, sight(s)
jedermann everybody
schlecht bad, poor
vielleicht perhaps

bauen (baute, gebaut) build
beschreiben (beschrieb, beschrieben) describe
ersparen (ersparte, erspart) save, save up
erzählen (erzählte, erzählt) relate, tell
tanzen (tanzte, getanzt) dance
verdienen (verdiente, verdient) earn

Idiom: auf deutsch in German

Exercises

Jedermann will etwas tun

A. Jedes Fräulein in meiner Klasse kann gut tanzen. Fräulein Decker soll besonders gut tanzen. Jeder Student hat sie gern, weil sie so schön ist. Ich habe mit ihr schon immer tanzen wollen, aber sie will es nicht. Vielleicht tanze ich zu schlecht.

Morgen muß jedermann in der Klasse eine Geschichte auf deutsch erzählen; wenn er das nicht tun kann, muß er eine der Sehenswürdigkeiten unserer Stadt beschreiben. Weil ich nie eine Geschichte gut habe erzählen können, werde ich vielleicht etwas über die Universität sagen. Obgleich unsere Stadt so klein ist, hat sie aber viele Sehenswürdigkeiten, z. B. die Universität, viele Kirchen, große Theater, schöne Kinos, Hotels, Parks usw. Was kann man über die Universität sagen?

Meine Eltern haben lange ein Haus bauen wollen, aber sie haben es nicht gekonnt, da sie nie Geld genug hatten. Man muß viel Geld haben, wenn man ein Haus bauen will. Mein Vater hat nie viel Geld ersparen können, weil er nur wenig Geld hat verdienen können. Er ist stark, er ist fleißig, er singt sehr gut, er hat viele Freunde und ist überall in der Stadt sehr beliebt. Ich kann es nicht verstehen, daß er nicht viel mehr (more) hat verdienen können. Vielleicht hat er uns zu viele Bücher, Schuhe, Kleider, Bilder usw. kaufen müssen.

B. 1. The doctor's daughters were especially popular. 2. Everybody liked them [lieb haben]. 3. Miss Decker is said to dance especially well. 4. I have always wanted to dance with her sister. 5. Everybody says that she can dance very well, but that her brother dances poorly. 6. I like to swim and play. 7. What do you like to do? 8. Say it in German. 9. Can you say it in French too? 10. Who can describe the sights of our city? 11. We have, for example, a university, many churches, etc. 12. Give me two or three examples of it. 13. Why haven't you saved your money? 14. Haven't you been able to? 15. Now I shall have to help you. 16. They have had to sell their store. 17. People like to sing in the woods. 18. What kind of a story am I to tell? 19. After he had told his story, he sat down again. 20. May I tell my story now?

LESSON XXIII

Adjective Declension (strong)

I. Predicate Adjectives. Predicate adjectives take no endings.

Meine Eltern sind immer fleißig.
Die Frau meines Freundes ist sehr schön.

II. Declension of Adjectives. An attributive or modifying adjective may be declined in three ways:

Strong Declension	*Weak Declension*	*Mixed Declension*
An adjective is declined strong when not preceded by a "**dieser**" or "**kein**" word.	An adjective is declined weak when preceded by a "**dieser**" word.	An adjective is declined mixed when preceded by a "**kein**" word.

The "**dieser**" words are:

> der, die, das
> dieser, -e, -es
> jeder, -e, -es
> jener, -e, -es
> mancher, -e, -es
> solcher, -e, -es
> welcher, -e, -es

The "**kein**" words are:

> ein, eine, ein
> kein, keine,
> kein and
> the possessive
> adjectives

III. Strong Declension. An adjective used alone with its noun is declined strong; it takes the endings of **dieser**, except that **-en** replaces **-es** in the genitive singular of the masculine and neuter. The strong endings are therefor:

Singular			*Plural*
er	e	es	e
en	er	en	er
em	er	em	en
en	e	es	e

schöne Blumen	bei gutem Wetter	klares Wasser
gelbes Eisen	von langen Brücken	klaren Wassers
für kleine Kinder	teurer Schuhe	mit neuen Hüten

93

Vocabulary

die Blume (-n) flower	**hell** light, bright
die Brücke (-n) bridge	**klar** clear
das Eisen iron	**gelb** yellow
die Farbe (-n) color	**grau** gray
der Garten (-̈) garden	**leicht** light; easy
der Wein (-e) wine	**schwer** heavy; difficult
dunkel dark	

gehören (gehörte, gehört) belong to
tragen (trug, getragen) [trägst, trägt] carry; wear

Exercises

A. **Man spricht Deutsch in der Klasse**

1. Wie gefällt Ihnen dieses Wetter, Herr Schlegel?
  Graues, dunkles, kaltes Wetter gefällt mir nicht. Wir haben zu viel
  Regen und Schnee gehabt. Ich habe heißes, klares Wetter gern.
2. Danke schön, Herr Schlegel. Ich habe alles sehr gut gehört, denn
  Ihre Stimme ist stark und Sie haben deutlich gesprochen.
3. Fräulein Decker, was für einen Garten haben Sie?
  Wir haben allerlei Blumen in unserem Garten. Da findet man gelbe,
  weiße, blaue und rote Blumen.
4. Welche Farben haben Sie besonders gern?
  Blaue und rote Blumen habe ich sehr gern.
5. Herr Klein, Sie haben viele Brücken gesehen, nicht wahr?
  Jawohl, Herr Lehrer, ich habe allerlei Brücken gesehen.
6. Wie muß das Eisen einer Brucke sein, Herr Klein?
  Man baut Brücken aus starkem, schwerem Eisen.
7. Natürlich; das wußte ich schon.—Fräulein Busch, in welchem Lande
  trinkt man viel Wein?
  Man trinkt viel Wein in Frankreich, nicht wahr?
8. Jawohl, Fräulein Busch, man trinkt sehr gern Wein in Frankreich.—
  Wem gehören diese Handschuhe auf meinem Tisch?
  Sie gehören meiner Schwester; sie ist schon nach Hause gegangen.
9. Tragen Sie Handschuhe, Herr Eckert?
  Ich habe dieses Jahr nur einmal Handschuhe getragen, Herr Lehrer.

Ich trage sie nicht gern.
10. Fräulein Hermann, finden Sie diese Arbeit schwer oder leicht?
Ich habe diese Arbeit sehr gern, also ist sie mir leicht.
11. Vielleicht haben Sie eine Geschichte zu erzählen, Herr Munz?
Nein, Herr Lehrer, ich habe nichts zu erzählen.
12. Am Ende sagt der Lehrer immer: „Wir machen doch gute Fortschritte, nicht wahr?"

B. 1. Can you describe the weather, Miss Ober? 2. The weather has
been very bad. 3. We have had cold and dark weather. 4. It is not always easy to describe the weather. 5. What kind of a bridge will he
build for the city? 6. Will you build a theater too? 7. To whom will
the theater belong? 8. Whose piano did she buy? 9. What kind of
flowers have you in your garden? 10. Do you like blue flowers?
11. Yes indeed, I like dark flowers very much. 12. Why don't you wear
dark clothes? 13. I have always worn blue and red hats. 14. Everybody likes my hats. 15. Can you say something in German? 16. Are
your lessons very difficult? 17. No; everybody says that they are too
short. 18. Perhaps we shall have to study these sentences. 19. Bring
me my book at once. 20. May I dance with you?

C. 10-Minute Written Quiz. 1. hard work. 2. easy lessons. 3. bright
colors. 4. old wines. 5. rich merchants. 6. in beautiful forests. 7. in
spite of bad weather. 8. through little villages. 9. with interesting stories. 10. cheap wine. 11. for old soldiers. 12. in large theaters. 13. of
good music. 14. weak voices. 15. without beautiful clothes.

Adjective Declension (weak)

I. Adjectives are declined weak when preceded by a "**dieser**" word. (See Lesson XXIII for list of "**dieser**" words.) The weak endings are:

Singular			Plural
e	e	e	en
en	en	en	en
en	en	en	en
en	e	e	en

Notice that the weak adjectival endings are all **e** or **en**; in the plural **en** is used exclusively.

the old man	this young woman	that red book
der alte Mann	diese junge Frau	jenes rote Buch
des alten Mannes	dieser jungen Frau	jenes roten Buches
dem alten Manne	dieser jungen Frau	jenem roten Buche
den alten Mann	diese junge Frau	jenes rote Buch
die alten Männer	diese jungen Frauen	jene roten Bücher
der alten Männer	dieser jungen Frauen	jener roten Bücher
den alten Männern	diesen jungen Frauen	jenen roten Büchern
die alten Männer	diese jungen Frauen	jene roten Bücher

II. The descriptive adjective after **alle** (all, *plur.*) takes the weak endings.

> alle roten Blumen   aller reichen Leute

III. **Recht haben** (be right).

> **Der Arzt hatte recht.** (The doctor was right.)
> **weil seine Tante recht hat,** (because his aunt is right,)

IV. **Das Deutsche. Deutsch** (German language) is an adjectival noun and is declined like an adjective. **Das Deutsche ist schwer zu lernen. Übersetzen Sie es ins Deutsche!**

Vocabulary

der Arm (-e) arm	**best** best
der Fehler (-) error, mistake	**ganz** whole, entire
die Hand (-̈e) hand	**klug** intelligent, wise
die Zensur (-en) grade	**link** left
ander other	**recht** right; — **haben**, be right
besser better	**schmutzig** dirty

bekommen (bekam, bekommen) receive
gebrauchen (gebrauchte, gebraucht) use
korrigieren (korrigierte, korrigiert) correct
loben (lobte, gelobt) praise
übersetzen (übersetzte, übersetzt) translate

Exercises
Über unsere Arbeit und unsere Zensuren

A. Mein Freund, Hans Hecht, ist der beste Student in der ganzen Klasse. Vielleicht ist er der beste Student in der ganzen Schule. Er bekommt immer die besten Zensuren. Obgleich ich jede deutsche und französische Aufgabe eine Stunde studiere, bekomme ich nicht bessere Zensuren als (than) die anderen Studenten.

Die schlechten Studenten sind dumm und faul. Sie machen viele Fehler, wenn sie Deutsch lesen, und wenn sie etwas ins Deutsche übersetzen. Der Lehrer korrigiert ihre Sätze nicht gerne, denn sie machen zu viele Fehler. Natürlich bekommen die schlechten Studenten nur schlechte Zensuren.

Die besseren Studenten bekommen die besseren Zensuren. Jeder gute Student muß viel studieren. Dann macht er wenige Fehler, und der Lehrer gibt ihm gute Zensuren für seine Arbeit. Solche fleißigen Studenten lobt der Lehrer häufig in der Klasse, denn er hat sie sehr lieb. Natürlich hier, wie überall, bekommen die besten Männer die besten Zensuren, denn sie verdienen sie.

Die linke Hand unseres Lehrers ist immer schmutzig, denn er schreibt mit der linken Hand. Er tut alles mit der linken Hand. Die rechte Hand des Lehrers ist immer weiß, weil er nichts damit tut. Der linke Arm und die linke Hand des Lehrers sind sehr stark, da er sie so viel gebraucht. Da er den rechten Arm und die rechte Hand so wenig gebraucht, sind sie schwach. Alle anderen in der Klasse schreiben mit der rechten Hand.

Jeder gute Lehrer korrigiert die Sätze der guten Studenten und auch der schlechten Studenten. Er liest die Sätze der besseren Studenten sehr gerne, da er sie schnell korrigieren kann. Er findet seine Arbeit lang und schwer, wenn er die deutschen Sätze der dummen, faulen Studenten korrigiert.

Was für ein Student bin ich? Arbeite ich zu wenig oder genug? Bin ich dumm oder klug? Faul oder fleißig? Lerne ich langsam oder schnell? Warum bekommen die anderen Studenten bessere Zensuren als ich? Was für Zensuren habe ich gestern bekommen? Warum habe ich nicht bessere Zensuren verdienen können? Warum macht Hans Hecht bessere Fortschritte als ich? Wer kann auf alle diese Fragen Antwort geben?

B. 1. Whom has he praised today? 2. Who has received the best grades? 3. Do the best pupils always receive the best grades? 4. Who has been using my pen? 5. I have been using it, since the other pens in the house are dirty. 6. Every other pen was bad. 7. Have you translated those hard English sentences? 8. Why does she always write with her (the) left hand? 9. Can't she write with her (the) right hand? 10. May I use your book again? 11. You may use it if you will bring it to school tomorrow. 12. Who is the best student in the whole school? 13. Is Heinrich Grün stupid or intelligent? Is he lazy or industrious? 14. Mr. Klein doesn't like to correct our sentences because we make too many errors. 15. In such difficult sentences one can easily make many stupid mistakes. 16. What is the other man building? 17. Does he earn much money? 18. How can I earn something? 19. Is everyone in this whole class intelligent? 20. Please translate the other sentences into German.

C. 10-Minute Oral Quiz. 1. He translated it. 2. I praised him. 3. We corrected it. 4. He received it. 5. It belonged to her. 6. We carried them. 7. We were dancing. 8. He described it. 9. What are you building? 10. He earns something. 11. He had to sing it. 12. She was permitted to see him. 13. He called me. 14. We waited for her. 15. What did he give? 16. He brought it home. 17. Who knocked? 18. She prepared it. 19. They were making them. 20. I needed it.

Adjective Declension (mixed)

I. Adjectives are declined mixed when preceded by a "kein" word. (See Lesson XXIII for list of "kein" words.)

Singular			Plural
er	e	es	en
en	en	en	en
en	en	en	en
en	e	es	en

Notice that, with three exceptions, the mixed endings are the same as the weak endings. The plural endings are all **en**.

In daily conversation and in all literature, the descriptive adjective, in the great majority of cases, is preceded by a **dieser** or a **kein** word; the strong adjective declension (Lesson XXIII) is, therefore, comparatively seldom used.

For modifying descriptive adjectives, the ending **en** is, consequently, the one used most frequently. By actual count over a large number of pages of German literature, the author has found that the modifying descriptive adjective takes the **en** ending in 70%–75% of all cases.

an old man	no other flower	her red dress
ein alter Mann	keine andere Blume	ihr rotes Kleid
eines alten Mannes	keiner anderen Blume	ihres roten Kleides
einem alten Manne	keiner anderen Blume	ihrem roten Kleid
einen alten Mann	keine andere Blume	ihr rotes Kleid

keine anderen Blumen	ihre roten Kleider
keiner anderen Blumen	ihrer roten Kleider
keinen anderen Blumen	ihren roten Kleidern
keine anderen Blumen	ihre roten Kleider

II. **Adjectives Used as Nouns.** The use of adjectives as nouns is very frequent in German. These nouns are capitalized, but are declined like adjectives.

Der Alte war nicht da. The old man wasn't there.
Die Alte war zu Hause. The old woman was at home.
Ich gab es einem Armen. I gave it to a poor man.
Die Armen haben schöne Gärten. The poor people have fine gardens.
Die Kinder der Armen sind oft klug. Poor people's children are often intelligent.

The abstract adjectival noun is always neuter.

das Gute (the good)   **das Schlechte** (the bad)
das Schöne (the beautiful)   **das Interessante** (the interesting)

III. **Infinitive Used as Noun.** Any infinitive may be used as a noun. These verbal nouns are, of course, neuter.

das Rauchen (smoking)   **das Kochen** (cooking)
das Lernen (learning)   **das Reisen** (traveling)
Er hat das Reisen sehr gerne.
Das Korrigieren dauerte immer lange.

Vocabulary

das Auge (-n) eye
England *n.* England
die Fabrik (-en) factory
die Familie (-n) family
das Fleisch meat
die Gesundheit health
der Kaffee coffee
das Meer (-e) sea, ocean
der Nachbar (-n) neighbor
der Staat (-en) state

die Vereinigten Staaten (*m. plur.*) the United States
breit broad, wide
krank sick
weit wide, far
fast almost
mehr more
noch still, yet
ziemlich quite, rather

sterben (starb, gestorben) [**stirbst, stirbt**] [**sein**] die
vergessen (vergaß, vergessen) [**vergissest, vergißt**] forget

Exercises

Eine Reise nach Europa

A. Herr Sieger ist ein reicher Mann in unserer kleinen Stadt. Er hat nicht nur einen schönen Schuhladen, sondern auch eine Schuhfabrik.

Als junger Mann war er sehr arm; er war aber immer fleißig und arbeitete fast Tag und Nacht. Dadurch ist er endlich reich geworden.

Jetzt wohnt er in einem großen Hause in einer breiten, schönen Straße. Er hat ein Automobil, und Frau Sieger hat ein Automobil. Sie haben mehr Bücher als der Schullehrer; sie haben gute Freunde und gute Nachbarn. Man hat recht, wenn man sagt, daß jene Familie reich ist.

Mit dem vielen Gelde kam aber schlechte Gesundheit, bis Herr Sieger ein sehr unglücklicher Mann wurde und fast alle Tage zu Hause bleiben mußte. Er durfte keinen Kaffee trinken, obgleich er ihn sehr gern hatte; er durfte kein Fleisch essen, obgleich er es gerne mochte; er konnte wenig lesen, weil seine Augen so schwach geworden waren. Nichts gefiel ihm, und er war mit nichts zufrieden.

Häufig besuchte ihn der Doktor, und oft sagte er zu Herrn Sieger: „Karl, mein guter Freund, du bist krank; du kannst nicht mehr arbeiten; du mußt, wie die Schulkinder, große Ferien haben. Du hast mehr Geld, als du brauchst. Warum machst du nicht eine Reise nach Deutschland, wo dein alter Vater noch lebt?" Er blieb aber immer zu Hause.

Endlich sagte Frau Sieger zu ihm: „Karl, ich bin der Arbeit müde. Ich will eine Reise nach Europa machen. Ich habe das Reisen gern. Du weißt, daß ich vier Jahre Französisch studiert habe. Ich will mit meinen französischen Freunden Französisch sprechen. Ich will die schönen Städte Frankreichs sehen. Ich habe manche guten Freunde in England, und ich will sie besuchen. Deine Eltern lebten immer in Deutschland, und du sprichst ziemlich gut Deutsch. Dein alter Vater lebt noch in Marburg, und er will dich wiedersehen, ehe er stirbt. Hast du deinen Vater ganz vergessen? Kannst du ihn vergessen? Und du bist krank, Karl. Der Arzt sagt, daß du deine Fabrik und deinen Laden vergessen mußt, und daß du reisen mußt. Du hast Geld genug. Wir haben schon mehr Geld, als wir brauchen. Willst du diese schöne Reise nach Europa mit mir machen?"

Frau Sieger hat lange auf die Antwort ihres Mannes warten müssen. Endlich antwortete er ihr langsam und mit schwacher Stimme: „Danke schön, Anna, du hast mich etwas gelehrt. Ich weiß, daß meine Gesundheit schlecht ist, und daß ich ziemlich krank bin. Ich muß lange Ferien haben. Obgleich ich so gerne in den Vereinigten Staaten bleibe, will ich aber mit dir und unseren lieben Söhnen nach Europa reisen. Ich will weit über das Meer fahren. Ich will meinen alten Vater wiedersehen. Ich will die Städte und die Staaten Europas besuchen. Ich will das Große, das Schöne, das Alte und das Neue in England, Frankreich und Deutschland sehen. Bitte, Anna, beginnen wir diese Reise sofort!"

B. 1. in the United States 2. in every large city 3. in a rather expensive house 4. in spite of his bad health 5. with her two sick children 6. through our little village 7. large factories 8. without her rich parents 9. his lazy son 10. her other son 11. my dear friend 12. for our good neighbor 13. for our good neighbors 14. in his left eye 15. the teaching 16. the bad 17. the good 18. a wise man 19. the new 20. of those rich farmers.

C. 1. I have never been in France. 2. I want to visit the interesting cities of Germany. 3. What is your neighbor's name? 4. Do you like your new neighbors? 5. He isn't allowed to eat meat or drink coffee. 6. He is a rather rich man, isn't he? 7. Didn't you tell me that he has a factory and a store in your city? 8. I don't like smoking in the dining room. 9. She likes traveling. 10. Tell me something new. 11. What do you want to see in Europe? 12. When will you make another trip to England? 13. Have you saved money enough for that long trip? 14. We shall have to save more money, if we want to go to Europe. 15. I don't care to go to France with them. 16. She speaks French and German well, although she has never been in those countries. 17. Are you still studying that German lesson? 18. Why is his right hand always dirty? 19. My best pupils receive the best grades. 20. What kind of work has he been doing? 21. Reading is easy but translating into German is hard.

LESSON XXVI

Inseparable Prefixes

In English we find a large number of verbs having inseparable prefixes, as

undergo (underwent, undergone)
understand (understood, understood)
overthrow (overthrew, overthrown)
bemoan (bemoaned, bemoaned)

The German language is exceedingly rich in verbs having the inseparable prefixes **be, emp, ent, er, ge, ver, zer.** These verbs have the following peculiarities:

(a) The inseparable prefix is never accented in English or in German.

verstehen (understand)	gebrauchen (use)
vergessen (forget)	übersetzen (translate)
bekommen (receive)	beginnen (begin)
bestellen (order)	verkaufen (sell)

(b) Verbs with inseparable prefixes are conjugated exactly like verbs with no prefixes except that their prefect participle has no ge.

bekommen	bekam	bekommen
verstehen	verstand	verstanden
übersetzen	übersetzte	übersetzt, etc.

(c) The inseparable prefixes, in the great majority of cases, give little clue as to the meaning of the verb.

stehen (stand), bestehen (exist), gestehen (confess), entstehen (arise, originate)
stellen (place), bestellen (order), entstellen (misrepresent)
sprechen (speak), besprechen (discuss), versprechen (promise)
suchen (seek), besuchen (visit), versuchen (try), ersuchen (request)

The prefix **zer**, however, always has a destructive force, as in **zerbrechen** (break to pieces), **zerstören** (destroy), **zerfallen** (fall to pieces).

Vocabulary

das **Abendessen** supper	die **Mark** (-) mark (*25 cts.*)
das **Brot** (-e) bread	das **Mittagessen** dinner
das **Frühstück** breakfast	die **Rechnung** (-en) bill
die **Kartoffel** (-n) potato	die **Tasse** (-n) cup
der **Kellner** (-) waiter	das **Trinkgeld** (-er) tip
die **Mahlzeit** (-en) meal	**einfach** simple

bestellen (bestellte, bestellt) order
bezahlen (bezahlte, bezahlt) pay
genießen (genoß, genossen) enjoy

Exercises

Die drei Mahlzeiten

A. Die drei Mahlzeiten heißen das Frühstück, das Mittagessen und das Abendessen. Sofort nach dem Frühstück geht der Vater an seine Arbeit in der Stadt. Da muß er den ganzen Tag bleiben. Er hat das Mittagessen in einem kleinen Restaurant in der Nähe der Fabrik, wo er arbeitet. Da der Vater so wenig verdient, kann er nicht viel dafür bezahlen.

Wir haben häufig Abendessen in einem kleinen Restaurant in der Nähe meiner Schule. Da treffen wir viele von unseren Nachbarn und Freunden. Wir genießen solche Mahlzeiten sehr. Man hat es immer gerne, nicht wahr, wenn man mit Freunden essen und trinken und plaudern kann.

Nachdem wir Platz genommen haben, ruft der Vater den Kellner. Der Vater bestellt Fleisch, Kartoffeln und Brot und etwas zu trinken. Für die Mutter bestellt er immer eine Tasse Kaffee. Ich darf nur ein Glas Wasser haben. Er trinkt gewöhnlich ein großes Glas Bier. Diese Mahlzeiten im Restaurant dauern lange, da wir sehr langsam essen.

Wenn das Essen zu Ende ist, ruft der Vater den Kellner wieder und sagt zu ihm, „Die Rechnung, bitte." Wenn er die Rechnung bezahlt, gibt er dem Kellner ein gutes Trinkgeld. Der Kellner nimmt das Trinkgeld sehr gerne. Er ist immer damit zufrieden und vergißt nie, dem Vater dafür zu danken.

Ich habe schon gesagt, daß diese Abendessen im Restaurant nicht viel kosten dürfen. Sie dürfen nicht mehr als vier Mark für die ganze Familie kosten. Also muß das Essen immer einfach und billig sein.

Nachdem der Vater eine Zigarre geraucht hat, gehen wir nach Hause. Auf dem Wege nach Hause sagt er fast immer: „Das war eine gute Mahlzeit. Wir genießen sehr das Leben in unserer Stadt, nicht wahr? "

B. Oral Work. 1. I have forgotten her. 2. We have saved something. 3. He had related it. 4. Who can describe it? 5. He described it. 6. They have ordered them. 7. He will pay it. 8. I shall pay for it. 9. We have eaten too much. 10. He had ordered a meal. 11. What have you earned? 12. I have received nothing. 13. Who can translate it? 14. Please, translate it. 15. We have used them. 16. To whom does it belong? 17. I like **(gefallen)** your flowers. 18. We liked **(lieb haben)** her family. 19. Who prepared this meal? 20. What has happened here?

C. 1. We wanted to eat in a little restaurant. 2. The waiter came to our table at once. 3. Everyone ordered meat, potatoes, bread, and something to drink. 4. It seldom happens that I eat breakfast at home. 5. One meets many old friends in that restaurant. 6. Our simple meal cost us only two marks. 7. The stupid, old waiter finally brought us the bill. 8. As we were entirely satisfied with it, we gave him a large tip. 9. Everything was very good; therefore he received a good tip. 10. Whom did you meet there yesterday? 11. Did you have dinner or supper at their house? 12. I liked their house and everything in it. 13. Perhaps I shall be able to visit them soon. 14. They have a very lazy son. 15. You are right, Anna. 16. The father, however, has never been able to earn his bread. 17. Can you describe him in German? 18. I have used that other room only once. 19. I shall have to receive a good grade today. 20. You will not receive it if you do not earn it.

LESSON XXVII

Separable Prefixes

I. Separable Prefixes. A separable prefix is one that may, under certain conditions, be separated from the verb stem and stand alone as an independent word.

The separable prefix usually denotes the direction of an action.

Because of its importance in denoting direction or some independent idea, the separable prefix is always strongly accented.

eintreten (step in, enter)   **ankommen** (arrive)
aufstehen (get up)   **hinausgehen** (go out)

The **ge** of the perfect participle is placed between the separable prefix and the verb. The principal parts are given thus:

close	**zumachen**	**machte zu**	**zugemacht**
begin	**anfangen**	**fing an**	**angefangen**
arrive	**ankommen**	**kam an**	**angekommen**
enter	**eintreten**	**trat ein**	**eingetreten**

II. The most used separable prefixes are:

ab	away	**ein**	in	**vor**	before
fort	away	**her**	here	**wieder**	again
hin	away	**herein**	in (here)	**zu**	to
weg	away	**hinein**	in (there)	**zurück**	back
aus	out	**an**	at, to	**zusammen**	together
heraus	out (here)	**auf**	up, upon		
hinaus	out (there)	**mit**	with, along		

III. Position of Separable Prefixes. The separable prefix must always stand at the end of its clause. If the verb, of which it is a component, stands at the end of the clause, the separable prefix is prefixed to it.

Er ging gestern nach Hause zurück.
Weil er gestern zurückkam, ...
Wollen Sie nicht hereinkommen?
Warum haben Sie die Fenster zugemacht?
Ich versuchte, die Tür zuzumachen.
Er versuchte, die Kinder wegzuschicken.
Obgleich wir sehr früh ankamen, ...
Wann werden wir Sie wiedersehen?
Machen Sie die Bücher zu!

It is obvious, therefore, that the separable prefix can never stand alone as an independent word in the future tense or in any of the three perfect tenses.

Separable prefixes are, therefore, separated from their verb only in:

(*a*) Independent clauses in the present and past tenses.
(*b*) Dependent clauses in the present and past tenses, if in the inverted word order.
(*c*) Imperative sentences.

Er kommt heute zurück.
Sie stand sehr früh auf.
Ich schickte die Kinder fort.
Bringen Sie die Stühle herein!
Karl, mache die Fenster zu!
Lädt sie mich ein, so werde ich sie besuchen.

IV. **Hin and Her.** Hin and her are used as prefixes of direction with verbs of motion: hin denotes motion away from the speaker, and her motion toward the speaker. The compounds **herein, heraus, hinein, hinaus, herauf, hinauf, herab** (down), **hinab** are among the most used words in the German language.

Kommen Sie herein!
Kommen Sie heraus!
Wir sind nicht hineingegangen.
Tragen Sie die Stühle hinauf! Bringen Sie sie nicht herab!

V. When the infinitive of a separable verb requires **zu**, it is put between the prefix and the verb.

Ich versuchte, die Tür zuzumachen.
Wir werden versuchen, früh anzukommen.
Ich habe meine Freunde eingeladen, bald zurückzukommen.

Vocabulary

die Uhr (-en) watch; um drei —,   wieviel(e) how much, how many;
  at three o'clock   um — Uhr, at what time
gar nicht not at all   zuweilen occasionally
sobald as soon as

ab-fahren (fuhr ab, abgefahren) [fährst, fährt] [sein] depart, leave
an-fangen (fing an, angefangen) [fängst, fängt] begin
an-kommen (kam an, angekommen) [sein] arrive
auf-machen (machte auf, aufgemacht) open
auf-stehen (stand auf, aufgestanden) [sein] get up, stand up
aus-sehen (sah aus, ausgesehen) look, appear
ein-laden (lud ein, eingeladen) [lädst, lädt] invite
ein-treten (trat ein, eingetreten) [sein] step in, enter
herein-kommen (kam herein, hereingekommen) [sein] come in
hinaus-gehen (ging hinaus, hinausgegangen) [sein] go out
hinein-gehen (ging hinein, hineingegangen) [sein] go in
versuchen (versuchte, versucht) try
zu-machen (machte zu, zugemacht) close
zurück-gehen (ging zurück, zurückgegangen) [sein] go back
zurück-kommen (kam zurück, zurückgekommen) [sein] come back

Exercises

Wenn Tante Ida uns besucht

A. Obgleich Tante Ida ziemlich jung ist, fängt sie schon an, alt aus-
zusehen. Meine Mutter ist ziemlich alt, aber sie sieht noch jung aus.
  Zuweilen lädt die Mutter Tante Ida ein, uns zu besuchen. Sie kommt
immer um sieben oder acht Uhr an, ehe die Mutter und ich das Frühstück gegessen haben. Der Vater muß immer um sechs Uhr aufstehen,
da er um sieben Uhr an seine Arbeit in der Stadt abfährt.
  Sobald Tante Ida ins Haus eintritt, nimmt sie Platz. Dann fängt sie
an, Deutsch zu sprechen, und uns allerlei Fragen zu stellen. Sie ist mit
dem ganzen Hause und allem darin unzufrieden. Nichts gefällt ihr.
Wenn ich versuche, ein Fenster aufzumachen, ruft sie immer: „Karl,
mache jenes Fenster zu, bitte! Das Haus ist schon zu kalt." Wenn ich
ein Fenster zumachen will, weil das Haus zu kalt ist, ruft sie immer:
„Bitte, Karl, mache das Fenster wieder auf! Warum müßt ihr das Haus
so heiß haben?" Nachdem ich das Fenster wieder aufgemacht habe,

gehe ich hinaus, und ich gehe nicht wieder hinein, bis die Mutter ruft:
„Karl, komme herein; du mußt mir ein wenig helfen."

Ich kann es nicht verstehen, daß meine Eltern Tante Ida so lieb
haben. Ich bin immer glücklich, wenn sie wieder nach Hause zurück-
gehen muß. Wenn sie endlich abfährt, rufe ich aber mit den andern:
„Auf Wiedersehn! Komme bald zurück!"

B. Formal Commands. 1. Come back soon. 2. Come in. 3. Fetch it
back tomorrow. 4. Close your books. 5. Open the door. 6. Stand up
immediately. 7. Begin it today. 8. Come out here. 9. Carry it in
(there). 10. Try to open it.

C. 1. The old man went away at eight o'clock. 2. We will come
back home at four o'clock tomorrow. 3. What time is it now? 4. I
shall try to arrive here at five o'clock. 5. Won't you come in? 6. My
husband came in as soon as she had left. 7. Why did you invite her?
8. I had to invite her because she is my aunt. 9. What time did you get
up? 10. Why did you get up at six o'clock? 11. At what time do you
have your three meals? 12. We have (the) supper usually at seven
o'clock. 13. We always close the windows when we go out. 14. After
we had come back home, we opened them. 15. I had already begun to
eat before they entered the restaurant. 16. We hadn't danced at all.
17. The teacher looks tired, doesn't he? 18. I can't understand this
lesson at all; I must begin to study a little. 19. How do you like this
lesson? 20. Occasionally he tried to tell a story.

Lesson XXVIII

Uses of the Infinitive

I. Verbal Nouns. Any infinitive may be used as a neuter noun.

Das Übersetzen ist zuweilen sehr schwer.
Das Rauchen im Theater gefällt mir gar nicht.

II. Complementary Infinitives without zu. The six modal auxiliaries and six other verbs take a complementary infinitive without **zu.** These twelve verbs are:

dürfen, können, mögen, müssen, sollen, wollen and **helfen, hören, lehren, lernen, lassen, sehen.**

Dürfen wir jetzt hineingehen?
Er half uns es nach Hause tragen.
Sie lehrte ihn Deutsch sprechen.
Ich hörte die jungen Knaben singen.
Wir werden die Rechnung bald bezahlen müssen.

All these verbs (see Lesson XXII) have two perfect participles; the infinitive form of the perfect participle is used with a complementary infinitive.

können	**konnte**	**gekonnt**	**(können)**
lernen	**lernte**	**gelernt**	**(lernen)**
lassen	**ließ**	**gelassen**	**(lassen)**

Ich habe ihn gehört. Ich habe ihn singen hören.
Wir haben Deutsch gelernt. Wir haben Deutsch sprechen lernen.
Er hat mir geholfen. Er hat mir es anfangen helfen.

III. Practically all other verbs than the twelve listed above take the complementary infinitive with **zu.**

Er versuchte, ihnen zu helfen.
Es hat schon angefangen zu regnen.
Der Alte vergaß, ein Trinkgeld zu geben.

110

IV. Three Infinitive Constructions.

anstatt (statt) . . . . . zu + *infinitive* (instead of seeing, etc.)
ohne . . . . zu + *infinitive* (without seeing, etc.)
um . . . . zu + *infinitive* (in order to see, etc.)

anstatt die Fehler zu korrigieren, instead of correcting the mistakes
ohne das Geld zu gebrauchen, without using the money
um etwas Geld zu verdienen, in order to earn some money
statt einen Spaziergang zu machen, instead of taking a walk
um unsere Sätze zu schreiben, in order to write our sentences
um die Tür zuzumachen, in order to close the door
ohne seine Bücher aufzumachen, without opening his books

Notice that the infinitive must be the last word in these phrases.

V. Lassen. Lassen has the following meanings:

(*a*) leave
(*b*) let
(*c*) [causative verb] have (something done), make someone do something

Wo haben Sie es gelassen? Where did you leave it?
Lasse mich dir etwas sagen! Let me tell you something.
Ich ließ ein Haus bauen. I had a house built.
Er läßt die Schüler aufstehen. He makes the pupils stand up.
Warum hast du die Fenster aufmachen lassen? Why did you have the windows opened?

Notice the difference between

He had built a house. (Er hatte ein Haus gebaut.) and
He had a house built. (Er ließ ein Haus bauen.)

Vocabulary

Amerika *n.* America
der Anzug (-̈e) suit of clothes
das Parr (-) pair; ein paar, a few

das Wort (-̈er) word
einige (*plur.*) some, a few
mehrere (*plur.*) several

ab-schreiben (schrieb ab, abgeschrieben) copy
auf-hören (hörte auf, aufgehört) cease, stop
aus-sprechen (sprach aus, ausgesprochen) pronounce

fliegen (flog, geflogen) [sein] fly
fort-fahren (fuhr fort, fortgefahren) [fährst, fährt] continue
hoffen (hoffte, gehofft) hope
lassen (ließ, gelassen) [läßt, läßt] let; leave; have, make
vor-lesen (las vor, vorgelesen) [liest, liest] read aloud
wünschen (wünschte, gewünscht) wish, want

Exercises

A. 1. Bitte, schreiben Sie diese deutschen Sätze ab! 2. Lesen Sie sie zuerst vor! 3. Sprich jedes Wort deutlich aus! 4. Unser Lehrer ließ uns einige deutsche Wörter aussprechen. 5. Man lernt sehr schnell durch das Vorlesen. 6. Heinrich, fahre mit dem Vorlesen fort! 7. Er fuhr fort, viele Fehler zu machen. 8. Mein Freund wünscht, einen blauen Anzug zu kaufen. 9. Er hatte schon ein paar dunkle Anzüge. 10. Mehrere Studenten in dieser Klasse tragen helle Hüte. 11. Ich will ein Paar Schuhe kaufen. 12. Ohne Geld zu verdienen, kann man schöne Anzüge und gute Schuhe nicht tragen. 13. Ich hoffe, auch einen neuen Hut zu bekommen. 14. Statt Hüte und Anzüge und Kleider zu kaufen, müssen die Eltern immer mehr Bücher, Hefte, Federn usw. kaufen. 15. Wir können sehr wenig lernen, ohne die Aufgaben zu studieren. 16. Mehrere Männer in unserer Stadt wünschen das Gut meines Onkels zu kaufen. 17. Jedermann muß arbeiten, um etwas Geld zu verdienen. 18. Haben Sie meine Schwester singen hören? 19. Wer hat sie singen lehren? 20. Sie singt sehr gern, nicht wahr? 21. Was für eine Stimme hat sie? 22. Ihre Stimme gefällt mir sehr. 23. Wir müssen Deutsch besser aussprechen lernen. 24. Der Lehrer sagt zuweilen: Stehen Sie auf! Fangen Sie an vorzulesen! Fahren Sie fort, diese Wörter abzuschreiben! 25. Zuweilen sagt er: Hören Sie auf, so viele Fehler zu machen! Schreiben Sie diese Wörter ab! Studieren Sie sie! Sprechen Sie jedes deutsche Wort aus! Lesen Sie jeden deutschen Satz vor! Sie kommen in die Schule um zu lernen, nicht wahr? 26. Er läßt uns schwer arbeiten. 27. Das Singen der jungen Kinder hat jedermann gefallen.

B. 1. Instead of writing my sentences, I shall read them aloud. 2. I pronounce every German word. 3. Everyone tries to learn something. 4. Without studying, one can learn very little. 5. Instead of studying his lessons, he plays. 6. Therefore he receives bad grades. 7. What kind of a grade shall I get for these sentences? 8. The work is beginning to get hard. 9. I shall continue to be industrious. 10. Everyone hopes to

receive good grades. 11. We work in order to receive good grades.
12. We are now learning to write German sentences. 13. He has taught
us to speak distinctly. 14. "Pronounce every word distinctly," he says.
15. Fritz Reuter doesn't like to go to school. 16. His father makes him
go to school. 17. He has begun to study it. 18. He has stopped working. 19. Some students like to play too.

C. Infinitive Phrases. 1. in order to learn it. 2. without forgetting a
word. 3. instead of coming back tomorrow. 4. in order to earn some
money. 5. instead of correcting them. 6. in order to receive something.
7. without understanding it. 8. in order to meet her. 9. instead of en-
joying the meal. 10. without giving a tip. 11. in order to pay the bill.
12. instead of flying back. 13. in order to buy a pair of shoes. 14. instead of reading a few books aloud. 15. instead of buying a suit. 16. in
order to make progress. 17. instead of telling a story. 18. in order to
live in America. 19. instead of inviting me to come in. 20. in order not
to appear too stupid.

D. Infinitives without zu. 1. Everybody wants to learn it. 2. He had
to give something. 3. He makes us tell stories. 4. Several people wanted
to buy it. 5. We are learning to pronounce it. 6. He will have to correct
them. 7. May I help you? 8. I have heard him sing. 9. She helps us
learn it. 10. People couldn't understand her.

E. Infinitives with zu. 1. We try to understand him. 2. She hopes to
learn something. 3. I forgot to call him. 4. I am beginning to understand a few words. 5. We wish to copy them. 6. Don't forget to bring
it back. 7. He has begun to translate it. 8. We have stopped translating.
9. Everyone hopes to save some money. 10. He tried to dance with
them.

Comparison of Adjectives

I. **Comparison of Adjectives.** The comparative is formed by adding **er**, and the superlative by adding **(e)st**, to the positive form.

| reich | reicher | reichst |
| interessant | interessanter | interessantest |

II. **Umlaut in Comparative and Superlative.** The following adjectives of one syllable modify the stem vowel in the comparative and superlative:

| alt | jung | klug | kurz | schwach | warm |
| arm | kalt | krank | lang | stark | |

alt, älter, ältest; stark, stärker, stärkst; jung, jünger, jüngst

III. **Irregular Comparison.** The following five adjectives are compared irregularly:

groß	größer	größt
gut	besser	best
hoch	höher	höchst
nah	näher	nächst
viel	mehr	meist

IV. **Declension of Comparative and Superlative.** The comparative and superlative forms of the adjective are declined in the same way and with the same endings as the positive. **Mehr**, however, is invariable.

in dem alten Dorf; in dem älteren Dorf; in dem ältesten Dorf
der junge Mann; der jüngere Mann; der jüngste Mann
der jungen Frau; der jüngeren Frau; der jüngsten Frau
ein guter Laden; ein besserer Laden; der beste Laden

V. **Superlative Predicate Adjective.** Predicate adjectives take no ending in the positive and comparative; the superlative, however, when used as a predicate adjective, always takes the form **am besten, am reichsten, am fleißigsten**, etc.

Karl ist fleißig; Marie ist fleißiger; Emil ist am fleißigsten.

Notice the superlative adjective in the following examples, in which the noun is understood.

> **Unsere Schule ist die älteste.**
> **Dieses Beispiel ist das interessanteste.**
> **Diese Sätze sind die schwersten.**

VI. **Various Ways of Comparing Persons or Things.**

    (*a*) Equality is expressed by **ebenso (so). . . . . wie.**
> **Sie ist nicht so schön wie meine Schwester.**
> **Das eine Zimmer war ebenso groß wie das andere.**

    (*b*) Inequality is expressed by the comparative and **als.**
> **Die Vereinigten Staaten sind größer als Deutschland.**
> **Die Kleider sind hier teurer als in Europa.**

    (*c*) *The . . . . . the* is expressed by **je. . . . . je (desto).**
> **Je höher ein Baum wird, je stärker wird er.**
> **Je teurer der Anzug ist, desto besser ist er.**

VII. **Immer, besser, etc.** English double comparatives, such as *better and better, colder and colder,* are rendered in German by **immer** + the comparative.

> **immer besser; immer kälter; immer schwerer**
> **Die Schularbeit wird immer schwerer.**

VIII. **Inflection of hoch.** The adjective **hoch** drops the **c** of the stem in all its inflected forms. **Jener Baum ist sehr hoch. Wir spielen unter einem hohen Baum.**

Vocabulary

der Berg (-e) mountain
die Erde (-n) earth
die Erdkunde geography
der Flächeninhalt (-e) area
die Rede (-n) talk, speech
die Sprache (-n) language
die Welt (-en) world

amerikanisch American
ebenso . . . . . wie, just as . . . . . as
hoch high
je. . . . je (desto), the . . . . the
nah near
niemand no one, nobody

halten (hielt, gehalten) [hältst, hält] hold
vergleichen (verglich, verglichen) compare
zeigen (zeigte, gezeigt) show

Idioms: leid tun, be sorry; **Es tut mir leid.** I am sorry.
eine Rede halten, make a speech, talk

Exercises

Der Professor hält eine Rede

A. Gestern hat Professor Schmidt uns eine Rede über die Erdkunde gehalten. Er hat die größten Länder Europas mit den Vereinigten Staaten verglichen. Seine Rede hat der ganzen Klasse sehr gefallen, denn er hat uns gezeigt, daß wir fast gar nichts von der Erde, worauf wir leben, wissen.

Er sagte: „Wieviele von Ihnen haben die Erdkunde nur ein Jahr studiert? Fast jedermann in der Klasse. Wieviele von Ihnen haben die Erdkunde zwei Jahre studiert? Nur einige. Wer hat die Erdkunde drei Jahre studiert? Niemand. Es tut mir leid, daß man die Erdkunde nur zwei Jahre in den meisten amerikanischen Schulen studieren darf. In den meisten Schulen in England, Frankreich und Deutschland müssen die Schüler die Erdkunde sechs oder sieben Jahre studieren."

Als er mit seiner Rede fortfuhr, stellte er uns allerlei Frage über Amerika und Europa, wie, zum Beispiel: „Welches ist das größte Land in Europa? Welches ist das reichste Land der Welt? Ist das größte Land in Europa grösser als die Vereinigten Staaten? Hat Deutschland einen größeren Flächeninhalt als der Staat Texas? Ist Deutschland ebenso groß wie der Staat Texas? Wer kann Europa und die Vereinigten Staaten dem Flächeninhalt nach vergleichen? Wie heißt der höchste Berg Europas? Welche Städte der Welt sind größer als Chicago?" usw. Seine Fragen waren ganz einfach, aber doch konnten wir keine Antworten darauf geben.

Es tat uns sehr leid, daß wir nur so wenig von unserer kleinen Erde wußten. Wir haben aber etwas Gutes aus der Rede unseres Professors bekommen. Jetzt wissen wir dies: Man muß nicht nur Deutsch studieren, sondern auch Deutschland. Je mehr man von Frankreich weiß, je interessanter wird die französische Sprache. Je mehr man von deutschen Bergen, Flüssen, Städten, Ländern usw. weiß, je interessanter findet man die deutsche Sprache. Unser Professor hat ganz recht, wenn er sagt, daß die Erdkunde und die Sprachen Hand in Hand gehen.

In der nächsten Stunde wird Doktor Schmidt mit seiner Rede über die Erdkunde fortfahren.

B. 1. Our lessons are getting harder and harder. 2. This lesson is long enough; the next lesson will be still longer; which lesson will be the longest? 3. We are now having the coldest weather of the entire year. 4. I want to study French too. 5. It is hard to learn French without living in France. 6. Several of my best friends have been in France. 7. My younger brother hopes to study in Europe next year (*acc.*). 8. What is the name of the highest mountain in this State? 9. I am sorry, but I don't know what its name is. 10. Do you know what the area of Germany is? 11. What is the area of the whole earth? 12. Nobody in this class has studied geography three years. 13. He has to make a speech at the university. 14. Are our American cities just as interesting as the cities of Europe? 15. How can I compare them, since I have never been in Europe? 16. The more I study languages, the more interesting they become.

C. Comparison of Adjectives. 1. a good pencil. 2. a longer pencil. 3. his best pencil. 4. in the next village. 5. in the nearer villages. 6. a good doctor. 7. a better doctor. 8. from the best doctor. 9. with a stronger voice. 10. for the youngest girl.

D. Adverbs. 1. now. 2. yesterday. 3. already. 4. a long time. 5. still. 6. everywhere. 7. quite. 8. almost. 9. once. 10. early. 11. late. 12. how. 13. therefore. 14. only. 15. again. 16. finally. 17. never. 18. always. 19. perhaps. 20. slowly. 21. at first. 22. at once. 23. sometimes. 24. frequently. 25. seldom.

Lesson XXX

Impersonal Verbs

I. **Impersonal Verbs.** Since impersonal verbs take the subject **es**, they can be used only in the third person singular. The impersonal use of verbs, especially in idiomatic expressions, is much more common in German than in English.

II. **Impersonal Verbs Describing Weather.**

blitzen (blitzte, geblitzt) lighten
donnern (donnerte, gedonnert) thunder
frieren (fror, gefroren) freeze
regnen (regnete, geregnet) rain
schneien (schneite, geschneit) snow
Es hatte geblitzt und gedonnert.
Bald wird es schneien.
Gestern hat es zuerst geregnet, und dann gefroren.

III. **Gelingen and geschehen.** Gelingen (succeed) and **geschehen** (happen) are both used impersonally in German, and both take **sein** as auxiliary. Gelingen takes the dative case.

Es gelingt ihnen nicht. (They are not succeeding.)
Es gelang ihr, gute Zensuren zu bekommen. (She succeeded in receiving good grades.)
Wann ist es geschehen?
Es geschieht sehr häufig hier.
Wem ist es gelungen, bessere Fortschritte zu machen?

IV. **Leid tun (be sorry)** [See Lesson XXIX].

Es tat ihr leid. (She was sorry.)
Es wird meinen Freunden leid tun. (My friends will be sorry.)
Es hat der Alten leid getan. (The old woman was sorry.)

This phrase may be used in all tenses, and may refer to any person or persons.

118

V. **Wie geht es dir?** (How are you?) This phrase may be used in all tenses, and may refer to any person or persons.

> **Wie geht es Ihnen?**
> **Wie geht's Ihrer Mutter heute?**
> **Wie ist es ihr gestern gegangen?**
> **Es geht mir ziemlich gut. Mir geht es ganz gut.**

VI. **Es ist schade.** (It's a pity; it's a shame.)
Das ist schade. (That's too bad; that's a shame.)

VII. **There Is or There Are** may be expressed by

> (*a*) **Es gibt** (followed by the accusative),
> (*b*) **Es ist, es sind** (followed by the nominative).
> **Es gibt** is used in a general sense, while **Es ist (sind)** is used specifically and definitely.

Both of these expressions can, of course, be used in all tenses.

> **Es gibt viele arme Leute in allen Ländern.**
> **Früher gab es keine Zeitungen in der Welt.**
> **Ich wußte nicht, daß es so viele gute Leute gab.**
> **Es sind nur acht Schüler in dieser Klasse.**
> **Es war früher ein hoher Baum vor unserem Hause.**

VIII. **Gern, lieber, am liebsten.** The gradation **gern, lieber, am liebsten** is expressed in English by *like, prefer, like best.*

> **Ich bleibe gern zu Hause.** (I like to stay at home.)
> **Ich gehe lieber zur Schule.** (I prefer going to school.)
> **Wir essen am liebsten Kartoffeln.** (We like potatoes best.)
> **Er tanzte lieber mit ihr.** (He preferred to dance with her.)

Vocabulary

die Hälfte (-n) half
die Landkarte (-n) map
die Million (-en) million
die Quadratmeile (-n) square mile
Rußland *n.* Russia

die Schweiz Switzerland
genau exact(ly)
schade: Es ist —, it's too bad, it's a shame
ungefähr about, approximarely

betrachten (betrachtete, betrachtet) look at
blitzen (blitzte, geblitzt) lighten
donnern (donnerte, gedonnert) thunder

frieren (fror, gefroren) freeze
gelingen (gelang, gelungen) [sein] succeed
regnen (regnete, geregnet) rain
schneien (schneite, geschneit) snow

Idioms:
Es gibt, there is, there are.
Es ist, there is; **es sind,** there are.

Exercises

Einige Länder und ihre Flächeninhalte

A. Gestern hat Professor Schmidt mit seiner Rede über die Erdkunde fortgefahren. Er hat immer Deutsch gesprochen und es ist uns gelungen, fast jedes Wort zu verstehen. Wir haben ihm keine Fragen gestellt. Es geschrieben habe, in Ihre Hefte ab! Nachdem Sie alles abgeschrieben Fragen stellen müssen.

Zuerst ist er an die Tafel gegangen. Ohne ein Wort zu sprechen, hat er dies daran geschrieben:

Land	Flächeninhalt	Land	Flächeninhalt
Vereinigte Staaten	3 000 000 Q.M.	Frankreich	210 000 Q.M.
Kanada	3 200 000 Q.M.	Deutschland	137 000 Q.M.
Europa	3 500 000 Q.M.	Italien	120 000 Q.M.
Australien	3 000 000 Q.M.	Spanien	190 000 Q.M.
Russland	6 500 000 Q.M.	Großbritannien	130 000 Q.M.
Texas	270 000 Q.M.	die Schweiz	16 000 Q.M.

Dann sagte er: „Bitte, schreiben Sie alles, was ich hier an die Tafel geschrieben habe, in Ihre Hefte ab! Nachdem Sie alles abgeschrieben haben, machen Sie die Hefte zu!"

Als wir mit dem Abschreiben zu Ende waren, fuhr er mit seiner Rede fort. Er sagte: „Es sind vier große Landkarten an den Wänden unseres Schulzimmers. Bitte, betrachten Sie sie, während ich von Ländern und Staaten usw. spreche und sie vergleiche. Es sind an den Wänden Landkarten von Nord-Amerika, Süd-Amerika, den Vereinigten Staaten und Europa. Es ist schade, daß wir keine Landkarten von Afrika, Asien und Australien haben. Vielleicht gelingt es uns nächstes Jahr, drei oder vier neue Landkarten zu bekommen. Je mehr Landkarten es in den Schulzimmern gibt, je besser können wir unsere kleine Welt verstehen. Es gibt allerlei Landkarten; es gibt Landkarten von Ländern, von Staaten usw. Die Landkarte von Frankreich habe ich gern; lieber ist mir die

Landkarte von Deutschland, aber am liebsten bleibt mir die Landkarte von den Vereinigten Staaten.

Vergleichen wir zuerst die Flächeninhalte einiger Länder. Die Vereinigten Staaten mit ungefähr 3 000 000 (drei Millionen) Quadratmeilen sind fast genau so groß wie ganz Europa. Rußland mit ungefähr 1 800 000 (eine Million achthunderttausend) Quadratmeilen ist also fast genau die Hälfte Europas. Ein sehr großes Land ist Rußland. Wenn ganz Europa fast genau so groß ist wie die Vereinigten Staaten und wenn Rußland ungefähr die Hälfte Europas ist, so müssen die anderen Länder Europas sehr klein sein, nicht wahr?

Die meisten Länder Europas sind kleiner als der Staat Texas. Wußten Sie, daß Texas so groß ist, oder daß die Schweiz so klein ist?"

Am Ende der Rede sagte er: „Ich hoffe sehr, daß Sie etwas gelernt haben. Es tut mir leid, daß die Stunde schon zu ende ist."

B. Impersonal Verbs. 1. Was geschieht hier? 2. Wann ist es geschehen? 3. Es war schon geschehen. 4. Es gelang mir, ihm zu helfen. 5. Hat es geblitzt? 6. Es donnerte und blitzte. 7. Wird es ihr gelingen, sie zu finden? 8. Es gab reiche Leute in der Stadt. 9. Es waren sechs Bäume vor dem Hause. 10. Was gibt es Neues? 11. Es geschah häufig bei ihnen. 12. Es war ein Reicher im Dorfe. 13. Es tat ihr leid. 14. Wie geht es Ihnen heute? 15. Es geht mir ganz gut.

C. 1. France has a larger area than Germany. .2. Is it true that the United States is larger than Russia? 3. We were sorry that his speech was so short. 4. While he was speaking, it was thundering and lightening. 5. It happened when we were copying the words. 6. What has happened in Russia? 7. He succeeded in opening it. 8. We shall succeed in saving the money. 9. It was a shame that he couldn't earn a little money. 10. It frequently happens that one can't earn money. 11. How are you, Charles? 12. How are you, Mr. Klein? 13. How is your sister, Mrs. Deckert? 14. I like to study French. 15. I prefer to read German. 16. My students like best to read easy stories. 17. I like best swimming in a river. 18. There are many beautiful rivers in America. 19. Russia is the largest country in Europe, isn't it? 20. What is the area of our largest state? 21. What is the area of Europe? About three million square miles, isn't it? 22. Is Switzerland as large as France? 23. Were you able to understand everything?

24. Can you compare the areas of a few countries of Europe? 25. Are there maps enough on the walls of American schools?

D. Oral Work (or 15-minute written quiz.) 1. I don't know. 2. Compare them. 3. He compared them. 4. without freezing it. 5. instead of buying a map. 6. in order to learn the language. 7. Where have you been? 8. What has happened? 9. He made a speech. 10. I am sorry. 11. She is sorry. 12. She was sorry. 13. in order to earn money. 14. Has it rained again? 15. Say it in German. 16. Repeat it. 17. Have they succeeded? 18. What is a square mile? 19. It is snowing again. 20. How are you today? 21. Read it aloud. 22. Pronounce each word. 23. a few countries. 24. several maps. 25. Nobody knows.

Cardinal Numbers

I. Cardinal Numbers

1 eins	21 einundzwanzig	96 sechsundneunzig
2 zwei	22 zweiundzwanzig	98 achtundneunzig
3 drei	23 dreiundzwanzig	100 hundert
4 vier	30 dreißig	101 hunderteins
5 fünf	31 einunddreißig	102 hundertzwei
6 sechs	32 zweiunddreißig	111 hundertelf
7 sieben	40 vierzig	120 hundertzwanzig
8 acht	41 einundvierzig	133 hundertdreiund-
9 neun	50 fünfzig	dreißig
10 zehn	55 fünfundfünfzig	184 hundertvierund-
11 elf	60 sechzig	achtzig
12 zwölf	61 einundsechzig	200 zweihundert
13 dreizehn	70 siebzig	201 zweihunderteins
14 vierzehn	76 sechundsiebzig	322 dreihundertzwei-
15 fünfzehn	78 achtundsiebzig	undzwanzig
16 sechzehn	80 achtzig	1000 tausend
17 siebzen	84 vierundachtzig	4510 viertausendfünf-
18 achtzehn	88 achtundachtzig	hundertzehn
19 neunzehn	89 neunundachtzig	1 000 000 eine Million
20 zwanzig	90 neunzig	12 000 000 zwölf
		Millionen

Eins is declined when standing before a noun (eine große Eisenbahn; aus einem Brief; in einer Kirche). All other numerals are invariable.

II. Mal.

Mal (time) is suffixed to the cardinal numbers thus: einmal, once; zweimal, twice; zehnmal, ten times, etc.

The multiplication table is given thus:

zweimal eins ist zwei

zweimal zwei ist vier

zweimal drei ist sechs
zweimal zwölf ist vierundzwanzig, etc.

Vocabulary

die Seite (-n) side; page	**siebzehn** seventeen
die Zeile (-n) line	**zwanzig** twenty
verschieden different	**dreißig** thirty
elf eleven	**hundert** hundred
zwölf twelve	**tausend** thousand
dreizehn thirteen	**zweimal** twice

enthalten (enthielt, enthalten) [enthält] contain
zählen (zählte, gezählt) count

Exercises

Über dieses Buch

A. Dieses Buch ist klein und einfach. Obgleich es so klein und einfach ist, ist es doch ziemlich schwer. Ich habe die Seiten dieses Buches nicht gezählt, aber ich weiß, daß es ungefähr dreihundert Seiten hat.

Im Buche sind achtundvierzig Aufgaben, wovon (of which) wir schon einunddreißig studiert haben. Wir haben also mehr als die Hälfte des ganzen Buches studiert. Die Aufgaben eins, zwei und drei waren sehr leicht. Mit Aufgabe vier fing die Arbeit an, schwer zu sein. Aufgabe zwanzig war noch schwerer. Aufgabe dreißig war schwerer als Aufgabe zwanzig. Wir werden die schwersten Aufgaben am Ende des Buches finden.

Wir werden viele deutsche Wörter aus diesem Buche lernen, denn es enthält fast achthundert verschiedene deutsche Wörter. Wenn jede Aufgabe sechzehn verschiedene deutsche Wörter einführt (introduces), und wenn wir einunddreißig Aufgaben gehabt haben, so haben wir ungefähr vierhundertsechsundneunzig verschiedene deutsche Wörter studiert und gelernt. Wenn wir diese deutschen Wörter gut genug gelernt haben, daß wir sie gebrauchen können, so haben wir Fortschritte gemacht.

Wieviele Wörter hat dieses Buch? Ich habe sie nicht gezählt. Wer hat sie gezählt? Niemand. Jede Seite hat zweiunddreißig oder vielleicht dreiunddreißig Zeilen. Jede Zeile hat ungefähr acht Wörter. Jede Seite hat also ungefähr achtmal zweiunddreißig oder ungefähr zweihundertsechzig Wörter. Das ganze Buch enthält also dreihundertmal zweihundertsechzig oder ungefähr achtundsiebzigtausend Wörter.

Vocabulary

der **Vogel** (-) bird
die **Jahreszeit** (-en) season
der **Frühling** (-e) spring
der **Sommer** (-) summer
der **Herbst** (-e) autumn
der **Winter** (-) Winter
der **Woche** (-n) week
der **Sonntag** (-e) Sunday
der **Montag** (-e) Monday
der **Dienstag** (-e) Tuesday
der **Mittwoch** (-e) Wednesday
der **Donnerstag** (-e) Thursday
der **Freitag** (-e) Friday
der **Sonnabend** (-e) Saturday

der **Monat** (-e) month
der **Januar** January
der **Februar** February
der **März** March
der **April** April
der **Mai** May
der **Juni** June
der **Juli** July
der **August** August
der **September** September
der **Oktober** October
der **November** November
der **Dezember** December

Exercises

Die Jahreszeiten, Monate, Tage usw.

A. Die vier Jahreszeiten heißen Winter, Frühling, Sommer und Herbst. Jede Jahreszeit dauert drei Monate. Die drei Wintermonate heißen Dezember, Januar und Februar. Dem Winter folgt der Frühling. Die Frühlingsmonate sind März, April und Mai. Die Sommermonate sind Juni, Juli und August. Wie heißen die drei Herbstmonate?

Das Jahr hat dreihundertfünfundsechzig Tage oder zweiundfünfzig Wochen. Die Tage der Woche heißen Sonntag, Montag, Dienstag, Mittwoch, Donnerstag, Freitag und Sonnabend. Der Sonntag ist jetzt der erste Tag der Woche und der Sonnabend der letzte.

Jeder Tag hat vierundzwanzig Stunden. Man arbeitet gewöhnlich acht Stunden, schläft acht Stunden und spielt acht Stunden. Um gute Gesundheit zu haben, muß man acht Stunden schlafen und acht Stunden spielen.

Im Winter ist das Wetter kalt. Es schneit und friert fast jeden Tag, und die Alten bleiben gerne im Hause. Zu dieser Zeit sind die Tage am kürzesten und die Nächte am längsten. Die meisten Kinder haben den Winter sehr gerne.

Im Frühling werden die Tage immer länger und die Nächte immer kürzer. Im April haben wir die ersten Blumen, und dann genießen wir die schönste Zeit des ganzen Jahres. Die Vögel kommen wieder zurück und singen in allen Bäumen.

Der Sommer ist auch eine schöne Zeit. Im Sommer sind die Tage am längsten. Die Kinder brauchen nicht zur Schule gehen und dürfen den ganzen Tag spielen. Im Sommer ist das Wetter am heißesten. Die Alten haben den Sommer am liebsten; sie können unter den Bäumen sitzen und die Vögel singen hören, oder Spaziergänge auf das Land machen.

Im Herbst fängt die Schularbeit wieder an. Schon beginnt es ein wenig kalt zu werden, und man kann länger arbeiten und spielen, ohne müde zu werden, and besser schlafen als im Sommer oder im Winter. Ich habe den Herbst am liebsten.

B. 1. January is the first month of the year. 2. May is the fifth month and it has thirty-one days. 3. The winter months are December, January, and February. 4. A large part of the year is beautiful. 5. In the spring the birds return and begin to sing for us. 6. On Sunday our family likes to go to church. 7. We frequently go to the movies on Friday; on Saturday we like to stay at home. 8. One fourth of the year we have cold weather. 9. Some people like winter best. 10. Which season do you like? 11. It was the first time that I played in the snow. 12. The days are getting longer, aren't they? 13. Let's take a walk in the country tomorrow. 14. Shall we invite our parents to go with us? 15. I have already invited my parents twice. 16. Have you finished your work already?

C. 10-Minute Quiz 1. am Dienstag. 2. am Freitag. 3. der dritte Monat. 4. sechs Wochen. 5. während des Herbstes. 6. im Frühling. 7. trotz des Wetters. 8. die schönste Jahreszeit. 9. sieben lange Jahre. 10. im Monat Mai. 11. am vierten Tag. 12. der letzte Dienstag. 13. im ganzen Monat. 14. der Juli. 15. am Sonnabend. 16. um elf Uhr. 17. immer besser. 18. zweiundvierzig Stunden. 19. die vier Jahreszeiten. 20. im März.

Relative Pronouns

I. Der, die, das. The most frequently used relative pronoun is **der, die, das**; it is declined as follows:

	Sing.		*Plur.*	
der	die	das	die	who, which, that
dessen	deren	dessen	deren	of whom, of which, whose
dem	der	dem	denen	to whom, to which
den	die	das	die	whom, which, that

(*a*) Note that **der, die, das**, the article, and **der, die, das**, the relative pronoun, are declined alike except in the genitive forms and in the dative plural.

(*b*) The relative pronoun must agree in both number and gender with the noun to which it refers; its case is determined by its function in the clause in which it stands.

(*c*) Since the relative pronoun always introduces a dependent clause, the verb always stands at the end.

(*d*) The relative pronoun is sometimes omitted in English, but it must always be expressed in German.

Der Mann, dessen Tochter das Geld fand, ist hier.

Die Frau, deren Sohn krank ist, arbeitet in der Stadt.

Der Mann, dem ich es gab, hat es verloren.

Die Uhr, die er gestern kaufte, ist sehr schön.

Er gab ihnen die zwei Häuser, die er gebaut hatte.

Wir besuchten die Leute, denen wir es verkauft hatten.

II. Welcher, welche, welches. This is a much used relative pronoun. It can be used wherever **der, die, das** is used, except in the genitive case. To express *of whom, whose,* **dessen** and **deren** are usually used. **Welcher, welche, welches** is declined as follows:

	Sing.		*Plur.*	
welcher	welche	welches	welche	who, which, that
(dessen)	(deren)	(dessen)	(deren)	of whom, of which, whose
welchem	welcher	welchem	welchen	to whom, to which
welchen	welche	welches	welche	whom, which, that

Der Mann, welcher (der) keine Freunde hat, ist unglücklich.
Die Dame, welcher (der) ich es gab, dankte mir.
Die Damen, welchen (denen) er das Haus zeigte, dankten ihm.
Die Eltern, deren Kinder jene Schule besuchen, sind reich.

III. **Wer, was.** Wer and was (*whoever, he who, whatever*, etc.) may be used as indefinite relative pronouns. **Wer** never has an antecedent. They are declined thus:

who	what
wer	was
wessen	——
wem	——
wen	was

Wer es hat, muß es zurückbringen.
Wer spät ankommt, bekommt nichts.

Note that in the combinations *everything that, nothing that,* and *something that,* the relative was is always used.

Alles, was sie sagte, war interessant.
Nichts, was wir da kauften, war gut.
Er hat etwas gesagt, was wir nicht verstanden.

IV. **Wofür, womit, woraus, etc.** Relative pronouns referring to inanimate things, and preceded by a preposition (*for which, with which, in which,* etc.) are very frequently expressed in German by **wo** + the preposition (or **wor**, if the preposition begins with a vowel).

Der Tisch, worauf er es legte, stand da.
Wo ist der Bleistift, womit Sie es geschrieben haben?

V. **Kennen and wissen.**

Kennen (kannte, gekannt) know, be acquainted with
Wissen (wußte, gewußt) know (*a fact; absolutely; by heart*).

Vocabulary

der Dichter (-) writer; poet
die Gelegenheit (-en) opportunity
das Lied (-er) song

das Wörterbuch (-̈er) dictionary
berühmt famous

möglich possible
der, die, das who, which, that
welcher, welche, welches who, which
wenigstens at least

kennen (kannte, gekannt) know (*being acquainted with*)
untersuchen (untersuchte, untersucht) investigate

Exercises

Wörterbücher

A. Gestern hat Professor Schmidt wieder eine kurze Rede gehalten, nachdem wir die Aufgabe vollendet hatten. Er hat über Wörterbücher gesprochen. Er sagte:

„Man hat allerlei Sachen untersucht; z. B., man hat untersucht, wieviele verschiedene Wörter derjenige (that one; the man) gewöhnlich gebraucht, der nicht auf einer Universität studiert hat, und wieviele derjenige gebraucht, der vier Jahre auf einer Universität studiert hat. Während der vier Jahre des Universitätslebens hat man gute Gelegenheit allerlei Bücher zu lesen, woraus man immer neue Wörter bekommt. Also, am Ende der vier Universitätsjahre gebrauchen die guten Studenten vielleicht neun- bis zehntausend verschiedene Wörter; derjenige aber, der nicht auf der Universität studiert hat, gebraucht nur fünf- oder sechstausend. Der berühmte Shakespeare, der größte Dichter, der je gelebt hat, hat fast zwanzigtausend verschiedene Wörter gebraucht. Er kannte aber viel mehr Wörter, als er gebrauchte.

Man sagt auch, daß die meisten Leute nicht mehr als dreitausend Wörter brauchen, um die Zeitungen gut zu verstehen, und ziemlich gut zu sprechen. Wer das alles untersucht hat, weiß ich gar nicht. Wie ist es möglich, daß man alle diese Wörter gezählt hat?

Man hat auch alle Wörterbücher untersucht, die wir jetzt studieren. Man weiß, wieviele Wörter jedes Wörterbuch enthält. Dieses kleine Wörterbuch auf meinem Tisch, das mir gehört, enthält ungefähr fünfzehntausend verschiedene deutsche Wörter; dieses große Wörterbuch, welches der Stadt gehört, enthält wenigstens hunderttausend verschiedene deutsche Wörter.

Die größten und besten deutschen Wörterbücher aber, worin man fast jedes deutsche Wort finden kann, enthalten wenigstens vierhundertsiebzigtausend verschiedene Wörter. Die größten englischen Wörterbücher enthalten fast fünfhunderttausend verschiedene Wörter.

Die Sprachen, die am reichsten an Wörtern sind, sind Englisch mit ungefähr fünfhunderttausend Wörtern, Deutsch mit fast vierhundertachtzigtausend Wörtern und Französisch mit ungefähr dreihundertfünfzigtausend."

Alles, was er sagte, war sehr interessant. Die meisten von uns haben ihn gut verstehen können. Am Ende dieses Jahres werden wir vielleicht tausend deutsche Wörter kennen.

B. 1. The letters, that he had written, —. 2. The pen, with which I wrote it, —. 3. The boy, whom she called, —. 4. The men, to whom he showed them, —. 5. The writer, whose books we are now reading, —. 6. His dictionary, which contained ten thousand words, —. 7. An opportunity, that we have never had, —. 8. The girl, whose mother died last year, —. 9. The girls, whose parents live in France, —. 10. The names of the states, from which we come, —.

C. 1. I haven't had an opportunity to investigate them. 2. We have learned at least four hundred different words. 3. There are German dictionaries that contain at least four hundred and fifty thousand different words. 4. The boys whom I know in this university are industrious. 5. Everything that he said pleased us. 6. He had us buy a large German dictionary. 7. Do you know this street? 8. Do you know the name of our street? 9. Is it possible that you have forgotten me already? 10. The suit that he made for me was too small. 11. We had her sing the songs that you had given her. 12. What kind of songs were they? 13. I know him. 14. I know where he is living. 15. He has become famous, hasn't he? 16. He gave all he earned to his parents.

Indefinite Pronouns

I. Indefinite Pronouns. The most important indefinite pronouns are:

alles	everything
etwas	something
nichts	nothing
jedermann	everybody, everyone
jemand	somebody, someone
niemand	nobody, no one
man	one, people, they, you

(a) As subjects, these pronouns are all considered as singular, and take the verb in the third person, singular.

(b) Jedermann, jemand, niemand, and man are declined thus:

jemand, jemands, jemand, jemand
man, eines, einem, einen

II. Indefinite Adjectives. The following indefinites may be used either as pronouns or as adjectives.

alle all
ander (e) other, others
einige some, a few
etwas some
mehrere several
viel (e) much, many
wenige few
ein paar (*invariable*) a few
ein wenig (*invariable*) a little

Einige Leute haben gespielt, andere haben gearbeitet.
Ich muß etwas Brot und ein paar Bücher kaufen.

III. Dies, das. Dies (this, these) and das (that, those) are often used with sein to introduce a following predicate noun.

Dies ist meine Mutter. Dies sind meine Eltern.
Das ist mein Wörterbuch. Das sind Ihre Bücher.

Vocabulary

die Liste (-n) list	**jemand** anyone, someone
die Übung (-en) practice	**auswendig lernen** learn by heart
die Wiederholung (-en) repetition	**heute morgen** this morning
alle all	**noch einmal** again
leer empty	**wohl** well; probably, of course

entdecken (entdeckte, entdeckt) discover
raten (riet, geraten) [rätst, rät] [*with dat.*] advise
schelten (schalt, gescholten) [schiltst, schilt] scold
suchen (suchte, gesucht) seek, look for
wiederholen (wiederholte, wiederholt) repeat, review

Exercises

Um Deutsch zu lernen

. **A.** Was muß man tun, um eine fremde Sprache zu lernen? Man muß zuerst ein gutes Wörterbuch haben. Man muß viele neue Wörter auswendig lernen und sie in Sätzen gebrauchen. Wenn man Briefe in der fremden Sprache schreiben will, oder wenn man mit anderen plaudern will, muß man wenigstens tausend verschiedene Wörter kennen und wissen. Das Lernen einer fremden Sprache ist also keine leichte Sache.

Heute morgen hat unser Lehrer ein wenig gescholten. Er sagte: „Warum sind Ihre Hefte so leer? Habe ich Ihnen nicht geraten, Wörter und immer mehr Wörter in Ihre Hefte zu schreiben? Einige haben kein deutsches Wort darin geschrieben, denn ihre Hefte sind noch ganz leer. Mehrere haben wohl hundert Wörter in ihre Hefte geschrieben; sehr wenige haben aber mehr als vierhundert darin, und das sind nicht genug. Ich rate Ihnen noch einmal, daß Sie jeden Tag eine neue Liste Wörter machen, und daß Sie alle diese neuen Wörter in die Hefte schreiben und auswendig lernen. Warum schreiben Sie die Wörter nicht ab, die an der Tafel stehen? Schreiben Sie sie nicht einmal, sondern zehnmal ab, denn man lernt besonders gut durch Wiederholung.

Leere Hefte können Ihnen nicht helfen, Deutsch zu lernen. Wenn ich ein leeres Heft entdecke, so weiß ich sofort, daß jener Student oder jene Studentin gar nicht gearbeitet hat. Man lernt Wörter durch Wiederholung. Nur durch viel Übung macht man Fortschritte in einer fremden Sprache. Es ist besonders wahr beim Lernen einer Sprache, daß man immer wiederholen muß. Je weniger Gelegenheit man hat zu sprechen, je mehr Wortlisten muß man machen, und je mehr muß man Wörter wiederholen. Je mehr Sie ein Wort sehen, hören, sprechen oder schreiben, desto besser verstehen Sie es; endlich kennen Sie es gut und können es gebrauchen.

Hat jedermann in der Klasse mich gut verstanden? Was muß man tun, um eine fremde Sprache zu lernen?

(*a*) Wörterbuch kaufen.

(*b*) Wortlisten machen.

(*c*) Wiederholung und Übung haben.

(*d*) Gelegenheit suchen, zu sprechen."

B 1. Has anyone found my German book? 2. You will probably find it with your other books. 3. Please repeat all that you have said. 4. I have no time for it this morning. 5. He scolded us again. 6. One has to study in order to learn a foreign language. 7. One must seek opportunities to talk. 8. One must know at least a thousand different words. 9. Show me the word-list that you made this morning! 10. I have never been able to discover how she learns everything so fast. 11. Is it possible to have enough practice in the school? 12. He advises that we copy each word at least ten times. 13. That is a difficult language. 14. These are the mistakes that one has to correct so frequently. 15. Study it until you learn it by heart.

C. 10-Minute Quiz. 1. fast alles. 2. jedermann. 3. gar nichts. 4. ein paar Sätze. 5. niemand. 6. ein wenig Fleisch. 7. mehrere Kirchen. 8. viel Zeit. 9. ein paar Soldaten. 10. ein anderer Arzt. 11. wenig Wasser. 12. ein wenig mehr Brot. 13. mehr Übung. 14. zu viele Aufgaben. 15. mehrere Wortlisten. 16. einige Leute. 17. nichts Gutes. 18. alles, was er hatte. 19. jemand. 20. in allen Läden. 21. fast alle Wörterbücher.

Mixed Verbs

I. Mixed or Irregular Weak Verbs. Wissen (**wußte, gewußt**), as we have
seen, adds **te** to form the past tense, and **t** to form the perfect
participle; it is, therefore, primarily a weak verb. Having also the
characteristic change of stem vowel of a strong verb, it is called a
mixed (or irregular weak) verb. Other important mixed verbs are:

brennen	brannte	gebrannt	burn
bringen	brachte	gebracht	bring
denken	dachte	gedacht	think
kennen	kannte	gekannt	know
nennen	nannte	genannt	name
senden	sandte	gesandt	send

II. Heißen, nennen, rufen.

heißen (hieß, geheißen) be called, be named
nennen (nannte, genannt) name, call
rufen (rief, gerufen) call (*from a distance*); shout
   Der zweite Sohn heißt Bert.
   Er nannte den dritten Sohn Karl.
   Er hatte uns auch aus dem Walde gerufen.
   „Bleibt da, wo ihr steht!" rief er.

III. Brennen, verbrennen. Brennen is an intransitive verb; it means
burn, only in the sense of *being on fire*. **Verbrennen** is a transitive verb meaning *burn up, burn down*.
   Alles im Hause brannte sehr schnell.
   Wer hat meine Papiere verbrannt?

Vocabulary

das Papier (-e) paper
der Kopf (⸚e) head
nötig necessary
nützlich useful

dabei therewith; at the same
   time
gewiß certain(ly)
plötzlich suddenly

denken (dachte, gedacht) think; **denken an** + *acc.*, think of
glauben (glaubte, geglaubt) think, believe
nennen (nannte, genannt) name
senden (sandte, gesandt) send
verbrennen (verbrannte, verbrannt) burn up

Exercises

Wörter und Wörterbücher

A. Heute morgen haben wir wieder versucht, mit dem Lehrer Deutsch zu sprechen. Weil wir schon ungefähr vierzig Seiten Deutsch übersetzt haben, glaubt er, daß wir Deutsch sprechen können. Nächstes Jahr werden wir es vielleicht sprechen können, aber heute morgen konnten wir es gar nicht. Um gut zu sprechen, muß man mehr als nur einige hundert Wörter im Kopfe haben.

Gestern hat die Mutter Papier verbrannt, und dabei hat sie meine deutschen Sätze verbrannt. Als der Lehrer mich heute morgen fragte: „Wo sind Ihre deutschen Sätze?" konnte ich ihm nicht antworten, weil ich das Wort „brennen" vergessen hatte. Brennen ist ein sehr gewöhnliches und nützliches Wort, aber ich hatte es ganz vergessen. Ich dachte an „nennen" und „senden" aber das Wort „brennen" konnte ich gar nicht herausbringen.

Ja, gewiß; der Lehrer war mit der ganzen Klasse sehr unzufrieden. Anstatt uns aber zu schelten, sagte er plötzlich: „Ich muß Ihnen ein wenig helfen. Machen Sie die Bücher zu; denken Sie nur an alles, was ich sage; versuchen Sie, mich zu verstehen! Ich werde klar und langsam sprechen. Ich hoffe, Sie sind alle damit zufrieden."

Er wartete ein wenig, bis wir unsere Bücher zugemacht hatten, und dann fing er an, zu sprechen. Er sagte: „Wir studieren jetzt ein einfaches Buch. Es enthält ungefähr dreihundert Seiten und fast achthundert verschiedene deutsche Wörter. Wir haben schon fast vierzig Seiten gelesen, die Sie sehr gut verstehen, weil Sie alle Wörter darin kennen. Sie kennen wenigstens fünfhundert deutsche Wörter. Um gut zu lesen, ist es nötig, daß man viele Wörter kennt; um gut zu sprechen, muß man alle diese Wörter gut im Kopfe haben; man muß sie schnell gebrauchen können. Es ist ganz unmöglich zu plaudern, wenn man nicht wenigstens achthundert Wörter im Kopfe hat. Diese Wörter müßen auch gewöhnliche, einfache, nützliche Wörter sein, wie Brot, doch, Lied, gefallen, berühmt usw."

Dann nannte er uns ein paar deutsche Wörterbücher und fing an, sie zu beschreiben. Das ist fast alles, was ich von seiner Rede verstanden habe.

B. 1. Of whom are you thinking? 2. I am thinking of my dear friends in England, whom I have not seen since 1932. 3. Do you think that you will visit them soon? 4. We have invited them to visit us. 5. I sent them a letter yesterday. 6. She wrote several letters and sang German songs at the same time. 7. That was a beautiful song we heard yesterday in (the) church. 8. I was thinking of it when you spoke. 9. There are certain songs that one never forgets. 10. Who burned those songs that I sent you last year? 11. What was the name of that song you bought me in Dresden? 12. All their children have names that begin with K. 13. Is it necessary to have so many children in this room? 14. Suddenly it stopped snowing. 15. He advised her to burn those letters.

C. 10-Minute Written Quiz on Verbs. 1. He sent it. 2. I was thinking. 3. Who burned it? 4. I named her. 5. It will be necessary. 6. I know him. 7. She knows nothing at all. 8. He will forget it. 9. He forgets everything. 10. I want to learn it. 11. I investigated them. 12. Is it possible? 13. They departed yesterday. 14. He will depart soon. 15. They have come back. .16. He doesn't study at all. 17. How does he look? 18. How is he? 19. These are my books. 20. He had taken them.

Comparison of Adverbs

I. Positive Degree. The positive of most adjectives may be used as positive adverbs.

schön beautiful; beautifully **genau** exact; exactly
leicht easy; easily   **langsam** slow; slowly

II. Comparative Degree. The comparative degree of the adverb is formed like the comparative of the adjective.

besser, better   **schneller,** faster   **langsamer,** more slowly

III. Superlative Degree. The superlative of the adverb takes the form **am besten, am schönsten, am schnellsten,** etc., when comparison is expressed. This is often called the "relative superlative."

When no comparison is implied, but merely a very high degree, the superlative takes the form **aufs schönste, aufs schnellste, aufs deutlichste,** etc. This is often called the "absolute superlative."

Ich lief schnell; Karl lief schneller; Bert lief am schnellsten.
Ich sang gut; Marie sang besser; Klara sang am besten.
Ihre Lieder waren schön, und sie hat sie aufs schönste gesungen.

IV. Examples of Adverb Comparison.

Positive	Comparative	Superlative
schön	schöner	am schönsten (aufs schönste)
schnell	schneller	am schnellsten (aufs schnellste)
leicht	leichter	am leichtesten (aufs leichteste)

V. Selbst. Selbst (*invariable*) has the following uses and meanings.

(*a*) Following a noun or pronoun, it is an intensive pronoun.

Ich selbst sprach mit dem Arzte. I myself talked with the doctor.

Ich sprach mit dem Arzte selbst. I talked with the doctor himself.

(b) Before a noun or pronoun, selbst is an intensifying word meaning *even.*

Selbst der Arzt wußte es nicht. Even the doctor didn't know it.

Alles was teuer, selbst das Brot. Everything was dear, even bread.

VI. der Name [Namens, Namen, Namen; *plur.*, Namen]

Vocabulary

der Boden (-̈) ground, land, soil
der Einwohner (-) inhabitant
die Großstadt (-̈e) large city
der Krieg (-e) war
der Name (-n) name
erstaunt astonished

richtig right, correct
selbst self; even (*adv.*)
deshalb therefore, on that account
sorgfältig careful

bedeuten (bedeutete, bedeutet) mean, signify
beobachten (beobachtete, beobachtet) observe
versprechen (versprach, versprochen) [verspricht] promise
wachsen (wuchs, gewachsen) [wächst, wächst] [sein] grow

Exercises

Deutsche Großstädte

A. Wir sind sehr glücklich, einen deutschen Lehrer zu haben, der so gerne in Europa reist und der alles da so sorgfältig und genau beobachtet hat. Er ist Student auf der Universität Dijon in Frankreich und auf den Universitäten Marburg und Leipzig in Deutschland gewesen. Er liest English lieber als Französisch, aber Deutsch liest er am besten.

Gewöhnlich spricht er sehr deutlich und immer richtiges Deutsch. Am interessantesten ist es, wenn er das Studentenleben in Europa beschreibt. Langsam spricht er aber, wenn wir ihm Fragen über die verschiedenen Städte Frankreichs und Deutschlands stellen. Vielleicht ist es schwerer, Städte mit allen ihren Straßen, Schulen, Kirchen, Fabriken und Einwohnern zu kennen, als Universitäten mit ihren drei- bis fünfzehntausend Studenten.

Heute morgen hat er fast eine Stunde über deutsche und französische Städte gesprochen.

Wissen Sie, was das Wort „Großstadt" bedeutet? Es ist eine Stadt, welche wenigstens hunderttausend Einwohner hat. Deutschlands Boden ist nicht gut; deshalb findet man da viele Großstädte. Der Boden Frankreichs ist sehr gut; deshalb hat das ganze Land nur neun oder zehn Großstädte. Die meisten deutschen Großstädte sind besonders schnell seit dem großen Kriege von 1914-1918 gewachsen.

Dann fragte jemand, wie die sechzig deutschen Großstädte alle heißen, und selbst der Lehrer wußte die Namen nicht alle auswendig. Er mußte sie aus einem Buche lesen. Am Ende der Stunde schrieb er die Namen von allen diesen Städten an die Tafel, und wir schrieben sie in unsere Hefte ab. Wollen Sie diese Namen lesen? Unten ist eine Liste davon. Wieviele von diesen Namen haben Sie schon gehört?

Wir waren alle sehr erstaunt darüber, daß Deutschland so viele Großstädte hat. Der Lehrer hat uns versprochen, nächste Woche wieder über Deutschland zu sprechen und Bilder davon zu zeigen.

Einige deutsche Großstädte:

Berlin (West)	2 223 000	Hannover		567 000
Bochum	361 000	Kiel		268 000
Braunschweig	245 000	Köln		770 000
Bremen	546 000	Mannheim		302 000
Dortmund	635 000	München	1	047 000
Duisburg	500 000	Nürnberg		443 000
Düsseldorf	689 000	Oberhausen		256 000
Essen	728 000	Stuttgart		626 000
Frankfurt	651 000	Wiesbaden		253 000
Gelsenkirchen	391 000	Wuppertal		418 000
Hamburg	1 815 000			

B. 1. What are the names of the three largest cities of Germany? 2. Who can give the correct answer? 3. What does the word "wachsen" mean? 4. Tunis has grown very fast in the last thirty years. 5. Our American cities are growing fast too. 6. Is there a city in the world that is growing as fast as Tokyo? 7. I had never thought of Tokyo; how many inhabitants has it? 8. Los Angeles has grown very fast since 1920. 9. Even our little village is growing. 10. We have two teachers that observe our work most carefully. 11. We were astonished to hear that they were traveling in England. 12. Had you ever heard the name Duisburg? 13. I am astonished to learn there are so many large cities in Germany. 14. How many of these German large-cities can you name? 15. I once had an uncle who lived in France. 16. Somebody has burned my books up. 17. You will have to prepare the meals more carefully. 18. Charles arrived late; Anna arrived a little later, and Clara arrived latest. 19. We ourselves are now living in a large city. 20. We learn these new words best through practice and repetition, don't we?

C. 10-Minute Review. (It is suggested that the teacher pronounce and that the pupils write the translations.) 1. Was bedeutet es? 2. Es tat mir leid. 3. Wie heißt jener Dampfer? 4. Er ißt zu schnell. 5. Wer hat es gehört? 6. Wem gehörte es? 7. Sie arbeitete am fleißigsten. 8. Hast du gut geschlafen? 9. Womit haben Sie es geschrieben? 10. Er ist damit zufrieden. 11. Woran denken Sie? 12. Ich habe lange daran gedacht. 13. Sind Sie zu Fuß gekommen? 14. Wir hatten schon gegessen. 15. Ist er Kaufmann oder Arzt? 16. Ich muß ihr helfen. 17. Kochst du gerne? 18. Was tust du lieber? 19. Dieses Wetter gefällt mir sehr. 20. Auf Wiedersehen!

Lesson XXXVIII

Time Expressions

I. Time of Day.

(*a*) **Wieviel Uhr ist es?** (What time is it?)
Es ist elf Uhr. (It is eleven o'clock.)
Es ist ein Uhr. (It is one o'clock.)
Um wieviel Uhr fahren wir ab? (What time do we leave?)
Wir fahren um zehn Uhr ab. (We leave at ten o'clock.)

(*b*) The half hour is expressed thus:
Es ist halb zehn. (It is half past nine.)
Er kommt um halb sieben an. (He will arrive at half past six.)

(*c*) The quarter after the hour may be expressed three ways.
8:15 = **ein Viertel nach acht; (ein) Viertel neun; ein Viertel auf neun.**
2:15 = **ein Viertel nach zwei; (ein) Viertel drei; ein Viertel auf drei.**

(*d*) The quarter to the hour may be expressed in three ways:
10:45 = **ein Viertel vor elf; drei Viertel elf; drei Viertel auf elf.**
1:45 = **ein Viertel vor zwei; drei Viertel zwei; drei Viertel auf zwei.**

(*e*) Odd minutes are expressed by **nach** (after) and **vor** (to).
Es ist achtzehn Minuten nach eins.
Das Auto wird um zwanzig Minuten vor zwei hier sein.

II. Time Ago (**vor** + *dative*).

vor zehn Minuten (ten minutes ago)
vor siebzehn Jahren (seventeen years ago)
vor langer Zeit (a long time ago)

145

III. Duration of Time (expressed by accusative).

Er blieb das ganze Jahr da.
Ich werde nur einen Tag in Stuttgart sein.

IV. Definite Time (expressed by accusative).

Er kommt jeden Abend nach Hause.
Den letzten Tag haben wir nichts getan.

V. Indefinite Time (expressed by genitive).

Eines Tages haben wir in einem Restaurant gegessen.
Eines Abends habe ich ihn in Wien gehört.

VI. Gestern morgen (yesterday morning)
gestern nachmittag (yesterday afternoon)
gestern abend (yesterday evening)
heute morgen (this morning)
heute nachmittag (this afternoon)
heute abend (this evening)
morgen früh (tomorrow morning)
morgen abend (tomorrow evening)

VII. Greetings.

Guten Morgen! (Good morning.)
Guten Abend! (Good evening.)
Gute Nacht! (Good night.)
Guten Tag! (Good day.)

Vocabulary

der Abend (-e) evening; heute abend, this evening
das Bett (-en) bed
die Gesellschaft (-en) company, society
die Minute (-n) minute
der Mittag (-e) noon
der Morgen (-) morning; heute morgen, this morning; morgen früh, tomorrow morning
der Nachmittag (-e) afternoon
die Sonne sun
der Vormittag (-e) forenoon
allein alone
draußen out of doors
halb half

liegen (lag, gelegen) lie
nähen (nähte, genäht) sew
scheinen (schien, geschienen) shine; seem
wecken (weckte, geweckt) awaken

Exercises

Der Winter gefällt mir

A. Heute ist der achtzehnte Januar. Es ist ein schöner, kalter Morgen. Die Sonne scheint hell und klar. Auf dem Boden ist viel Schnee, denn es hat die ganze Nacht geschneit.

Der Vater, der immer früh in die Stadt gehen muß, ist um halb sieben aufgestanden. Er hat mich um ein Viertel acht geweckt, denn ich muß zur Schule gehen. Ich werde den ganzen Vormittag in der Schule sein. Zu Mittag komme ich wieder nach Hause. Die Mutter und ich essen zu Mittag ganz allein, da der Vater den ganzen Tag in der Stadt bleiben muß.

Jeden Nachmittag (Montag, Dienstag, Mittwoch, Donnerstag und Freitag) bin ich von ein Uhr bis drei Uhr in der Schule. Von drei Uhr bis halb fünf Uhr dürfen wir draußen im Schnee spielen. Dann fängt es plötzlich an, dunkel zu werden, und ehe man es weiß, ist der Abend wieder da.

Vor zwei Jahren bin ich schwer krank gewesen und habe einen ganzen Monat im Bett liegen müssen. Die Zeit wurde mir sehr lang, da ich jeden Tag manche Stunde ganz allein war, und da ich nicht lesen und spielen konnte.

Die Winterabende habe ich sehr gerne. Gewöhnlich bleiben wir alle zu Hause, weil die Eltern sehr wenig in Gesellschaft gehen. Wir sitzen jeden Abend um den großen Tisch im Eßzimmer. Der Vater liest die Zeitung, schreibt Briefe und raucht; die Mutter näht, und ich studiere meine Aufgaben für den nächsten Tag. Ehe wir es uns denken können, ist es schon zehn Uhr und wir müssen wieder zu Bett.

Den Winter habe ich sehr lieb. Natürlich ist es schwer, schon Viertel acht aufzustehen, wenn es draußen noch dunkel ist. Das Spielen im Schnee aber, und besonders die langen Winterabende zu Hause gefallen mir sehr. Ich glaube, ich habe den Winter lieber als die anderen Jahreszeiten.

B. 1. He awakened me at twenty minutes past seven. 2. Yesterday evening we went to bed at half past eleven. 3. Usually he gets up at six o'clock. 4. What time is it now? 5. Haven't you a watch? 6. Where is that watch your father gave you three years ago? 7. He had completely forgotten that he had received a watch. 8. We shall have to study these sentences very carefully. 9. I promise you that I shall study them two hours. 10. The sun was shining bright when I got up this morning. 11. I shall see them at noon. 12. Which day of the whole year is longest? 13. Good morning! How are you today, Mrs. Klein? 14. My mother and I were sitting in the dining room alone. 15. Some red flowers were lying on the table. 16. They are the flowers that I sent to her several hours ago. 17. What shall we do tomorrow morning? 18. Even the little villages are growing. 19. There are several large companies that have factories in our city. 20. It stopped snowing two hours ago.

C. Oral or Written Quiz. 1. yesterday evening. 2. this morning. 3. tomorrow morning. 4. tomorrow afternoon. 5. five days ago. 6. at half past eleven. 7. at twenty-two minutes to two. 8. after the war. 9. before the war. 10. during the war. 11. even the children. 12. the children themselves. 13. twenty minutes ago. 14. Good morning! 15. Good evening! 16. One day (*indef. time*). 17. One day (*duration*). 18. a long time. 19. a long time ago. 20. during the night.

LESSON XXXIX

Reflexive Verbs

I. Reflexive Verbs. A reflexive verb is a verb whose subject reflects or reacts upon itself; its object is always a pronoun corresponding to the subject.

> **Ich setzte mich.** (I sat down.)
> **Er fragte sich.** (He asked himself.)

Reflexive verbs take the auxiliary **haben**, and have no peculiarity of construction.

> **Wir hatten uns gesetzt.** (We had sat down.)
> **Nachdem sie sich gesetzt hatten.** (After they had sat down.)

II. Most Used Reflexive Verbs. In both English and German, almost all transitive verbs may be used reflexively (to see one's self; thow one's self; help one's self; hurt one's self, etc.). However, the reflexive construction occurs much more frequently in German than in English. Among the most used reflexive verbs are the following:

sich amüsieren (amüsierte sich, sich amüsiert) have a good time
sich befinden (befand sich, sich befunden) be, be located; feel
sich erinnern (erinnerte sich, sich erinnert) [an + *acc.*] remember
sich erkälten (erkältete sich, sich erkältet) catch cold
sich freuen (freute sich, sich gefreut) [sich freuen, über + *acc.*, be glad, be pleased with, rejoice at; **sich freuen, auf** + *acc.*, look forward to]
sich fürchten (fürchtete sich, sich gefürchtet) [vor + *dat.*] be afraid of
sich setzen (setzte sich, sich gesetzt) seat oneself, sit down

III. Present Tense of sich setzen (sit down).

ich setze mich	wir setzen uns
du setzest dich	ihr setzt euch
er (sie) setzt sich	sie (Sie) setzen sich

149

The same pronoun sequence (ich — mich, du — dich, etc.) is used in all tenses. For the complete conjugation of sich setzen, see page 215.

IV. Imperative of Reflexive Verbs.

Setze dich!	Erkälte dich nicht!
Setzt euch!	Erkältet euch nicht!
Setzen Sie sich!	Erkälten Sie sich nicht!
Setzen wir uns!	Erkälten wir uns nicht!

V. Einander. The reciprocal pronoun **einander** (each other, one another) is invariable.

Wir lieben einander. Sie sehen einander häufig.

The plural reflexive pronouns (**uns, euch, sich**) are, however, very frequently used in the reciprocal sense.

Wir lieben uns. Sie sehen sich häufig.

Vocabulary

die Erkältung (-en) cold   der Hund (-e) dog
das Gebäude (-) building
erhalten (erhielt, erhalten) [erhältst, erhält] receive
erklären (erklärte, erklärt) explain; declare
gewinnen (gewann, gewonnen) win
verlieren (verlor, verloren) lose
verzeihen (verzieh, verziehen) pardon; *with dat. of person,* forgive
vor-schlagen (schlug vor, vorgeschlagen) [schlägst vor, schlägt vor] propose, suggest
[The seven reflexive verbs in paragraph II, above.]

Exercises

Das alte Gebäude in der Holzstraße

A. Setzen Sie sich, Frau Heimlich! Plaudern wir ein wenig! Ich habe Ihnen etwas Interessantes zu erzählen. Bitte, verzeihen Sie, wenn ich nicht deutlich spreche. Sonntag sind wir alle zur Kirche gegangen; in der Kirche war es ziemlich kalt, und ich habe mich schwer erkältet. Ich fürchte mich sehr vor diesen Erkältungen, denn sie dauern immer lange bei mir. Heute befinde ich mich gar nicht wohl, und ich habe meine Stimme fast verloren.

Erinnern Sie sich an das alte Gebäude in der Holzstraße, das mein Mann vor einigen Jahren kaufte? Ich habe ihn sehr gescholten, als er mir erklärte, was er getan hatte. Er hat immer gerne allerlei Sachen, kleine Häuser, alte Gebäude usw. gekauft, die er später nicht verkaufen konnte, ohne viel Geld dabei zu verlieren. Nie ist es ihm gelungen, Geld zu gewinnen. Aber das alte Gebäude, das er für zweitausend Mark kaufte! Wissen Sie, was gestern geschehen ist? Gestern ist es ihm gelungen, das alte Gebäude, wofür er nur zweitausend Mark bezahlte, für zwanzigmal zweitausend Mark oder vierzigtausend Mark zu verkaufen! Er hat das Geld dafür erhalten. Dies ist das erste Mal, daß er Geld gewonnen hat, anstatt es immer zu verlieren.

Gestern kam er schon um vier Uhr nach Hause. Wie er sich freute, als er mir erklärte, was geschehen war! Um neun Uhr, als Magda und Heinrich auch da waren, haben wir es ihnen gesagt. Sie können sich denken, wie erstaunt sie darüber waren, daß wir plötzlich ein wenig Geld haben. Sie können sich denken, wie glücklich wir waren, als mein Mann vorschlug, daß wir nächsten Sommer eine Reise nach Amerika machen. Wir werden uns besonders gut in den Vereinigten Staaten amüsieren, nicht wahr?

Ich glaube, wir werden diese Reise machen. Wenigstens freuen wir uns schon darauf.

B. 1. They visit one another frequently. 2. She had caught cold in (the) church. 3. How are you today? (Use **Wie geht's** and **sich befinden**.) 4. Have you received the money that he promised you two years ago? 5. We are glad that you have won it. 6. We were sorry to hear that you had lost it. 7. Pardon me! (**Verzeihen Sie!**) 8. Don't take cold, Anna. 9. Don't take cold, Mr. Eckert. 10. After he had explained everything to them, he sat down. 11. Will you go to Europe next year? 12. I suggest to you, that you save up your money. 13. She is afraid of every dog that she meets. 14. What is your dog's name? 15. I have forgotten his name. 16. This is the old building that her parents bought. 17. After the last war, he had to sell everything. 18. Have you ever observed her, when she is telling a story? 19. We have made progress. 20. I shall have to explain it to her again.

C. 15-Minute Oral Quiz. 1. Es wächst schnell. 2. Wie befinden Sie sich? 3. Was bedeutet dieses Wort? 4. Er hat sorgfältig gearbeitet. 5. Verzeihen Sie uns! 6. Sie verspricht nichts. 7. Er glaubte es nicht. 8. Denke an mich! 9. Wem sandte sie es? 10. Sie sang ein Lied dabei.

11. Wessen Hund ist es? 12. Wem gehört er? 13. Lernen Sie es auswendig! 14. Erklären Sie es noch einmal! 15. Die Rechnung, bitte! 16. Wir haben uns sehr amüsiert. 17. Amüsieren Sie sich gut! 18. Wer hat Ihnen geraten? 19. Ist es möglich? 20. Wir werden ihn morgen früh besuchen.

LESSON XL

Demonstrative Pronouns

A demonstrative pronoun is a pronoun that points out or indicates. The most important demonstrative pronouns are:

(a) **Der die das** (that, that one, that man, that woman, *or emphatic,* he, she, it).

	Sing.		Plur.
der	die	das	die
dessen	deren	dessen	deren
dem	der	dem	denen
den	die	das	die

Der hat es genommen. (That man took it.)
Die habe ich nie gesehen. (I have never seen that woman.)

(b) **Dieser diese dieses** (this, this one, the latter).
Dieser hat es geschrieben. (This man wrote it.)
Heinrich und Fritz haben neue Anzüge bestellt; dieser einen schwarzen, jener einen blauen.

(c) **Jener jene jenes** (that, that one, the former).
Jener hat nichts getan. (That man has done nothing.)
Sie haben ein Wohnzimmer und ein Eßzimmer; dieses ist zu groß, jenes zu klein.

(d) **Solcher solche solches** (such, such a one, such people, etc.).
Es gelingt solchen nicht. (Such people do not succeed.)
Solche habe ich nie gesehen. (Such I never saw.)

(e) **Derselbe dieselbe dasselbe** (the same; he, she, it, they).
This word is unusual, in that both **der** and **selb** are declined; **selb** is declined weak. It is most frequently used as an adjective meaning "the same."

153

Singular			*Plural*
derselbe	dieselbe	dasselbe	dieselben
desselben	derselben	desselben	derselben
demselben	derselben	demselben	denselben
denselben	dieselbe	dasselbe	dieselben

Wir wohnen jetzt in derselben Stadt.

Er hat reiche Eltern, aber dieselben geben ihm nichts.

(*f*) **Derjenige diejenige dasjenige** (the one; he, she, etc.) is declined like **derselbe**. Derjenige is usually followed by a relative clause.

Derjenige, der das geschrieben hat, ist nie in Europa gewesen.

Diejenigen, die etwas entdecken wollen, müssen gut beobachten.

Vocabulary

der Esel (-) donkey
der Stock (-e) stick, cane
das Stück (-e) piece
der Tod death
die Wahrheit truth
böse bad, angry

froh happy, glad
derjenige the one; he, she, they
derselbe the same; he, she, they
dagegen against it
gleich at once; alike
zusammen together

auf-heben (hob auf, aufgehoben) lift up
biegen (bog, gebogen) bend
binden (band, gebunden) bind, tie
lachen (lachte, gelacht) laugh
streiten (stritt, gestritten) quarrel
werfen (warf, geworfen) [wirfst, wirft] throw
zerbrechen (zerbrach, zerbrochen) [zerbrichst, zerbricht] break (*to pieces*)

Exercises

Die sieben Esel

A. Es war einmal ein reicher Bauer, der sieben große, starke Söhne hatte; die hatte er natürlich sehr lieb. Es tat ihm aber leid, daß sie keine guten Freunde waren und immer mit einander stritten, obgleich er ihnen oft dagegen geraten hatte.

Die Nachbarn waren alle froh, daß die sieben Brüder so viel stritten, daß sie fast keine Zeit hatten, zu arbeiten. Sie freuten sich darüber und lachten und sagten: „Wenn der Alte stirbt, wird es sehr leicht und einfach sein, das Land von den Jungen zu nehmen." Sie warteten auf den Tod des alten Bauers und freuten sich schon darauf.

Eines Tages rief der Bauer alle seine sieben Söhne ins Haus. Da stand der Vater in der Mitte des Eßzimmers und zeigte ihnen sieben Stöcke, die an der Wand hingen. Diese legte er auf den Tisch, und dann band er sie zusammen. Dann sagte er: „Wenn einer von euch stark genug ist, diese sieben Stöcke zu zerbrechen, so bekommt er tausend Mark."

Gleich versuchte jeder Sohn, sie zu zerbrechen. Obgleich sie alle starke Männer waren, konnte keiner von ihnen es tun. Jeder mußte sagen: „Ich kann sie nicht zerbrechen, und ich glaube, daß niemand stark genug dazu ist."

Dann hob der alte Vater die Stöcke auf und bog und zerbrach sie einen nach dem andern and warf die Stücke davon über den ganzen Boden des Zimmers.

Ziemlich böse sah er aus, als er ihnen sagte: „Seht, meine Söhne, wie stark diese sieben Stöcke waren, als sie zusammenhielten. Seht aber, wie leicht es ist, sie zu zerbrechen, wenn man sie einen nach dem andern zerbricht. Ich habe euch zusammengerufen, um euch dieses einfache Beispiel einer großen Wahrheit zu geben. Hört ihr nicht mit eurem Streiten auf, so werdet ihr bald nach meinem Tode dieses schöne Gut verlieren. Ich rate euch noch einmal, vielleicht das letzte Mal, sieben Freunde anstatt sieben dumme Esel zu sein."

B. 1. The old farmer called his sons together, in order to advise them. 2. Although he was a weak old man, he was able to break the sticks. 3. He who loves his children advises them. 4. Don't be angry, Bertha, I'll not break them. 5. All their children caught cold on the same day. 6. They were quarreling when we went into the house. 7. You will laugh, when I explain it to you. 8. Waken me at half past five. 9. The sun will already be shining when you get up. 10. She always sewed when she had to stay there alone. 11. I haven't anything against it. 12. Throw that cigarette away! 13. Pardon me, please! I forgot where I was. 14. Everybody was afraid of their dog. 15. I am glad that you have come early. 16. Sit down and I will bring you something to eat. 17. I promise you that I will help you. 18. He (Der) is the man who took my watch. 19. It is the same watch that I carried thirty years ago. 20. Good-bye. Come back soon.

C. 10-Minute Written Quiz on Verbs. 1. He had received it. 2. He was glad. 3. She will lose them. 4. They had a good time. 5. Who breaks them? 6. He throws them away. 7. Some one had thrown it.

8. We lifted it up. 9. It lay there. 10. What does it mean? 11. No one knows. 12. The city is growing. 13. It has grown fast. 14. Although it had grown fast, ... 15. He remembered us. 16. I was thinking. 17. Repeat the word. 18. What are you looking for? 19. We shall investigate it. 20. We have finished them.

Vocabulary Review. 1. happy 2. this morning 3. a dog 4. a neighbor 5. the hat 6. the glove 7. the gloves 8. my shoe. 9. my shoes 10. a steamship 11. to travel 12. soon 13. a railroad 14. now 15. to last 16. the vacation 17. to rain 18. to snow 19. to throw 20. to forget 21. her parents 22. the same boy 23. every girl 24. a pencil 25. a soldier.

Lesson XLI

Modes and Tenses

I. Modes. A thought or idea may be expressed in German in any one of four modes: indicative, conditional, subjunctive, or imperative.

Modes, or moods, as they are frequently called, express in a large measure the state of mind of the speaker.

(*a*) The indicative mode is used to state facts. The person framing the sentence is in a positive mood. The indicative mode can express the time of the action in all six tenses.

> Er macht eine Reise. Er machte eine Reise, etc.

(*b*) The conditional mode is used to state what "would" *be* or "would have" *been* (would see, would have seen; would find, would have found, etc.). The fulfillment of the chain of actions is shown as contingent on the occurrence of some basic action; the basic action is always a condition, expressed or understood.

> He would fall. (if I didn't hold him; f he tried it, etc.)
> He would have fallen. (if I hadn't held him, etc.)

As we readily see, there can be two, and only two tenses in the conditional mode, the present and the perfect.

> I would help her. (Ich würde ihr helfen.)
> I would have helped her. (Ich würde ihr geholfen haben.)

(*c*) While the indicative mode expresses fact or certainty, the subjunctive mode is used to express uncertainty or doubt in the mind of the speaker or writer as to the absolute truth of his statement; it is used even to state something contrary to fact.

> I fear she has taken cold. (Ich fürchte, sie habe sich erkältet.)
> If she had caught cold, she would have stayed at home.

157

(This gives the idea that she did not catch cold and so did not stay home.)

The subjunctive, like the indicative, may be used in all six tenses.

I fear that he is losing them. **(daß er sie verliere.)**
I feared that he was losing them. **(daß er sie verlöre.)**
I fear that he will lose them. **(daß er sie verlieren werde.)**
I fear that he has lost them. **(daß er sie verloren habe.)**
I feared that he had lost them. **(daß er sie verloren hätte.)**
I fear that he will have lost them. **(daß er sie verloren haben werde.)**

(*d*) The imperative mode also denotes the mood of the speaker. He is imperious, he gives commands. The German verb has three, and only three, forms of command.

Sei fleißig!	**Stehe auf!**	**Studiere es!**
Seid fleißig!	**Steht auf!**	**Studiert es!**
Seien Sie fleißig!	**Stehen Sie auf!**	**Studieren Sie es!**

II. **Tenses.** The German tense usage is practically the same as the English in the indicative mode. The following differences should, however, be noted.

(*a*) German, unlike English, has no progressive form.
She is cooking. **(Sie kocht.)**
She was cooking. **(Sie kochte.)**
She will be cooking. **(Sie wird kochen.)**
She has been cooking. **(Sie hat gekocht.)**
She had been cooking. **(Sie hatte gekocht.)**

(*b*) In the present and past tenses, English has an emphatic form that is lacking in German.

She does cook. **(Sie kocht.)**
She did cook. **(Sie kochte.)**

(*c*) German uses the past tense to express a continued, customary, or habitual action in the past.

Sie schrieb einen Brief. (She was writing a letter.)
Sie schrieb gern Briefe. (She used to like to write letters.)

(*d*) German uses the present perfect to state an isolated past fact. This tense is therefore much used in conversation.

Sind Sie in der Stadt gewesen? (Were you in the city?)
Was haben Sie da gekauft? (What did you buy there?)
Ich habe einen Hut gekauft. (I bought a hat.)

In narration, or stating a series of past facts, the past tense is used in German exactly as it is in English.

Ich studierte, als er ins Zimmer eintrat und seinen Hut auf den Tisch legte. Er sagte mir etwas, was ich gar nicht verstand, und dann nahm er seinen Hut und ging hinaus.

III. **Schon + Present Tense.** **Schon** is often used with the present tense to express an action begun in the past and continuing in the present.

Wir sind schon zwei Stunden hier. (We have been here two hours.)

Note, too, a similar use of **schon** with the past tense.

Er wohnte schon drei Jahre da. (He had been living there three years.)

IV. **Complete Conjugation of kaufen** (Page 202). Take a large sheet of unruled paper and on one side of it copy, in ink, the complete conjugation of **kaufen**, taking care to name the tenses and arrange them exactly as shown. After making this copy, discuss in class the modes and their tenses. Discuss the possibility or impossibility of other modes or of other tenses. How can the Chinese express themselves with no tenses?

Secondly, discuss the symmetry of the Germanic verb with its three primary tenses, and its three perfect tenses.

Lastly, explain the location of the present conditional tense between the future indicative and the future subjunctive. Explain, too, why the perfect conditional stands where it does.

Note how the three principal parts are the key to the complete conjugation of the verb.

Vocabulary

das **Bein** (-e) leg
das **Tier** (-e) animal
beide both

einzig single, only
wirklich really

begegnen (begegnete, begegnet) [sein] [*takes dat.*] meet
reiten (ritt, geritten) [sein] ride (*on an animal*)
schlagen (schlug, geschlagen) [schlägst, schlägt] strike, beat
schweigen (schwieg, geschwiegen) be silent, say nothing
steigen (stieg, gestiegen) [sein] climb, rise
ziehen (zog, gezogen) draw, pull

Exercises

Soll man reiten oder zu Fuß gehen?

A. Es war einmal ein armer Bauer, der nur einen einzigen Esel hatte.
Eines Tages ritt er nach Hause und ließ seinen Sohn zu Fuß laufen. Da
begegnete ihnen ein Fremder, der böse sagte: „Das ist gar nicht recht,
mein Herr, daß Sie reiten und Ihren Sohn zu Fuß gehen lassen. Sie
haben doch viel stärkere Beine als der Kleine. Es ist schade, daß der
Junge zu Fuß gehen muß." Da stieg der Vater vom Esel, um seinen
Sohn reiten zu lassen.

Soll man reiten oder zu Fuß gehen?

A. Es war einmal ein armer Bauer, der nur einen einzigen Esel hatte.
Eines Tages ritt er nach Hause und ließ seinen Sohn zu Fuß
laufen. Da begegnete ihnen ein Fremder, der böse sagte: „Das ist gar nicht
recht, mein Herr, daß Sie reiten und Ihren Sohn zu Fuß gehen lassen.
Sie haben doch viel stärkere Beine als der Kleine. Es ist schade, daß der
Junge zu Fuß gehen muß." Da stieg der Vater vom Esel, um seinen Sohn
reiten zu lassen.

Nach einigen Minuten kam wieder ein Fremder und sagte: „Das ist
gar nicht recht, Knabe, daß du reitest und deinen Vater laufen läßt; du
hast doch jüngere Beine als er. Der Vater sollte auch reiten, nicht
wahr?" Der Vater und der Sohn schwiegen. Der Vater aber stieg
wieder auf den Esel und setzte sich hinter seinen Sohn, um zu reiten,
wie der Fremde ihnen vorgeschlagen hatte.

Nach einigen Minuten kam wieder ein Fremder und sagte: „Das ist
gar nicht recht, Knabe, daß du reitest und deinen Vater laufen läßt; du
hast doch jüngere Beine als er. Der Vater sollte auch reiten, nicht wahr?"
Der Vater und der Sohn schwiegen. Der Vater aber stieg wieder auf den
Esel und setzte sich hinter seinen Sohn, um zu reiten, wie der Fremde ihnen
vorgeschlagen hatte.

Bald darauf kam ein dritter Mann und sagte: „Das ist gar nicht recht, daß zwei große Männer auf einem schwache Tiere reiten. Ich würde gern zu Fuß gehen, um dem müden Esel zu helfen. Steigen Sie beide vom Esel, oder ich schlage Sie mit meinem Stock." Da stiegen beide vom Esel und alle drei, Vater, Sohn und Esel gingen des Weges zu Fuß.

Bald darauf kam ein dritter Mann und sagte: „Das ist gar nicht recht, daß zwei große Männer auf einem schwachen Tiere reiten. Ich würde gern zu Fuß gehen, um dem müden Esel zu helfen. Steigen Sie beide vom Esel, oder ich schlage Sie mit meinem Stock." Da stiegen beide vom Esel und alle drei, Vater, Sohn und Esel gingen des Weges zu Fuß.

Endlich begegneten sie einem vierten Manne, der sehr erstaunt sagte: „Wie dumm sind Sie! Ist es wirklich nötig, daß alle drei laufen? Ich würde das nicht tun."

Also banden sie dem Esel die Beine zusammen, zogen einen starken Stock dazwischen, hoben ihn auf und trugen ihn nach Hause.

Was lehrt uns diese Geschichte? Dies: Dumm ist derjenige, der versucht, allen Leuten zu gefallen.

Endlich begegneten sie einem vierten Manne, der sehr erstaunt sagte: „Wie dumm sind Sie! Ist es wirklich nötig, daß alle drei laufen? Ich würde das nicht tun."

Also banden sie dem Esel die Beine zusammen, zogen einen starken Stock dazwischen, hoben ihn auf und trugen ihn nach Hause.

Was lehrt uns diese Geschichte? Dies: Dumm ist derjenige, der versucht, allen Leuten zu gefallen.

B. 1. We have been here a long time. 2. Her uncle had been living there twenty-seven years. 3. What did you buy in the city yesterday? 4. Why did you strike that little boy, Charles? 5. Why did those two men try to carry the donkey? 6. He had his son ride, didn't he? 7. Did you meet your friends there, Miss Eckert? 8. They tried to pull a stick through the donkey's legs. 9. Who tied his legs together? 10. Why was she silent, when I related the story to her? 11. Have you caught cold again, Paul? 12. When did it happen? 13. It happened three weeks ago. 14. It will never happen again. 15. I am glad that you met her. 16. I haven't had an opportunity to investigate it. 17. Is it really necessary that they sell it? 18. Our neighbors will have to sell their largest farm. 19. We have surely made progress. 20. Good-bye! We shall return at half past eight.

C. 10-Minute Adverb Quiz. 1. heute morgen. 2. gewöhnlich. 3. wieder. 4. also. 5. lange. 6. natürlich. 7. morgen früh. 8. nie. 9. besonders. 10. ziemlich spät. 11. überall. 12. fast. 13. not yet. 14. really. 15. everywhere. 16. exactly. 17. approximately. 18. twice. 19. at least. 20. suddenly. 21. perhaps. 22. simply. 23. enough. 24. hardly. 25. now.

Lesson XLII

Conditional Mode

I. Conditional Mode. As we have already learned, the conditional mode has only two tenses, the present and the perfect.

Just as the future indicative tells what *will happen* (**werden** + *infinitive*), the present conditional tells what *would happen* (**würden** + *infinitive*).

Just as the future perfect indicative tells what *will have happened* (**werden** + perfect participle + **haben** or **sein**), the perfect conditional tells what *would have happened* (**würden** + perfect participle + **haben** or **sein**).

German never uses the conditional mode in an "if" clause.

Er würde es verlieren. (He would lose it.)
Er würde es verloren haben. (He would have lost it.)

II. Conjugation of haben and sein in Conditional Mode.

Present Conditional

ich würde haben	ich würde sein
du würdest haben	du würdest sein
er würde haben	er würde sein
wir würden haben	wir würden sein
ihr würdet haben	ihr würdet sein
sie würden haben	sie würden sein

Perfect Conditional

ich würde gehabt haben	ich würde gewesen sein
du würdest gehabt haben	du würdest gewesen sein
er würde gehabt haben	er würde gewesen sein
wir würden gehabt haben	wir würden gewesen sein
ihr würdet gehabt haben	ihr würdet gewesen sein
sie würden gehabt haben	sie würden gewesen sein

163

Vocabulary

die Grenze (-n) boundary	**flach** flat, level
die Größe (-n) size	**freundlich** friendly
die Lage (-n) location	**niedrig** low
der Norden north	**nördlich** northern
das Schlachtfeld (-er) battlefield	**südlich** southern
feindlich unfriendly, hostile	

fechten (focht, gefochten) [fichst, ficht] fight

Exercises

A.   **Deutschland**

Lage. Deutschland liegt im Herzen Europas. Am seinen Grenzen sind neun verschiedene Länder, wovon einige wie z. B. Belgien, Dänemark und die Schweiz sehr klein und schwach sind; andere aber, wie Frankreich, Italien und Rußland (Russia) sind groß und stark. Kein anderes Land der ganzen Welt hat so viele Nachbarländer an seinen Grenzen wie Deutschland. Deshalb ist Deutschlands Lage eine sehr schwere. Wenn diese Nachbarländer alle freundlich sind, so geht es Deutschland sehr gut; wenn einige von ihnen feindlich sind, dann geht es Deutschland sehr schlecht. Deutschland ist ein großes Schlachtfeld, denn jedes Volk (nation) Europas hat darauf gefochten.

A.   **Deutſchland**

Lage. Deutſchland liegt im Herzen Europas. An ſeinen Grenzen ſind neun verſchiedene Länder, wovon einige wie z. B. Belgien, Dänemark und die Schweiz ſehr klein und ſchwach ſind; andere aber, wie Frankreich, Italien und Rußland (Russia) ſind groß und ſtark. Kein anderes Land der ganzen Welt hat ſo viele Nachbarländer an ſeinen Grenzen wie Deutſch= land. Deshalb iſt Deutſchlands Lage eine ſehr ſchwere. Wenn dieſe Nach= barländer alle freundlich ſind, ſo geht es Deutſchland ſehr gut; wenn einige von ihnen feindlich ſind, dann geht es Deutſchland ſehr ſchlecht. Deutſchland iſt ein großes Schlachtfeld, denn jedes Volk (nation) Europas hat darauf gefochten.

Größe. Nach Rußland ist Frankreich das größte Land Europas. Frankreich ist jetzt zweimal so groß wie die Deutsche Republik. Rußland, wie wir schon gelesen haben, ist ungefähr die Hälfte Europas.

Wieviele Quadratmeilen hat Europa? Vergessen wir nicht, daß Europa und die Vereinigten Staaten fast gleich groß sind. Rußland ist fast fünfzigmal so groß wie Deutschland, und Deutschland ist nur ungefähr so groß wie der Staat Kalifornien. Man muß die Länder der Welt so vergleichen, um zu verstehen, wie groß sie wirklich sind.

Größe. Nach Rußland ist Frankreich das größte Land Europas. Frankreich ist jetzt zweimal so groß wie die Deutsche Republik. Rußland, wie wir schon gelesen haben, ist ungefähr die Hälfte Europas. Wieviele Quadratmeilen hat Europa? Vergessen wir nicht, daß Europa und die Vereinigten Staaten fast gleich groß sind. Rußland ist fast fünfzigmal so groß wie Deutschland, und Deutschland ist nur ungefähr so groß wie der Staat Kalifornien. Man muß die Länder der Welt so vergleichen, um zu verstehen, wie groß sie wirklich sind.

Flüsse. Die nördliche Hälfte Deutschlands liegt ziemlich niedrig und ist flach. Die südliche Hälfte ist fast überall höher gelegen, weil es da so viele Berge gibt. Deshalb fließen alle deutschen Flüsse, außer der Donau, nach Norden. Der Rhein, den man gewöhnlich mit dem Hudsonfluß vergleicht, ist der schönste und größte Fluß in Deutschland. Fast jedermann, der Deutschland besucht, hat die berühmte Rheinreise gemacht.

Studieren Sie die Landkarte Europas! Studieren Sie die Lage Deutschlands! Deutschland ist eins der schönsten Länder der Welt. Es ist ebenso schön wie England oder Frankreich. Wollen Sie Deutschland besuchen? Freuen Sie sich auf eine Reise nach Europa?

Flüsse. Die nördliche Hälfte Deutschlands liegt ziemlich niedrig und ist flach. Die südliche Hälfte ist fast überall höher gelegen, weil es da so viele Berge gibt. Deshalb fließen alle deutschen Flüsse, außer der Donau, nach Norden. Der Rhein, den man gewöhnlich mit dem Hudsonfluß vergleicht, ist der schönste und größte Fluß in Deutschland. Fast jedermann, der Deutschland besucht hat, hat die berühmte Rheinreise gemacht.

Studieren Sie die Landkarte Europas! Studieren Sie die Lage Deutschlands! Deutschland ist eins der schönsten Länder der Welt. Es ist ebenso schön wie England oder Frankreich. Wollen Sie Deutschland besuchen? Freuen Sie sich auf eine Reise nach Europa?

B. 1. We would have bought it in Europe. 2. Is the northern part of Germany high or low? 3. All German rivers flow north because the northern half of Germany is low, don't they? 4. Why is Germany the battlefield of Europe? 5. It is because it lies in the heart of Europe.

6. England, France, and Russia have frequently fought on German soil. 7. Germany's situation would be bad; several of her neighbors would become hostile. 8. It would be very interesting to compare the size of Russia with that of Germany. 9. Is it possible that Germany is not as large as the state of Texas? 10. My parents would have looked forward to a trip to Europe. 11. England is the only country that mother wants to visit. 12. Father wants to visit Germany, because he has so many friends there. 13. Therefore they will have to visit both countries. 14. Will they really make that famous Rhine trip?

C. 12-Minute Quiz on Nouns. 1. in France   2. in Russia   3. in Switzerland   4. her size   5. on account of its location   6. in spite of its location   7. a railroad   8. his shoes   9. her dress   10. every hat   11. his farm   12. our vacation   13. every sentence   14. our piano   15. her voice   16. a story   17. in his eyes   18. his health   19. in the United States   20. a tip   21. the breakfast   22. to the waiter   23. the geography   24. around the earth   25. for the company.

D. Verb Forms in Conditional Mode. 1. He would forget everything. 2. He would have forgotten something. 3. They would not fight. 4. They would not have fought. 5. Would she understand it?   6. Would she have understood it?   7. He would correct them.   8. He would have corrected them. 9. We would become very rich. 10. We would have become very rich.

Lesson XLIII

Possessive Pronouns

I. Possessive Pronouns. Possessive adjectives are always declined like **kein, keine, kein.** Possessive pronouns, however, may assume three distinct forms.

(*a*) The possessive pronouns may be declined like **dieser.**

meiner, meine, meines	mine
deiner, deine, deines	yours
seiner, seine, seines	his
ihrer, ihre, ihres	hers
unserer, unsere, unseres	ours
eurer, eure, eures	yours
ihrer, ihre, ihres	theirs
Ihrer, Ihre, Ihres	yours

(*b*) The possessive pronoun may be composed of **der, die, das** (the) and the possessive adjective declined weak.

der meine, die meine, das meine	mine
der deine, die deine, das deine	yours
der unsere, die unsere, das unsere	ours
der Ihre, die Ihre, das Ihre	yours, etc.

(*c*) The possessive pronoun may also be expressed thus:

der meinige, die meinige, das meinige	mine
der seinige, die seinige, das seinige	his
der ihrige, die ihrige, das ihrige	hers
der ihrige, die ihrige, das ihrige	theirs, etc.

Mein Vater ist arm; Ihrer (der Ihre; der Ihrige) ist reich. Ich half seinen Eltern und er half meinen (den meinen; den meinigen).

II. Possessive as Predicate Adjective. In the predicate position, the possessive is generally undeclined.

Das Buch ist mein; der Bleistift ist sein.

Vocabulary

die Anekdote (-n) anecdote	**ruhig** calm, quiet
der König (-e) king	**das Schloß (-̈er)** castle
der Lärm noise	**die Sorge (-n)** care, worry
der Richter (-) judge	**die Windmühle (-n)** windmill

behalten (behielt, behalten) [behältst, behält] keep
bitten (bat, gebeten) ask, beg; **bitten um,** ask for
erlauben (erlaubte, erlaubt [*takes dat.*] permit

Exercises

Jedermann liebt das Seinige

A. In der Nähe der Stadt Potsdam befindet sich das berühmte Schloß Sanssouci, eines der schönsten Schlößer in ganz Europa. Wissen Sie, was der französische Name Sanssouci bedeutet? Er bedeutet auf deutsch, „Ohne Sorge". Ein sehr schöner Name für einen Park oder ein Kino oder ein Schloß, nicht wahr? Selbst in Amerika gibt es viele Parks und Kinos, die Sanssouci heißen. Das Schloß Sanssouci bei Potsdam ist besonders berühmt, weil es lange die Wohnung Friedrichs des Großen war. Fast jeder in unsrer Klasse hat wohl von diesem berühmten König gehört.

Nahe bei diesem Schloß steht eine Windmühle, die fast so berühmt ist, wie das Schloß selbst. Man erzählt eine sehr interessante Geschichte von dieser Mühle.

Jedermann liebt das Seinige

A. In der Nähe der Stadt Potsdam befindet sich das berühmte Schloß Sanssouci, eines der schönsten Schlösser in ganz Europa. Wissen Sie, was der französische Name Sanssouci bedeutet? Er bedeutet auf deutsch „Ohne Sorge". Ein sehr schöner Name für einen Park oder ein Kino oder ein Schloß, nicht wahr? Selbst in Amerika gibt es viele Parks und Kinos, die Sanssouci heißen. Das Schloß Sanssouci bei Potsdam ist besonders berühmt, weil es lange die Wohnung Friedrichs des Großen war. Fast jeder in unsrer Klasse hat wohl von diesem berühmten König gehört.

Nahe bei diesem Schloß steht eine Windmühle, die fast so berühmt ist, wie das Schloß selbst. Man erzählt eine sehr interessante Geschichte von dieser Mühle.

Als der König Friedrich der Große alt geworden war, wollte er auf seinem Schloße froh und ohne Sorgen leben. Diese alte Windmühle machte aber so viel Lärm, daß er nicht ruhig schlafen konnte. Tag und Nacht hörte der alte König nur den Lärm der Windmühle. Endlich schrieb er dem Bauer, dem die Mühle gehörte, einen Brief und bat ihn, auf sein Schloß zu kommen.

Der Bauer kam sofort zum Schloße. Der König sagte zu ihm: „Ich will deine Windmühle kaufen. Sie macht Tag und Nacht so viel Lärm, daß ich nicht schlafen kann. Was kostet sie?

Als der König Friedrich der Große alt geworden war, wollte er auf seinem Schlosse froh und ohne Sorgen leben. Diese alte Windmühle machte aber so viel Lärm, daß er nicht ruhig schlafen konnte. Tag und Nacht hörte der alte König nur den Lärm der Windmühle. Endlich schrieb er dem Bauer, dem die Mühle gehörte, einen Brief und bat ihn, auf sein Schloß zu kommen.

Der Bauer kam sofort zum Schlosse. Der König sagte zu ihm: „Ich will deine Windmühle kaufen. Sie macht Tag und Nacht so viel Lärm, daß ich nicht schlafen kann. Was kostet sie?"

Der Nachbar des Königs antwortete: „Diese Mühle gehört mir. Sie gehörte meinem Vater und meines Vaters Vater. Sie soll meinem Sohne und meines Sohnes Sohne gehören. Sie ist mein und ich will sie behalten. Niemand kauft meine Mühle. Sie ist nicht zu verkaufen."

Diese Antwort gefiel dem König gar nicht, und er sah etwas böse aus. Er schwieg eine Minute, dann sagte er: „Vergiß nicht, daß ich dein König bin! Ich will deine Mühle haben; du mußt sie mir verkaufen."

„Ich will meine Mähle behalten. Ich werde sie behalten können, weil es immer gute Richter in Preußen (Prussia) gibt", sagte der Bauer. Dann stand er auf und ging nach Hause.

Der Nachbar des Königs antwortete: „Diese Mühle gehört mir. Sie gehörte meinem Vater und meines Vaters Vater. Sie soll meinem Sohne und meines Sohnes Sohne gehören. Sie ist mein und ich will sie behalten. Niemand kauft meine Mühle. Sie ist nicht zu verkaufen."

Diese Antwort gefiel dem König gar nicht, und er sah etwas böse aus. Er schwieg eine Minute, dann sagte er: „Vergiß nicht, daß ich dein König bin! Ich will deine Mühle haben; du mußt sie mir verkaufen."

„Ich will meine Mühle behalten. Ich werde sie behalten können, weil es immer gute Richter in Preußen (Prussia) gibt", sagte der Bauer. Dann stand er auf und ging nach Hause.

Natürlich war der König über diese Antwort sehr erstaunt. Er dachte lange an den Bauer und dessen Mühle. Er freute sich aber so sehr darüber, daß es solche guten Richter in Preußen gab, daß er seinem Nachbar erlaubte, die Mühle zu behalten.

Diese Mühle, die noch heute da steht als Denkmal an Friedrich den Großen, erzählt immer, wie sehr dieser berühmte König sein Land und sein Volk liebte.

Natürlich war der König über diese Antwort sehr erstaunt. Er dachte lange an den Bauer und dessen Mühle. Er freute sich aber so sehr darüber, daß es solche guten Richter in Preußen gab, daß er seinem Nachbar erlaubte, die Mühle zu behalten.

Diese Mühle, die noch heute da steht als Denkmal an Friedrich den Großen, erzählt immer, wie sehr dieser berühmte König sein Land und sein Volk liebte.

B. 1. That windmill has been there almost three hundred years. 2. What was that king's name? 3. They have their judges and we have ours. 4. He related his anecdotes and she related hers. 5. Permit me to explain it to you. 6. We stayed with our parents and they stayed with theirs. 7. We have been in this room twenty minutes already. 8. The old farmer would not sell his windmill. 9. The other farmer wouldn't have quarreled with the king. 10. The king wouldn't have fought with him. 11. I begged him for some money, but he wouldn't give me anything. 12. Don't make so much noise, children. 13. A king has many worries, hasn't he? 14. Did he strike you with his cane? 15. She wouldn't have stayed there. 16. The whole company had a good time. 17. Here are your papers: I have burned mine up. 18. I have lost my dictionary, but my sister has hers yet.

C. Difficult Phrases. 1. Good evening. 2. We have made good progress. 3. Have a good time. 4. Don't catch cold. 5. She was silent. 6. instead of being happy. 7. I was glad. 8. She is sorry. 9. He sat down. 10. We had sat down. 11. He would forget it. 12. He permitted me to explain it. 13. Close your book. 14. What time is it? 15. It is half past nine. 16. He was afraid of a dog. 17. Copy it. 18. She would have lost it. 19. Learn them by heart. 20. It has stopped raining.

Lesson XLIV

Subjunctive Mode (doubt, uncertainty)

I. **Tenses and Tense Formation.** The subjunctive mode has the following characteristics:

(a) Six tenses, each one almost like the corresponding tense of the indicative.

(b) The inflection endings are the same in all six tenses, namely: -e, -est, -e, -en, -et, -en.

(c) The present subjunctive has no irregularities, but is always the verb stem + the subjunctive endings. (Exception is **sein: sei, seiest, sei, seien, seiet, seien.**)

Present of **geben**		*Present of* **nehmen**	
Indic.	*Subj.*	*Indic.*	*Subj.*
ich gebe	ich gebe	ich nehme	ich nehme
du gibst	du gebest	du nimmst	du nehmest
er gibt	er gebe	er nimmt	er nehme
wir geben	wir geben	wir nehmen	wir nehmen
ihr gebt	ihr gebet	ihr nehmt	ihr nehmet
sie geben	sie geben	sie nehmen	sie nehmen

(d) The past subjunctive of a weak verb is exactly the same as the past indicative. (Exception: **hätte, hättest,** etc.)

(e) The past subjunctive of strong verbs umlauts a, o, u.

Past of **geben**		*Past of* **tragen**	
Indic.	*Subj.*	*Indic.*	*Subj.*
ich gab	ich gäbe	ich trug	ich trüge
du gabst	du gäbest	du trugst	du trügest
er gab	er gäbe	er trug	er trüge
wir gaben	wir gäben	wir trugen	wir trügen
ihr gabt	ihr gäbet	ihr trugt	ihr trüget
sie gaben	sie gäben	sie trugen	sie trügen

II. **Subjunctive of Doubt or Uncertainty.** After verbs of believing, thinking, doubting, fearing, hoping, etc., there always exists, even in

English, some uncertainty as to the truth of the statement expressed in the dependent clause. This uncertainty may be shown by using the subjunctive mode in the dependent clause. There is a strong tendency at present, however, especially in conversation, to use the indicative mode in all such cases.

Sie glaubt, daß ihr Onkel kein Geld habe (hat).
Er fürchtet, daß sie weggelaufen sei (ist).
Jedermann dachte, daß er gestorben wäre.

III. Subjunctive in Indirect Discourse. In quoting indirectly what a person has said, thought, or asked, the subjunctive is usually used to emphasize the idea of uncertainty. The use of the indicative in indirect discourse indicates that the speaker fully endorses the statement quoted. This has a very practical application in newspaper work: newspapers may be held accountable for any quotation made, even indirectly, in the indicative mode; they cannot be sued for any indirect quotations made in the subjunctive mode.

IV. Use of Tenses in Indirect Discourse. Generally, in German, the same tense of the verb is used in the indirect statement as was used in the direct statement. The tenses most used are, therefore, the present, future, and present perfect. Certain forms of these tenses coincide with the indicative forms; in such cases the following substitutions may be made:

Past Subjunctive for the Present Subjunctive.
Present Conditional for the Future Subjunctive.
Past Perfect Subjunctive for the Present Perfect Subjunctive.

Direct Statement:	"I have no money." „**Ich habe kein Geld.**"
Indirect Statement:	He says that he has no money. **Er sagt, daß er kein Geld habe.**
Direct Statement:	"I myself have read it." „**Ich selbst habe es gelesen.**"
Indirect Statement:	He said that he himself had read it. **Er sagte, daß er selbst es gelesen habe.**
Direct Statement:	"We have read it." „**Wir haben es gelesen.**"
Indirect Statement:	They said that they had read it. **Sie sagten, daß sie es gelesen haben (hätten).**

Direct Statement:	"They will work tomorrow." „Sie werden morgen arbeiten."
Indirect Statement:	He said that they would work tomorrow. Er sagte, daß sie morgen arbeiten werden (würden).
Direct Question:	"Has she gone home?" „Ist sie nach Hause gegangen?"
Indirect Question:	She asked whether she had gone home. Sie fragte, ob sie nach Hause gegangen sei.

V. **Subjunctive in Wishes.** The subjunctive is sometimes used in independent clauses to express an exhortation or a wish.

> **Gott sei Dank!** Thank God!
> **Gott gebe es!** God grant it!
> **Komme sie bald zurück!** May she come back soon!
> **Wäre er nur hier!** If he were only here!

Vocabulary

die Börse (-n) purse
der Gott God
das Rathaus (⁻ er) city hall

dankbar grateful
ehrlich honest

betrügen (betrog, betrogen) deceive
erreichen (erreichte, erreicht) reach
zurück-bringen (brachte zurück, zurückgebracht) bring back

Exercises

Der ehrliche Richter

A. Einmal hatte ein reicher Mann seine Börse mit achthundert Mark darin verloren und er versprach dem, der sie zurückbringen würde, hundert Mark. Bald darauf kam ein ehrlicher Mann zu ihn und sagte: Mein Herr, ich habe Ihr Geld gefunden. Nehmen Sie es. Wie froh bin ich, daß ich Ihnen die Börse in die Hand legen darf." Er freute sich sehr und war froh, weil er es so ehrlich gemacht hatte.

Der andere war auch glücklich und sah sehr froh aus, aber nur weil er sein Geld wiedersah. Während er das Geld langsam und sorgfältig zählte, fragte er sich immer, wie er diesen Mann, dem er hundert Mark versprochen hatte, betrügen könnte. Endlich sagte er, daß es neunhundert Mark in der Börse gewesen wären, daß er jetzt aber nur achthundert darin finde. Er sagte auch, daß der Mann sich schon mit hundert Mark bezahlt habe, daß er recht getan habe, und daß er ihm sehr dankbar sei.

Der ehrliche Richter

A. Einmal hatte ein reicher Mann seine Börse mit achthundert Mark darin verloren und er versprach dem, der sie zurückbringen würde, hundert Mark. Bald darauf kam ein ehrlicher Mann zu ihm und sagte: „Mein Herr, ich habe Ihr Geld gefunden. Nehmen Sie es. Wie froh bin ich, daß ich Ihnen die Börse in die Hand legen darf." Er freute sich sehr und war froh, weil er es so ehrlich gemacht hatte.

Der andere war auch glücklich und sah sehr froh aus, aber nur weil er sein Geld wiedersah. Während er das Geld langsam und sorgfältig zählte, fragte er sich immer, wie er diesen Mann, dem er hundert Mark versprochen hatte, betrügen könnte. Endlich sagte er, daß es neunhundert Mark in der Börse gewesen wären, daß er jetzt aber nur achthundert darin finde. Er sagte auch, daß der Mann sich schon mit hundert Mark bezahlt habe, daß er recht getan habe, und daß er ihm sehr dankbar sei.

Wir haben aber noch nicht das Ende der Geschichte erreicht. Der ehrliche Mann wurde sofort böse und antwortete: „Ich habe Ihnen die Börse gebracht, wie ich sie gefunden habe, und ich habe die Börse gefunden, wie ich sie Ihnen gebracht habe."

Endlich ging die Sache so weit, daß die beiden eines Tages vor einem Richter im Rathaus standen. Der Reiche sagte: „Es waren neunhundert Mark in der Börse, die ich verloren habe." Der ehrliche Mann sagte: „Ich habe keine Mark aus der Börse genommen."

Wir haben aber noch nicht das Ende der Geschichte erreicht. Der ehrliche Mann wurde sofort böse und antwortete: „Ich habe Ihnen die Börse gebracht, wie ich sie gefunden habe, und ich habe die Börse gefunden, wie ich sie Ihnen gebracht habe."

Endlich ging die Sache so weit, daß die beiden eines Tages vor einem Richter im Rathaus standen. Der Reiche sagte: „Es waren neunhundert Mark in der Börse, die ich verloren habe." Der ehrliche Mann sagte: „Ich habe keine Mark aus der Börse genommen."

Der Richter, ein kluger Mann, glaubte nicht alles, was er hörte, und wußte sofort, wer die Wahrheit sprach und wer betrügen wollte. Also sprach er: „Der eine hat eine Börse mit achthundert Mark darin gefunden. Also kann die Börse, die dieser Mann gefunden hat, nicht dem Manne gehören, der neunhundert Mark verlor. Also, mein ehrlicher Freund, nehmen Sie diese Börse mit den achthundert Mark und behalten Sie sie, bis einer kommt, der genau achthundert Mark verloren hat. Und Sie, mein Herr, da Sie neunhundert Mark verloren haben, müssen warten, bis jemand Ihre Börse findet."

Der Richter, ein kluger Mann, glaubte nicht alles, was er hörte, und wußte sofort, wer die Wahrheit sprach und wer betrügen wollte. Also sprach er: „Der eine hat eine Börse mit achthundert Mark darin gefunden. Also kann die Börse, die dieser Mann gefunden hat, nicht dem Manne gehören, der neunhundert Mark verlor. Also, mein ehrlicher Freund, nehmen Sie diese Börse mit den achthundert Mark und behalten Sie sie, bis einer kommt, der genau achthundert Mark verloren hat. Und Sie, mein Herr, da Sie neunhundert Mark verloren haben, müssen warten, bis jemand Ihre Börse findet."

B. 1. I am glad that he found his money. 2. He said that he was glad that his friend had found his money. 3. Every German city has a city hall. 4. I don't think that he will keep the money that he found in front of our house. 5. Of course I shall be grateful to him if he brings it back. 6. He had deceived me twice. 7. He would deceive his best friend. 8. Do you think that that man has spoken the truth? 9. God help him if he doesn't speak the truth before that judge. 10. My brother will succeed if he remains honest. 11. I hope that he hasn't caught cold. 12. Several men had caught cold in the old building beside the river. 13. There are many sick people in our city now. 14. The newspaper said that there were many sick people in the city. 15. He would have been very grateful to you. 16. He will have to remember every word in it. 17. Keep the money; I don't need it.

C. Adjective Phrases. 1. an honest judge. 2. a short story. 3. a quiet hour. 4. the German people. 5. a bad situation. 6. a friendly neighbor. 7. his left leg. 8. my right hand. 9. strong animals. 10. a broad street. 11. a piece (of) paper. 12. the whole truth. 13. a famous city. 14. the same dog. 15. another dog. 16. in good company. 17. of the last war. 18. a more interesting list. 19. a few famous men. 20. in the third line.

Lesson XLV

Simple Conditions

I. Simple Conditions. A sentence is called a simple or real condition when nothing is implied as to fulfillment. In such sentences the dependent "if" clause is called the condition, and the principal clause is called the conclusion. Both clauses of simple conditions are put in the indicative mode.

> If it rains tomorrow, I shall stay at home.
> We shall be very grateful if he helps us.

II. Omission of wenn. The "if" clause may be expressed in two ways:

(*a*) Use **wenn**, and put the verb in the transposed order.
(*b*) Omit **wenn**, and put the verb in the inverted order.
Note also the German tendency to begin the conclusion with "so."

Wenn der Richter ehrlich ist, so wird er sein Geld bekommen.
Ist der Richter ehrlich, wird er sein Geld bekommen.
Wenn er mir hilft, werde ich sehr dankbar sein.
Hilft er mir, so werde ich sehr dankbar sein.

Vocabulary

der Bach (-̈e) brook
das Boot (-e) boat
das Geschäft (-e) business
die Industrie (-n) industry
der Kanal (-̈e) canal

Preußen *n.* Prussia
der See (-n) lake
gerade straight; just
zahllos countless

bestehen (bestand, bestanden) exist; **bestehen aus,** consist of
schneiden (schnitt, geschnitten) cut

176

Exercises

Ein wenig mehr über Deutschland

A. Betrachten wir noch einmal die Landkarte Deutschlands, so sehen wir sofort, daß Deutschland jetzt aus zehn Staaten (Länder) besteht. Gerade wie in unserem Lande nicht alle Staaten denselben Flächeninhalt haben, so ist es in Deutschland. Vor dem letzten Weltkrieg war Preußen der größte und reichste deutsche Staat, aber seit dem Jahre 1945 sieht man auf der Landkarte keinen solchen Namen, weil Preußen nicht mehr existiert.

Ein wenig mehr über Deutschland

A. Betrachten wir noch einmal die Landkarte Deutschlands, so sehen wir sofort, daß Deutschland jetzt aus zehn Staaten (Länder) besteht. Gerade wie in unserem Lande nicht alle Staaten denselben Flächeninhalt haben, so ist es in Deutschland. Vor dem letzten Weltkrieg war Preußen der größte und reichste deutsche Staat, aber seit dem Jahre 1945 sieht man auf der Landkarte keinen solchen Namen, weil Preußen nicht mehr existiert.

Nach dem zweiten Weltkrieg hat man Deutschland in vier Zonen geschnitten, eine unter Großbritannien, eine unter Frankreich, eine unter den Vereinigten Staaten und eine unter Rußland. Jetzt besteht Westdeutschland, oder die Deutsche Republik, aus den Zonen unter Großbritannien, Frankreich und den Vereinigten Staaten; die vierte Zone, oder Ostdeutschland, besteht unter Rußland.

Deutschland hat durch den letzten Weltkrieg viel verloren. Vor diesem Krieg hatte es einen Flächeninhalt von 181 000 Quadratmeilen, aber jetzt hat Westdeutschland, oder die Deutsche Republik, nur 96 000 Quadratmeilen.

Nach dem zweiten Weltkrieg hat man Deutschland in vier Zonen geschnitten, eine unter Großbritannien, eine unter Frankreich, eine unter den Vereinigten Staaten und eine unter Rußland. Jetzt besteht Westdeutschland, oder die Deutsche Republik, aus den Zonen unter Großbritannien, Frankreich und den Vereinigten Staaten; die vierte Zone, oder Ostdeutschland, besteht unter Rußland.

Deutschland hat durch den letzten Weltkrieg viel verloren. Vor diesem Krieg hatte es einen Flächeninhalt von 181 000 Quadratmeilen, aber jetzt hat Westdeutschland, oder die Deutsche Republik, nur 96 000 Quadratmeilen.

Die alten Romanen und die alten Germanen kannten einander sehr gut, weil sie so oft und so lange Krieg gegen einander führten. Ich bin sehr erstaunt zu lesen, daß Tacitus schon im Jahre 98 A.D. ein Buch „Germania", über die Germanen geschrieben hat, und daß selbst vor ihm Cäsar, Livy und Pliny Büchlein über diese starken, stolzen Leute geschrieben hatten.

Vielleicht interessieren Sie sich für fremde Sprachen. Vergleichen wir einige lateinische, französische, deutsche und englische Wörter, so sehen wir sofort, wie sehr diese vier Sprachen einander beeinflußt (influenced) haben; z. B.:

Latein	Französisch	Deutsch	Englisch
crux	croix	Kreuz	cross
coquina	cuisine	Küche	kitchen
milia	mille	Meile	mile
platea	place	Platz	place
tres	trois	drei	three
vinum	vin	Wein	wine

Die alten Romanen und die alten Germanen kannten einander sehr gut, weil sie so oft und so lange Krieg gegen einander führten. Ich bin sehr erstaunt zu lesen, daß Tacitus schon im Jahre 98 A. D. ein Buch „Germania", über die Germanen geschrieben hat, und daß selbst vor ihm Cäsar, Livy und Pliny Büchlein über diese starken, stolzen Leute geschrieben hatten.

Vielleicht interessieren Sie sich für fremde Sprachen. Vergleichen wir einige lateinische, französische, deutsche und englische Wörter, so sehen wir sofort, wie sehr diese vier Sprachen einander beeinflußt (influenced) haben; z.B.:

Latein	Französisch	Deutsch	Englisch
crux	croix	Kreuz	cross
coquina	cuisine	Küche	kitchen
milia	mille	Meile	mile
platea	place	Platz	place
tres	trois	drei	three
vinum	vin	Wein	wine

Wir haben schon gelesen, daß Norddeutschland sehr flach ist, und daß man da keine Berge sieht. Man hat oft gesagt, daß England einem großen Garten gleich sei; man kann dasselbe von Deutschland sagen. In beiden Ländern regnet es fast jeden Tag; in beiden Ländern findet man

Wasser fast überall. In der Deutschen Republik, dem Deutschland von heute, befinden sich große Flüße, zahllose Bäche und Seen, und viele Kanäle, worauf allerlei Boote und Dampfer fahren. Deutschland ist wirklich ein Gartenland, wodurch allerlei Wasserwege führen; sehr wenige Länder der Welt haben so viele Flüße, Bäche, Seen und Kanäle wie Deutschland. In dieser kleinen Republik befinden sich allerlei Fabriken, Geschäfte und Industrien, die unter den größten und berühmtesten der Welt sind.

Wir haben schon gelesen, daß Norddeutschland sehr flach ist, und daß man da keine Berge sieht. Man hat oft gesagt, daß England einem großen Garten gleich sei; man kann dasselbe von Deutschland sagen. In beiden Ländern regnet es fast jeden Tag; in beiden Ländern findet man Wasser fast überall. In der Deutschen Republik, dem Deutschland von heute, befinden sich große Flüße, zahllose Bäche und Seen, und viele Kanäle, worauf allerlei Boote und Dampfer fahren. Deutschland ist wirklich ein Gartenland, wodurch allerlei Wasserwege führen; sehr wenige Länder der Welt haben so viele Flüße, Bäche, Seen und Kanäle wie Deutschland. In dieser kleinen Republik befinden sich allerlei Fabriken, Geschäfte und Industrien, die unter den größten und berühmtesten der Welt sind.

B. 1. If we look at the map of Germany carefully, we shall see that Germany consists of several states. 2. There are countless lakes and brooks in Germany. 3. Just as New York is our richest state, so is Alaska now our largest state. 4. That man says that he has brought our table and chairs back, but I can't find them. 5. Can you name a few of the largest industries of Germany? 6. What is your father's business? 7. Are there many canals in the United States? 8. If he is an honest neighbor, he will not deceive his friends. 9. She said that her husband was honest. 10. The old judge would not permit them to come back. 11. What kind of a purse did you lose? 12. I have been in France twice; therefore I had to laugh when he said that it was low and flat everywhere. 13. What is the judge's name? 14. I don't know.

C. 10-Minute Verb Quiz. 1. She kept it. 2. He cut it. 3. They have reached it. 4. They have returned. 5. I struck him. 6. He was silent. 7. He would be rich. 8. He would have thrown it. 9. What does it mean? 10. He knows. 11. **Er hatte es versprochen.** 12. **Er bat um Geld.** 13. **Ich würde es behalten haben.** 14. **Wird sie es zurückbringen?** 15. **Es wächst.** 16. **Haben Sie etwas bekommen?** 17. **Können Sie es übersetzen?** 18. **Wem gehört diese Uhr?** 19. **Was hat er getan?** 20. **Wir haben es genossen.**

Subjunctive (unreal conditions)

I. **Unreal Conditions.** Unreal conditions may be divided into two general classes:

    (*a*) Present Contrary to Fact (Future Less Vivid).
    (*b*) Past Contrary to Fact.

II. **Present Contrary to Fact (Future Less Vivid).** This type of condition implies that the "if" clause is now unfulfilled or that the possibility of its fulfillment is remote.

> If he were here, he would help us.
> **Wenn er hier wäre, so hälfe er uns (so würde er uns helfen).**
> If he had it, he would sell it.
> **Wenn er es hätte, so verkaufte er es (würde er es verkaufen).**
> They would like the book, if they read it.
> **Das Buch gefiele ihnen (würde ihnen gefallen), wenn sie es läsen.**

This type of sentence requires the past subjunctive in the condition, and the past subjunctive or the present conditional in the conclusion. The conditional mode is never used in the "if" clause.

III. **Past Contrary to Fact.** This type of sentence implies that the condition was not fulfilled.

> If he had known it, he would have said something.
> **Hätte er es gewußt, so hätte er etwas gesagt (so würde er etwas gesagt haben).**

> If they had arrived yesterday, it wouldn't have happened.
> **Wenn sie gestern angekommen wären, so wäre es nicht geschehen (so würde es nicht geschehen sein).**

> He would have taken it, if he had seen it.
> **Er hätte es genommen (Er würde es genommen haben), wenn er es gesehen hätte.**

This type of sentence requires the past perfect subjunctive in the condition, and the past perfect subjunctive (or the perfect conditional) in the conclusion.

IV. Summary of Various Conditional Sentences.

	"If" Clause	Conclusion
Simple Condition	Indicative	Indicative
Present Contrary to Fact or Future Less Vivid	Past Subjunctive	Past Subjunctive or Present Conditional
Past Contrary to Fact	Past Perf. Subjunctive	Past Perf. Subjunctive or Perfect Conditional

Note that the conditional mode is never used in the "if" clause.

V. *Would be, would have, would see, would come,* etc. are expressed in German by the present conditional or the past subjunctive.

He would be. **Er würde sein (Er wäre).**
He would have. **Er würde haben (Er hätte).**
He would see. **Er würde sehen (Er sähe).**
They would go. **Sie würden gehen (Sie gingen).**

Would have been, would have had, would have lost, etc. are expressed in German by the perfect conditional or the past perfect subjunctive.

He would have been there. **Er würde da gewesen sein (Er wäre da gewesen).**

They would have lost their money. **Sie würden das Geld verloren haben (Sie hätten das Geld verloren).**

VI. Present and Past Subjunctive of the Modal Auxiliaries.

PRESENT SUBJUNCTIVE

ich dürfe	könne	möge	müsse	solle	wolle
du dürfest	könnest	mögest	müssest	sollest	wollest
er dürfe	könne	möge	müsse	solle	wolle
wir dürfen	können	mögen	müssen	sollen	wollen
etc.	etc.	etc.	etc.	etc.	etc.

PAST SUBJUNCTIVE

ich dürfte	könnte	möchte	müßte	sollte	wollte
du dürftest	könntest	möchtest	müßtest	solltest	wolltest
er dürfte	könnte	möchte	müßte	sollte	wollte
wir dürften	könnten	möchten	müßten	sollten	wollten
etc.	etc.	etc.	etc.	etc.	etc.

The modal auxiliaries are not used in the conditional mode. The past subjunctive and the past perfect subjunctive are, however, constantly used to express such modal ideas as

He would have to.	Er müßte es tun.
They would like to.	Sie möchten es lesen.
You would be able to.	Sie könnten es erklaren.
He would have had to.	Er hätte es tun müssen.
They would have liked to.	Sie hätten es lesen mögen.
You would have been able to.	Sie hätten es erklären konnen.

VII. Should (ought to); Should Have (ought to have).

(*a*) Should (ought to) is expressed by the past subjunctive of **sollen.**

Er sollte das nicht tun. (He ought not to do that.)
Wir sollten ihnen helfen. (We should help them.)

(*b*) Should have (ought to have) is expressed by the past perfect subjunctive of **sollen.**

Wir hätten da bleiben sollen. We should have stayed there.
Er hätte es nicht kaufen sollen. He ought not to have bought it.

Vocabulary

der **Dollar** (–) dollar
die **Kathedrale** (–n) cathedral
das **Museum** (**Museen**) museum
geboren born
lustig gay, merry

Köln Cologne
München Munich
der **Schwarzwald** Black Forest
Wien Vienna

empfehlen (**empfahl, empfohlen**) [**empfiehlst, empfiehlt**] recommend
interessieren (**interessierte, interessiert**) interest; **sich interessieren für,** be interested in
zu-bringen (**brachte zu, zugebraucht**) pass, spend (*time*)

Exercises

Unsere Reise nach Europa

A. Wir freuen uns auf eine Reise nach Europa. Wenn meine Eltern genug Geld gehabt hätten, so hätten wir diese Reise schon vor einem Jahre gemacht. Wäre mein Vater nicht drei Monate im letzten Jahre krank gewesen, so hätten wir Geld genug dazu leicht ersparen können. Wir werden diese Reise gewiß nächsten Sommer machen können. Ich sollte auch arbeiten und etwas verdienen, um meinen Eltern zu helfen. Ich möchte jeden Tag zwei oder drei Stunden arbeiten, um Geld zu verdienen. Könnte ich zehn Dollar die Woche für meine Arbeit bekommen, so würde ich ungefähr dreihundert oder vierhundert Dollar am Ende des Schuljahres haben. Der Vater sagt, daß eine solche Sommerreise uns ungefähr tausendneunhundert Dollar kosten werde.

Unſere Reiſe nach Europa

A. Wir freuen uns auf eine Reiſe nach Europa. Wenn meine Eltern genug Geld gehabt hätten, ſo hätten wir dieſe Reiſe ſchon vor einem Jahre gemacht. Wäre mein Vater nicht drei Monate im letzten Jahre krank geweſen, ſo hätten wir Geld genug dazu leicht erſparen können. Wir werden dieſe Reiſe gewiß nächſten Sommer machen können. Ich ſollte auch arbeiten und etwas verdienen, um meinen Eltern zu helfen. Ich möchte jeden Tag zwei oder drei Stunden arbeiten, um Geld zu verdienen. Könnte ich zehn Dollar die Woche für meine Arbeit bekommen, ſo würde ich ungefähr dreihundert oder vierhundert Dollar am Ende des Schuljahres haben. Der Vater ſagt, daß eine ſolche Sommerreiſe uns ungefähr tauſendneun= hundert Dollar koſten werde.

Was möchten wir in Europa sehen? Wir wollen zuerst ein paar Wochen in England zubringen. Der Vater will besonders die berühmten Universitäten Cambridge und Oxford besuchen. Natürlich werden wir auch einige Tage in London zubringen.

Danach fahren wir nach Frankreich. Da die Mutter Französisch sprechen kann, will sie ungefähr zwei Wochen in Paris und in Tours zubringen. Ich selbst möchte länger als zwei Wochen in Frankreich bleiben.

Was möchten wir in Europa ſehen? Wir wollen zuerſt ein paar Wochen in England zubringen. Der Vater will beſonders die berühmten Univerſi= täten Cambridge und Oxford beſuchen. Natürlich werden wir auch einige Tage in London zubringen.

Danach fahren wir nach Frankreich. Da die Mutter Französisch sprechen kann, will sie ungefähr zwei Wochen in Paris und in Tours zubringen. Ich selbst möchte länger als zwei Wochen in Frankreich bleiben.

Endlich kommen wir in Deutschland an, wo wir hoffen, zwei ganze Monate zuzubringen. Da wir so wenig Zeit haben werden, können wir nur die größten Sehenswürdigkeiten Deutschlands besuchen. Der Vater, da er sich für allerlei Geschäfte, Industrien, Fabriken usw. interessiert, will einige Tage in Koblenz, Hamburg, Köln und Essen bleiben. Da die Mutter sich für Museen, Kathedralen und Denkmäler interessiert, möchte sie besonders Aachen, Köln, Nürnberg und München besuchen. Man sagt, daß sich das interessanteste Museum der Welt, das Deutsche Museum, in München befinde. Das Goethe-Museum in Frankfurt, wo Goethe geboren wurde, muß auch sehr interessant sein.

Endlich kommen wir in Deutschland an, wo wir hoffen, zwei ganze Monate zuzubringen. Da wir so wenig Zeit haben werden, können wir nur die größten Sehenswürdigkeiten Deutschlands besuchen. Der Vater, da er sich für allerlei Geschäfte, Industrien, Fabriken usw. interessiert, will einige Tage in Koblenz, Hamburg, Köln und Essen bleiben. Da die Mutter sich für Museen, Kathedralen und Denkmäler interessiert, möchte sie besonders Aachen, Köln, Nürnberg und München besuchen. Man sagt, daß sich das interessanteste Museum der Welt, das Deutsche Museum, in München befinde. Das Goethe-Museum in Frankfurt, wo Goethe geboren wurde, muß auch sehr interessant sein.

Jedermann weiß, daß der Rhein einer der schönsten Flüsse der Welt ist. Ich hoffe, die berühmte Rheinreise zu machen. Einer meiner Freunde hat empfohlen, daß wir diese Reise mit einem Dampfer machen und ich glaube, er hat recht, denn man fährt zu schnell mit dem Auto oder mit dem Zug.

Ein anderer Freund empfiehlt, daß wir ein paar Wochen in München und Wien zubringen, da die Leute da viel froher und lustiger sind, als die Leute im Norden. Besonders in Wien, sagt er, singen die Leute den ganzen Tag und tanzen die ganze Nacht. Man wird sich da sehr amüsieren, nicht wahr? Ja, Sie haben recht; Wien ist in Österreich.

Ich möchte auch eine Wanderung (hiking tour) durch den Schwarzwald machen. Wissen Sie, daß fast ein Drittel der Fläche (area) Deutschlands aus Wäldern besteht?

Jetzt verstehen Sie besser, warum wir uns auf diese Reise nach Europa freuen. Werden wir aber Zeit und Geld genug dazu haben?

Jedermann weiß, daß der Rhein einer der schönsten Flüsse der Welt ist. Ich hoffe, die berühmte Rheinreise zu machen. Einer meiner Freunde hat empfohlen, daß wir diese Reise mit einem Dampfer machen und ich glaube, er hat recht, denn man fährt zu schnell mit dem Auto oder mit dem Zug.

Ein anderer Freund empfiehlt, daß wir ein paar Wochen in München und Wien zubringen, da die Leute da viel froher und lustiger sind, als die Leute im Norden. Besonders in Wien, sagt er, singen die Leute den ganzen Tag und tanzen die ganze Nacht. Man wird sich da sehr amüsieren, nicht wahr? Ja, Sie haben recht; Wien ist in Österreich.

Ich möchte auch eine Wanderung (hiking tour) durch den Schwarz= wald machen. Wissen Sie, daß fast ein Drittel der Fläche (area) Deutschlands aus Wäldern besteht?

Jetzt verstehen Sie besser, warum wir uns auf diese Reise nach Europa freuen. Werden wir aber Zeit und Geld genug dazu haben?

B. 1. We look forward to our trip to Europe. 2. Father wants especially to visit the great industrial cities of Germany. 3. Mother would like to visit the largest museums. 4. We ought to go to Munich, to see that famous museum. 5. I had never heard its name before you spoke of it. 6. If our teacher had more time, he would talk more about the sights of Germany. 7. Vienna must be a very gay city. 8. I should like to spend a whole month there. 9. Wouldn't you like to see that beautiful cathedral in Cologne? 10. In what city was (wurde) Goethe born? 11. If we had had time enough, we would have stayed a week in Freiburg. 12. We did spend three weeks in Munich, because Father was so interested in that Deutsches Museum. 13. What does she recommend that we do now? 14. It is the first time that she didn't recommend something. 15. We should have stayed in Hamburg the whole summer. 16. I am not interested in factories, railroads, boats, etc. 17. Our trip will cost us at least $2,500.

C. 1. He would like to travel. 2. I wanted to finish it. 3. She will have to translate it. 4. He would fall. 5. They would have stayed. 6. You ought to stay. 7. I should have kept it. 8. You ought to go home. 9. You should have gone home. 10. He would do nothing. 11. He would have done nothing. 12. He couldn't go yesterday. 13. He couldn't go tomorrow. 14. He ought to praise them. 15. He should have praised them. 16. He succeeded. 17. He would succeed. 18. He would have succeeded. 19. She would receive nothing. 20. She would have received nothing.

Passive Voice

I. Passive Voice. In English the passive voice is made up of the auxiliary verb "be," which tells the time of the action, and of the perfect participle, which describes the action performed.

> The sentences had already been corrected.
> Our mistakes were being explained by him.
> Their cathedrals will be described by her.

In German, the passive voice is made up of the auxiliary verb "werden," which tells the time of the action, and of the perfect participle, which describes the action performed. In all perfect tenses, worden is used instead of geworden.

> **Die Sätze waren schon korrigiert worden.**
> **Unsere Fehler wurden von ihm erklärt.**
> **Ihre Kathedralen werden von ihr beschrieben werden.**

II. Passive Voice Tenses. The passive voice has exactly the same tenses as the active voice, namely: 6 indicative, 2 conditional, 6 subjunctive. The formation of all these tenses is really very easy, since they consist simply of the correct form of **werden** + the perfect participle of the descriptive verb.

Synopsis of Es wird gelobt

	Indicative	*Subjunctive*
Pres.	Es wird gelobt	Es werde gelobt
Past	Es wurde gelobt	Es würde gelobt
Fut.	Es wird gelobt werden	Es werde gelobt werden
Pres. Perf.	Es ist gelobt worden	Es sei gelobt worden
Past Perf.	Es war gelobt worden	Es wäre gelobt worden
Fut. Perf.	Es wird gelobt worden sein.	Es werde gelobt worden sein.

III. Apparent Passive. In the present and past tenses, the sentence often conveys the idea of completion or state rather than the idea of an action being performed. In such cases the verb **"sein"** is used, and the perfect participle is really a predicate adjective.

Das Haus ist gebaut. The house is built. (It was built perhaps fifty years ago.)

Das Haus wird gebaut. The house is being built.

Das Gut war schon verkauft. The farm was already sold.

Das Gut wurde um zehn Uhr verkauft. The farm was sold at ten o'clock.

IV. Passive Voice Not Much Used. The passive voice is much less used in German than in English. German prefers the more direct active forms, as

Charles built the house. *instead of* The house was built by Charles.

Everybody reads them. *instead of* They are read by everybody.

People speak German here. *instead of* German is spoken here.

The indefinite pronoun "man" is very useful in helping to avoid the use of the passive.

Man lobt es. *instead of* **Es wird gelobt.**

Man kaufte sie. instead of **Sie wurden gekauft.**

Vocabulary

das Anfangsbuch (-̈er) beginning book
das Feld (-er) field
das Gedicht (-e) poem
die Meinung (-en) opinion;
  meiner—nach, in my opinion

der Roman (-e) novel
der Ruf reputation
das Schauspiel (-e) play
das Werk (-e) work
bedeutent important

erwähnen (erwähnte, erwähnt) mention

Exercises

Goethe und Schiller

A. Nachdem ein guter Anfang im ersten Jahr gemacht worden ist, entdeckt der Student im zweiten Jahr ein viel reicheres, breiteres und schöneres Arbeitsfeld. Anstatt immer nur neue Listen Wörter zu studieren, fängt er an, die besten Gedichte, Schauspiele und Romane von den berühmtesten deutschen Dichtern zu lesen. Je mehr man eine fremde Sprache studiert, je mehr wird man sie genießen.

Goethe und Schiller

A. Nachdem ein guter Anfang im ersten Jahr gemacht worden ist, entdeckt der Student im zweiten Jahr ein viel reicheres, breiteres und schöneres Arbeitsfeld. Anstatt immer nur neue Listen Wörter zu studieren, fängt er an, die besten Gedichte, Schauspiele und Romane von den berühm= testen deutschen Dichtern zu lesen. Je mehr man eine fremde Sprache stu= diert, je mehr wird man sie genießen.

Ehe wir dieses Buch schließen, halte ich es für nötig, daß wir wenigstens drei oder vier der bedeutendsten deutschen Dichter erwähnen. Es wäre kein wirkliches Anfangsbuch, wenn es nicht die Namen Goethe und Schiller enthielte.

Johann Wolfgang von Goethe (1749–1832) ist wohl der beliebteste und berühmteste deutsche Dichter. Er hat allerlei Werke geschrieben— Gedichte, Romane und Schauspiele. Erwähnen wir hier nur sein weltberühmtes Schauspiel „Faust" und seinen Roman „Werthers Leiden". Es gibt viele Leute, die diese zwei Bücher mehr als zwanzigmal gelesen haben.

Ehe wir dieses Buch schließen, halte ich es für nötig, daß wir wenigstens drei oder vier der bedeutendsten deutschen Dichter erwähnen. Es wäre kein wirkliches Anfangsbuch, wenn es nicht die Namen Goethe und Schiller enthielte.

Johann Wolfgang von Goethe (1749-1832) ist wohl der beliebteste und berühmteste deutsche Dichter. Er hat allerlei Werke geschrieben—Gedichte, Romane und Schauspiele. Erwähnen wir hier nur sein weltberühmtes Schauspiel „Faust" und seinen Roman „Werthers Leiden". Es gibt viele Leute, die diese zwei Bücher mehr als zwanzigmal gelesen haben.

Nur wenig hinter Goethe steht Friedrich Schiller (1759–1805), der so viele berühmte Schauspiele geschrieben hat, wie z. B. „Wilhelm Tell" „Wallenstein", "Maria Stuart" und „Die Braut von Messina". Einige von diesen Schauspielen werden gewöhnlich in der deutschen Klasse im dritten Jahre gelesen. Allerlei schöne Gedichte, wie „Das Lied von der Glocke" und „Der Handschuh" sind auch von der Hand Schillers gekommen und haben ihm einen großen Namen gemacht. Alle diese von diesen zwei Dichtern geschriebenen Werke können Sie und sollten Sie später lesen.

Nur wenig hinter Goethe steht Friedrich Schiller (1759-1805), der so viele berühmte Schauspiele geschrieben hat, wie z. B. „Wilhelm Tell", „Wallenstein", „Maria Stuart" und „Die Braut von Messina". Einige von diesen Schauspielen werden gewöhnlich in der deutschen Klasse im dritten Jahre gelesen. Allerlei schöne Gedichte, wie „Das Lied von der Glocke" und „Der Handschuh" sind auch von der Hand Schillers gekommen und haben ihm einen großen Namen gemacht. Alle diese von diesen zwei Dichtern geschriebenen Werke können Sie und sollten Sie später lesen.

Ich lese Schiller sehr gern, aber Goethe noch lieber; am liebsten aber lese ich die Werke Franz Grillparzers, der solche Schauspiele wie „Sappho", „Der Traum, ein Leben" und „Libussa" schrieb. Jedermann, der Deutsch studiert, sollte Grillparzers „Sappho" lesen. Ich habe „Sappho" wenigstens zwölfmal gelesen. Meiner Meinung nach steht Grillparzer ebenso hoch wie die weltberühmten Dichter Goethe und Schiller.

Es ist schade, daß dieses Buch zu Ende gebracht werden muß, ohne viele andere große Dichter Deutschlands zu erwähnen, aber nächstes Jahr werden wir mehr Zeit und bessere Gelegenheit dazu haben.

Ich lese Schiller sehr gerne, aber Goethe noch lieber; am liebsten aber lese ich die Werke Franz Grillparzers, der solche Schauspiele wie „Sappho", „Der Traum, ein Leben" und „Libussa" schrieb. Jedermann, der Deutsch studiert, sollte Grillparzers „Sappho" lesen. Ich habe „Sappho" wenig= stens zwölfmal gelesen. Meiner Meinung nach steht Grillparzer ebenso hoch wie die weltberühmten Dichter Goethe und Schiller.

Es ist schade, daß dieses Buch zu Ende gebracht werden muß, ohne viele andere große Dichter Deutschlands zu erwähnen, aber nächstes Jahr werden wir mehr Zeit und bessere Gelegenheit dazu haben.

B. 1. In my opinion, Schiller is Germany's greatest writer. 2. His plays have been read in countless schools in the United States. 3. Goethe, they say, is Germany's most popular and most important writer. 4. What German writer has gained the highest reputation? 5. Could you name a few other important German writers? 6. Many books have been written about these writers. 7. The names of many popular writers have not been mentioned by him. 8. Every beginning book is hard, in my opinion. 9. Aren't there easy beginning books in every field? 10. I like to read novels better than poems. 11. How do you like that novel "Adam Bede"? 12. I like it very much. 13. It is read by every student in our school. 14. I have mentioned only a few words of these famous writers. 15. In my opinion, their most important novels have not yet been mentioned. 16. It will be read by them next year. 17. I should like to read it again. 18. You ought to read something by Goethe. 19. You should have mentioned Grillparzer too. 20. All kinds of plays and poems have been written by those two men.

C. 10-Minute Quiz on Passive Voice. 1. Es wird von ihr erklärt werden. 2. Es ist schon erwähnt worden. 3. Wir werden entdeckt werden. 4. Es war schon aufgemacht. 5. Er war betrogen worden. 6. Weil ich betrogen werde. 7. Die Sätze sind schon korrigiert. 8. Wann werden sie korrigiert werden? 9. Sie wurden verglichen. 10. Alles wird vergessen werden. 11. Es war verkauft worden. 12. Es wird verkauft werden müssen. 13. Ist es schon übersetzt worden? 14. Es soll übersetzt werden. 15. Ich werde gelobt werden. 16. Gott sei gelobt!

D. Copy on one side of a large sheet of paper, in ink, exactly as it appears on page 224, the verb **gelobt werden**.

Lesson XLVIII

Participial Constructions

I. Present Participle. The present participle in English ends in -ing: working, hearing, reading, etc. The German present participle is formed by adding **d** to the infinitive:

 arbeitend **hörend** **lesend** **gehörend**, etc.

This participle is mostly used as an attributive (modifying) adjective and is declined accordingly.

die arbeitenden Leute	the working people
den leidenden Soldaten	to the suffering soldiers
eines denkenden Mannes	of a thinking man

II. Perfect Participle. The prefect participle is the third prinicpal part of the verb, as **gearbeitet, untersucht, vergessen,** etc. It is much used as an attributive adjective and is declined accordingly.

das verlorene Geld	the lost money
die Vereinigten Staaten	the United States
in einem zerbrochenen Fenster	in a broken window

III. Participial Construction. The participial construction, employing either the present or the perfect participle, is much used in description and in scientific writings. In English participial phrases, such as, *the noise made by the pupils playing under the trees,* the object is usually first named and then described. In German, however, the description stands first, the object described being the last word in the phrase.

 der von den Schülern gemachte Lärm
 die unter den Bäumen vor unserem Hause spielenden Kinder

Note that the participle is next to the last word in the phrase.

IV. Participles Used as Nouns. Both the present and the perfect

191

participles are much used as nouns; they take, however, the adjective endings.

der Gewinnende (the winning man)
das Gewonnene (the amount won; what was gained)
die Verlorenen (the lost; the lost people)
ein Sterbender (a dying man)
eine Sterbende (a dying woman)
das von ihnen Bestellte (the goods ordered by them)

Vocabulary

der Anfang (-̈e) beginning
das Dach (-̈er) roof
der Himmel (-) heaven; sky
Kanada *n.* Canada
das Sprichwort (-̈er) proverb

die Weise way, manner; **auf diese**
—, in this way
einander *(recipr. pron.)* one another, each other
stolz proud; — auf + *acc.,* proud of

an-nehmen (nahm an, angenommen) accept; assume
greifen (griff, gegriffen) grasp, seize
leiden (litt, gelitten) suffer
treiben (trieb, getrieben) drive; carry on
trennen (trennte, getrennt) separate
vor-kommen (kam vor, vorgekommen) [sein] occur
kennen-lernen (lernte kennen, kennengelernt) get acquainted with

Idiom: **Krieg führen** carry on (*wage*) war

Exercises

Anfang und Ende

A. „Aller Anfang ist schwer", sagt ein altes deutsches Sprichwort; das ist ein wahres Wort, wie wir schon gesehen haben. Trotz der vielen Übungen, Wiederholungen und Prüfungen hoffe ich, daß wir nicht zu viel gelitten haben. Wäre es nicht besser, zu sagen, daß wir uns amüsiert haben, und daß wir die lange, schwere Arbeit genossen haben? Wenn wir das schwer Gewonnene während der drei folgenden Sommermonate behalten können, so wird uns die deutsche Sprache nächstes Jahr viel leichter und viel interessanter sein. Mein alter Professor nannte das erste Jahr des Lernens einer fremden Sprache die „Scheuerarbeit " (scrubwork). Meiner Meinung nach hatte er ganz recht.

Anfang und Ende

A. „Aller Anfang ist schwer", sagt ein altes deutsches Sprichwort; das ist ein wahres Wort, wie wir schon gesehen haben. Trotz der vielen Übungen, Wiederholungen und Prüfungen hoffe ich, daß wir nicht zu viel gelitten haben. Wäre es nicht besser, zu sagen, daß wir uns amüsiert haben, und daß wir die lange, schwere Arbeit genossen haben? Wenn wir das schwer Gewon= nene während der drei folgenden Sommermonate behalten können, so wird uns die deutsche Sprache nächstes Jahr viel leichter und viel interes= santer sein. Mein alter Professor nannte das erste Jahr des Lernens einer fremden Sprache die „Scheuerarbeit" (scrubwork). Meiner Meinung nach hatte er ganz recht.

„Ein Vogel in der Hand ist besser, als drei auf dem Dach" sagt ein anderes Sprichwort. Das ist auch wahr von Wörtern,— „Besser ein Wort im Kopfe, als drei im Wörterbuch". Man kann neue Wörter nicht aus der Luft (air) greifen, man muß sie eins nach dem andern lernen. Die wenigstens zehnmal wiederholten Wörter haben Sie auswendig gelernt. Nachdem man dasselbe Wort zehnmal gebraucht hat, weiß man es aus- wendig. Übung und Wiederholung im Sprechen, im Lesen, im Vorlesen und im Schreiben—das ist die beste Weise, neue Wörter zu lernen und zu behalten. Man lernt Deutsch nicht nur in der Schule, sondern auch zu Hause. Ich nehme also an, daß Sie häufig zu Hause versucht haben, Deutsch zu sprechen, denn man lernt es auf diese Weise am schnellsten.

„Ein Vogel in der Hand ist besser, als drei auf dem Dach" sagt ein anderes Sprichwort. Das ist auch wahr von Wörtern,— „Besser ein Wort im Kopfe, als drei im Wörterbuch". Man kann neue Wörter nicht aus der Luft (air) greifen, man muß sie eins nach dem andern lernen. Die wenig= stens zehnmal wiederholten Wörter haben Sie auswendig gelernt. Nach= dem man dasselbe Wort zehnmal gebraucht hat, weiß man es auswendig. Übung und Wiederholung im Sprechen, im Lesen, im Vorlesen und im Schreiben—das ist die beste Weise, neue Wörter zu lernen und zu behalten. Man lernt Deutsch nicht nur in der Schule, sondern auch zu Hause. Ich nehme also an, daß Sie häufig zu Hause versucht haben, Deutsch zu sprechen, denn man lernt es auf diese Weise am schnellsten.

„Ende gut, alles gut" sagt auch ein deutsches Sprichwort. Obgleich Deutsch am Anfang wirklich schwer war, wissen wir jetzt, daß es immer leichter wird. Die im Oktober schwer gelernten Aufgaben, scheinen im Dezember sehr leicht. Je mehr man eine fremde Sprache studiert, desto interessanter wird sie auch.

Jedermann in der Klasse hat seine Arbeit fleißig getrieben, deshalb ist er stolz auf die 760 deutschen Wörter, die er im Kopf hat. Es ist selbst dem faulsten in der Klasse gelungen, wenigstens 600 davon zu lernen. Jeder Student kann diese Wörter nicht nur verstehen, er kann sie auch in kurzen Sätzen gebrauchen. Jetzt fürchten sich die Studenten vor keiner Prüfung über alles, was dieses Buch enthält.

„Ende gut, alles gut" sagt auch ein deutsches Sprichwort. Obgleich Deutsch am Anfang wirklich schwer war, wissen wir jetzt, daß es immer leichter wird. Die im Oktober schwer gelernten Aufgaben, scheinen im Dezember sehr leicht. Je mehr man eine fremde Sprache studiert, desto interessanter wird sie auch.

Jedermann in der Klasse hat seine Arbeit fleißig getrieben, deshalb ist er stolz auf die 760 deutschen Wörter, die er im Kopf hat. Es ist selbst dem faulsten in der Klasse gelungen, wenigstens 600 davon zu lernen. Jeder Student kann diese Wörter nicht nur verstehen, er kann sie auch in kurzen Sätzen gebrauchen. Jetzt fürchten sich die Studenten vor keiner Prüfung über alles, was dieses Buch enthält.

Als wir anfingen, Deutsch zu lernen, wußten wir fast gar nichts von Deutschland. Jetzt, weil wir ein wenig von seiner Sprache gelernt haben, interessieren wir uns viel mehr für die Geschichte Deutschlands. Wir beginnen uns solche Fragen zu stellen, wie: Was für ein Volk ist das deutsche Volk? Was für ein Land ist Deutschland? Gibt es gute Schulen in Deutschland?

Dasselbe kommt auch vor, wenn man Französisch lernt; man interessiert sich nicht nur für die französische Sprache, sondern auch für das französische Volk und seine Geschichte, und für Frankreich selbst. Man freut sich auf eine Reise nach Frankreich.

Als wir anfingen, Deutsch zu lernen, wußten wir fast gar nichts von Deutschland. Jetzt, weil wir ein wenig von seiner Sprache gelernt haben, interessieren wir uns viel mehr für die Geschichte Deutschlands. Wir beginnen uns solche Fragen zu stellen, wie: Was für ein Volk ist das deutsche Volk? Was für ein Land ist Deutschland? Gibt es gute Schulen in Deutschland?

Dasselbe kommt auch vor, wenn man Französisch lernt; man interessiert sich nicht nur für die französische Sprache, sondern auch für das französische Volk und seine Geschichte, und für Frankreich selbst. Man freut sich auf eine Reise nach Frankreich.

Es ist schade, daß die größten und stärksten Länder der Erde Krieg gegeneinander führen wollen. Statt zu versuchen, einander besser zu verstehen, nehmen sie immer an, daß der Krieg nötig ist. Was trennt alle diese einander gar nicht verstehenden Völker? Was läßt den Krieg so leicht eintreten? Hier ist die Antwort darauf: Weil die verschiedenen Länder verschiedene Sprachen haben; das macht es fast unmöglich, daß sie einander verstehen und lieben. Deshalb gibt es so viele Kriege in Europa. Deshalb kann es keinen Krieg zwischen Kanada un den Vereinigten Staaten geben, da wir alle dieselbe Sprache sprechen. Also verstehen und lieben wir einander.

Seien wir dankbar, daß wir in Amerika leben.

Auf Wiedersehen, meine Freunde! Kommen Sie nächstes Jahr wieder!

Es ist schade, daß die größten und stärksten Länder der Erde Krieg gegeneinander führen wollen. Statt zu versuchen, einander besser zu verstehen, nehmen sie immer an, daß der Krieg nötig ist. Was trennt alle diese einander gar nicht verstehenden Völker? Was läßt den Krieg so leicht eintreten? Hier ist die Antwort darauf: Weil die verschiedenen Länder verschiedene Sprachen haben; das macht es fast unmöglich, daß sie einander verstehen und lieben. Deshalb gibt es so viele Kriege in Europa. Deshalb kann es keinen Krieg zwischen Kanada und den Vereinigten Staaten geben, da wir alle dieselbe Sprache sprechen. Also verstehen und lieben wir einander.

Seien wir dankbar, daß wir in Amerika leben.

Auf Wiedersehen, meine Freunde! Kommen Sie nächstes Jahr wieder!

B. (Use Participial Construction) 1. The 760 German words we have learned now seem easy. 2. What we have forgotten is not important. 3. They live in a house standing beside the river. 4. The words written in these sentences will be retained by the pupils. 5. What was the other proverb that he mentioned? 6. The six countries making war against one another are all strong.

C. Idioms. 1. Ich habe ihn gestern kennen lernen. 2. Das ist schade. 3. Es tat ihnen leid. 4. Warum will er immer Krieg führen? 5. Man spricht es auf diese Weise aus. 6. Er bat sie um eine Feder. 7. Wann macht er seine Reise nach der Schweiz? 8. Es geht meiner Tante sehr schlecht. 9. Denken Sie daran! 10. Hat er es auswendig lernen können? 11. Es gibt mehrere davon. 12. Wer hat gestern abend die Rede gehalten? 13. Können Sie es nicht auf deutsch sagen? 14. Was für ein Kaufmann ist er? 15. Machen wir einen Spaziergang! 16. Die Klasse hat gute Fortschritte gemacht. 17. Nehmen wir Platz! 18. Er hat es gerne getan. 19. Haben Sie je auf dem Lande gewohnt? 20. Er wohnt schon elf Jahre da.

VERBS

Principal Parts of Irregular Verbs; Complete Conjugations of 26 Representative Verbs

1. haben	14. fallen
2. sein	15. gehen
3. werden	16. kommen
4. kaufen	17. besuchen
5. arbeiten	18. verstehen
6. studieren	19. anfangen
7. sprechen	20. ankommen
8. geben	21. kennen
9. lesen	22. wissen
10. nehmen	23. es können
11. sitzen	24. es lesen können
12. stehen	25. sich setzen
13. bleiben	26. gelobt werden

Irregular Verbs

INFINITIVE	PAST	PERF. PART.	PRES. INDIC.
beginnen (begin)	begann	begonnen	
betrügen (deceive)	betrog	betrogen	
biegen (bend)	bog	gebogen	
binden (bind)	band	gebunden	
bitten (beg, ask)	bat	gebeten	
bleiben (remain)	blieb	ist geblieben	
brechen (break)	brach	gebrochen	brichst, bricht
brennen (burn)	brannte	gebrannt	
bringen (bring)	brachte	gebracht	
denken (think)	dachte	gedacht	
dürfen (may)	durfte	gedurft	darfst, darf
empfehlen (recommend)	empfahl	empfohlen	empfiehlst, empfiehlt
essen (eat)	aß	gegessen	ißt, ißt
fahren (go, drive)	fuhr	ist gefahren	fährst, fährt
fallen (fall)	fiel	ist gefallen	fällst, fällt

196

fangen (catch)	fing	gefangen	fängst, fängt
fechten (fight)	focht	gefochten	fichtst, ficht
finden (find)	fand	gefunden	
fliegen (fly)	flog	ist geflogen	
fließen (flow)	floß	ist geflossen	
frieren (freeze)	fror	gefroren	
gebären (bear)	gebar	geboren	
geben (give)	gab	gegeben	gibst, gibt
gehen (go)	ging	ist gegangen	
gelingen (succeed)	gelang	ist gelungen	
genießen (enjoy)	genoß	genossen	
geschehen (happen)	geschah	ist geschehen	geschieht
gewinnen (win)	gewann	gewonnen	
gleichen (be like)	glich	geglichen	
greifen (seize)	griff	gegriffen	
haben (have)	hatte	gehabt	hast, hat
halten (hold)	hielt	gehalten	hältst, hält
hangen (hang)	hing	gehangen	hängst, hängt
heben (lift)	hob	gehoben	
heißen (be called)	hieß	geheißen	
helfen (help)	half	geholfen	hilfst, hilft
interessieren (interest)	interessierte	interessiert	
kennen (know)	kannte	gekannt	
kommen (come)	kam	ist gekommen	
können (can)	konnte	gekonnt	kannst, kann
korrigieren (correct)	korrigierte	korrigiert	
lassen (let; cause)	ließ	gelassen	lässest, läßt
laufen (run)	lief	ist gelaufen	läufst, läuft
leiden (suffer)	litt	gelitten	
lesen (read)	las	gelesen	liest, liest
liegen (lie)	lag	gelegen	
mögen (may, like)	mochte	gemocht	magst, mag
müssen (must)	mußte	gemußt	mußt, muß
nehmen (take)	nahm	genommen	nimmst, nimmt
nennen (name)	nannte	genannt	
raten (advise)	riet	geraten	rätst, rät
reiten (ride)	ritt	ist geritten	
rufen (call)	rief	gerufen	
scheinen (shine, seem)	schien	geschienen	
schelten (scold)	schalt	gescholten	schiltst, schilt
schlafen (sleep)	schlief	geschlafen	schläfst, schläft
schlagen (strike)	schlug	geschlagen	schlägst, schlägt
schließen (shut)	schloß	geschlossen	
schneiden (cut)	schnitt	geschnitten	
schreiben (write)	schrieb	geschrieben	
schweigen (be silent)	schwieg	geschwiegen	
schwimmen (swim)	schwamm	ist geschwommen	
sehen (see)	sah	gesehen	siehst, sieht

sein (be)	war	ist gewesen	bist, ist
senden (send)	sandte	gesandt	
singen (sing)	sang	gesungen	
sitzen (sit)	saß	gesessen	
sollen (shall; ought)	sollte	gesollt	sollst, soll
sprechen (speak)	sprach	gesprochen	sprichst, spricht
springen (jump)	sprang	ist gesprungen	
stehen (stand)	stand	gestanden	
steigen (climb)	stieg	ist gestiegen	
sterben (die)	starb	ist gestorben	stirbst, stirbt
streiten (quarrel)	stritt	gestritten	
studieren (study)	studierte	studiert	
tragen (carry)	trug	getragen	trägst, trägt
treffen (meet)	traf	getroffen	triffst, trifft
treiben (drive)	trieb	getrieben	
treten (step)	trat	ist getreten	trittst, tritt
trinken (drink)	trank	getrunken	
tun (do)	tat	getan	tust, tut
vergessen (forget)	vergaß	vergessen	vergißt, vergißt
verlieren (lose)	verlor	verloren	
verzeihen (pardon)	verzieh	verziehen	
wachsen (grow)	wuchs	ist gewachsen	wächst, wächst
waschen (wash)	wusch	gewaschen	wäschst, wäscht
werden (become)	wurde	ist geworden	wirst, wird
werfen (throw)	warf	geworfen	wirfst, wirft
wissen (know)	wußte	gewußt	weißt, weiß
wollen (wish)	wollte	gewollt	willst, will
ziehen (draw, pull)	zog	gezogen	

1. haben (have)

PRINCIPAL PARTS: **haben, hatte, gehabt**

INDICATIVE	CONDITIONAL	SUBJUNCTIVE
Pres.		*Pres..*
ich habe		ich habe
du hast		du habest
er hat		er habe
wir haben		wir haben
ihr habt		ihr habet
sie haben		sie haben
Past		*Past*
ich hatte		ich hätte
du hattest		du hättest
er hatte		er hätte
wir hatten		wir hätten
ihr hattet		ihr hättet
sie hatten		sie hätten
Fut.	*Pres.*	*Fut.*
ich werde haben	ich würde haben	ich werde haben
du wirst haben	du würdest haben	du werdest haben
er wird haben	er würde haben	er werde haben
wir werden haben	wir würden haben	wir werden haben
sie werdet haben	ihr würdet haben	ihr werdet haben
sie werden haben	sie würden haben	sie werden haben
Pres. Perf.		*Pres. Perf.*
ich habe gehabt		ich habe gehabt
du hast gehabt		du habest gehabt
er hat gehabt		er habe gehabt
wir haben gehabt		wir haben gehabt
ihr habt gehabt		ihr habet gehabt
sie haben gehabt		sie haben gehabt
Past Perf.		*Past Perf.*
ich hatte gehabt		ich hätte gehabt
du hattest gehabt		du hättest gehabt
er hatte gehabt		er hätte gehabt
wir hatten gehabt		wir hätten gehabt
ihr hattet gehabt		ihr hättet gehabt
sie hatten gehabt		sie hätten gehabt
Fut. Perf.	*Perf.*	*Fut. Perf.*
ich werde gehabt haben	ich würde gehabt haben	ich werde gehabt haben
du wirst gehabt haben	du würdest gehabt haben	du werdest gehabt haben
er wird gehabt haben	er würde gehabt haben	er werde gehabt haben
wir werden gehabt haben	wir würden gehabt haben	wir werden gehabt haben
ihr werdet gehabt haben	ihr würdet gehabt haben	ihr werdet gehabt haben
sie werden gehabt haben	sie würden gehabt haben	sie werden gehabt haben

IMPERATIVE: **habe–habt–haben Sie**

2. sein (be)

PRINCIPAL PARTS: **sein, war, gewesen**

INDICATIVE	CONDITIONAL	SUBJUNCTIVE
Pres.		*Pres.*
ich bin		ich sei
du bist		du seiest
er ist		er sei
wir sind		wir seien
ihr seid		ihr seiet
sie sind		sie seien
Past		*Past*
ich war		ich wäre
du warst		du wärest
er war		er wäre
wir waren		wir wären
ihr wart		ihr wäret
sie waren		sie wären
Fut.	*Pres.*	*Fut.*
ich werde sein	ich würde sein	ich werde sein
du wirst sein	du würdest sein	du werdest sein
er wird sein	er würde sein	er werde sein
wir werden sein	wir würden sein	wir werden sein
ihr werdet sein	ihr würdet sein	ihr werdet sein
sie werden sein	sie würden sein	sie werden sein
Pres. Perf.		*Pres. Perf.*
ich bin gewesen		ich sei gewesen
du bist gewesen		du seiest gewesen
er ist gewesen		er sei gewesen
wir sind gewesen		wir seien gewesen
ihr seid gewesen		ihr seiet gewesen
sie sind gewesen		sie seien gewesen
Past Perf.		*Past Perf.*
ich war gewesen		ich wäre gewesen
du warst gewesen		du wärest gewesen
er war gewesen		er wäre gewesen
wir waren gewesen		wir wären gewesen
ihr wart gewesen		ihr wäret gewesen
sie waren gewesen		sie wären gewesen
Fut. Perf.	*Perf.*	*Fut. Perf.*
ich werde gewesen sein	ich würde gewesen sein	ich werde gewesen sein
du wirst gewesen sein	du würdest gewesen sein	du werdest gewesen sein
er wird gewesen sein	er würde gewesen sein	er werde gewesen sein
wir werden gewesen sein	wir würden gewesen sein	wir werden gewesen sein
ihr werdet gewesen sein	ihr würdet gewesen sein	ihr werdet gewesen sein
sie werden gewesen sein	sie würden gewesen sein	sie werden gewesen sein

IMPERATIVE: **sei–seid–seien Sie**

3. werden (become)

PRINCIPAL PARTS: **werden, wurde, geworden**

INDICATIVE	CONDITIONAL	SUBJUNCTIVE
Pres.		*Pres.*
ich werde		ich werde
du wirst		du werdest
er wird		er werde
wir werden		wir werden
ihr werdet		ihr werdet
sie werden		sie werden
Past		*Past*
ich wurde		ich würde
du wurdest		du würdest
er wurde		er würde
wir wurden		wir würden
ihr wurdet		ihr würdet
sie wurden		sie würden
Fut.	*Pres.*	*Fut.*
ich werde werden	ich würde werden	ich werde werden
du wirst werden	du würdest werden	du werdest werden
er wird werden	er würde werden	er werde werden
wir werden werden	wir würden werden	wir werden werden
ihr werdet werden	ihr würdet werden	ihr werdet werden
sie werden werden	sie würden werden	sie werden werden
Pres. Perf.		*Pres. Perf.*
ich bin geworden		ich sei geworden
du bist geworden		du seiest geworden
er ist geworden		er sei geworden
wir sind geworden		wir seien geworden
ihr seid geworden		ihr seiet geworden
sie sind geworden		sie seien geworden
Past Perf.		*Past Perf.*
ich war geworden		ich wäre geworden
du warst geworden		du wärest geworden
er war geworden		er wäre geworden
wir waren geworden		wir wären geworden
ihr wart geworden		ihr wäret geworden
sie waren geworden		sie wären geworden
Fut. Perf.	*Perf.*	*Fut. Perf.*
ich werde geworden sein	ich würde geworden sein	ich werde geworden sein
du wirst geworden sein	du würdest geworden sein	du werdest geworden sein
er wird geworden sein	er würde geworden sein	er werde geworden sein
wir werden geworden sein	wir würden geworden sein	wir werden geworden sein
ihr werdet geworden sein	ihr würdet geworden sein	ihr werdet geworden sein
sie werden geworden sein	sie würden geworden sein	sie werden geworden sein

IMPERATIVE: **werde—werdet—werden Sie**

4. kaufen (buy)

PRINCIPAL PARTS: **kaufen, kaufte, gekauft**

INDICATIVE	CONDITIONAL	SUBJUNCTIVE
Pres.		*Pres.*
ich kaufe		ich kaufe
du kaufst		du kaufest
er kauft		er kaufe
wir kaufen		wir kaufen
ihr kauft		ihr kaufet
sie kaufen		sie kaufen
Past		*Past*
ich kaufte		ich kaufte
du kauftest		du kauftest
er kaufte		er kaufte
wir kauften		wir kauften
ihr kauftet		ihr kauftet
sie kauften		sie kauften
Fut.	*Pres.*	*Fut.*
ich werde kaufen	ich würde kaufen	ich werde kaufen
du wirst kaufen	du würdest kaufen	du werdest kaufen
er wird kaufen	er würde kaufen	er werde kaufen
wir werden kaufen	wir würden kaufen	wir werden kaufen
ihr werdet kaufen	ihr würdet kaufen	ihr werdet kaufen
sie werden kaufen	sie würden kaufen	sie werden kaufen
Pres. Perf.		*Pres. Perf.*
ich habe gekauft		ich habe gekauft
du hast gekauft		du habest gekauft
er hat gekauft		er habe gekauft
wir haben gekauft		wir haben gekauft
ihr habt gekauft		ihr habet gekauft
sie haben gekauft		sie haben gekauft
Past Perf.		*Past Perf.*
ich hatte gekauft		ich hätte gekauft
du hattest gekauft		du hättest gekauft
er hatte gekauft		er hätte gekauft
wir hatten gekauft		wir hätten gekauft
ihr hattet gekauft		ihr hättet gekauft
sie hatten gekauft		sie hätten gekauft
Fut. Perf.	*Perf.*	*Fut. Perf.*
ich werde gekauft haben	ich würde gekauft haben	ich werde gekauft haben
du wirst gekauft haben	du würdest gekauft haben	du werdest gekauft haben
er wird gekauft haben	er würde gekauft haben	er werde gekauft haben
wir werden gekauft haben	wir würden gekauft haben	wir werden gekauft haben
ihr werdet gekauft haben	ihr würdet gekauft haben	ihr werdet gekauft haben
sie werden gekauft haben	sie würden gekauft haben	sie werden gekauft haben

IMPERATIVE: **kaufe–kauft–kaufen Sie**

5. arbeiten (work)

PRINCIPAL PARTS: **arbeiten, arbeitete, gearbeitet**

INDICATIVE	CONDITIONAL	SUBJUNCTIVE
Pres.		*Pres.*
ich arbeite		ich arbeite
du arbeitest		du arbeitest
er arbeitet		er arbeite
wir arbeiten		wir arbeiten
ihr arbeitet		ihr arbeitet
sie arbeiten		sie arbeiten
Past		*Past*
ich arbeitete		ich arbeitete
du arbeitetest		du arbeitetest
er arbeitete		er arbeitete
wir arbeiteten		wir arbeiteten
ihr arbeitetet		ihr arbeitetet
sie arbeiteten		sie arbeiteten
Fut.	*Pres.*	*Fut.*
ich werde arbeiten	ich würde arbeiten	ich werde arbeiten
dur wirst arbeiten	du würdest arbeiten	du werdest arbeiten
er wird arbeiten	er würde arbeiten	er werde arbeiten
wir werden arbeiten	wir würden arbeiten	wir werden arbeiten
ihr werdet arbeiten	ihr würdet arbeiten	ihr werdet arbeiten
sie werden arbeiten	sie würden arbeiten	sie werden arbeiten
Pres. Perf.		*Pres. Perf.*
ich habe gearbeitet		ich habe gearbeitet
du hast gearbeitet		du habest gearbeitet
er hat gearbeitet		er habe gearbeitet
wir haben gearbeitet		wir haben gearbeitet
ihr habt gearbeitet		ihr habet gearbeitet
sie haben gearbeitet		sie haben gearbeitet
Past Perf.		*Past Perf.*
ich hatte gearbeitet		ich hätte gearbeitet
du hattest gearbeitet		du hättest gearbeitet
er hatte gearbeitet		er hätte gearbeitet
wir hatten gearbeitet		wir hätten gearbeitet
ihr hattet gearbeitet		ihr hättet gearbeitet
sie hatten gearbeitet		sie hätten gearbeitet
Fut. Perf.	*Perf.*	*Fut. Perf.*
ich werde gearbeitet haben	ich würde gearbeitet haben	ich werde gearbeitet haben
du wirst gearbeitet haben	du würdest gearbeitet haben	du werdest gearbeitet haben
er wird gearbeitet haben	er würde gearbeitet haben	er werde gearbeitet haben
wir werden gearbeitet haben	wir würden gearbeitet haben	wir werden gearbeitet haben
ihr werdet gearbeitet haben	ihr würdet gearbeitet haben	ihr werdet gearbeitet haben
sie werden gearbeitet haben	sie würden gearbeitet haben	sie werden gearbeitet haben

IMPERATIVE: **arbeite—arbeitet—arbeiten Sie**

6. studieren (study)

PRINCIPAL PARTS: **studieren, studierte, studiert**

INDICATIVE	CONDITIONAL	SUBJUNCTIVE
Pres.		*Pres.*
ich studiere		ich studiere
du studierst		du studierest
er studiert		er studiere
wir studieren		wir studieren
ihr studiert		ihr studieret
sie studieren		sie studieren
Past		*Past*
ich studierte		ich studierte
du studiertest		du studiertest
er studierte		er studierte
wir studierten		wir studierten
ihr studiertet		ihr studiertet
sie studierten		sie studierten
Fut.	*Pres.*	*Fut.*
ich werde studieren	ich würde studieren	ich werde studieren
du wirst studieren	du würdest studieren	du werdest studieren
er wird studieren	er würde studieren	er werde studieren
wir werden studieren	wir würden studieren	wir werden studieren
ihr werdet studieren	ihr würdet studieren	ihr werdet studieren
sie werden studieren	sie würden studieren	sie werden studieren
Pres. Perf.		*Pres. Perf.*
ich habe studiert		ich habe studiert
du hast studiert		du habest studiert
er hat studiert		er habe studiert
wir haben studiert		wir haben studiert
ihr habt studiert		ihr habet studiert
sie haben studiert		sie haben studiert
Past Perf.		*Past Perf.*
ich hatte studiert		ich hätte studiert
du hattest studiert		du hättest studiert
er hatte studiert		er hätte studiert
wir hatten studiert		wir hätten studiert
ihr hattet studiert		ihr hättet studiert
sie hatten studiert		sie hätten studiert
Fut. Perf.	*Perf.*	*Fut. Perf.*
ich werde studiert haben	ich würde studiert haben	ich werde studiert haben
du wirst studiert haben	du würdest studiert haben	du werdest studiert haben
er wird studiert haben	er würde studiert haben	er werde studiert haben
wir werden studiert haben	wir würden studiert haben	wir werden studiert haben
ihr werdet studieren haben	ihr würdet studiert haben	ihr werdet studieren haben
sie werden studiert haben	sie würden studiert haben	sie werden studiert haben

IMPERATIVE: **studiere—studiert—studieren Sie**

7. sprechen (speak)

PRINCIPAL PARTS: sprechen, sprach, gesprochen

INDICATIVE	CONDITIONAL	SUBJUNCTIVE

INDICATIVE

Pres.
ich spreche
du sprichst
er spricht
wir sprechen
ihr sprecht
sie sprechen

Past
ich sprach
du sprachst
er sprach
wir sprachen
ihr spracht
sie sprachen

Fut.
ich werde sprechen
du wirst sprechen
er wird sprechen
wir werden sprechen
ihr werdet sprechen
sie werden sprechen

Pres. Perf.
ich habe gesprochen
du hast gesprochen
er hat gesprochen
wir haben gesprochen
ihr habt gesprochen
sie haben gesprochen

Past Perf.
ich hatte gesprochen
du hattest gesprochen
er hatte gesprochen
wir hatten gesprochen
ihr hattet gesprochen
sie hatten gesprochen

Fut. Perf.
ich werde gesprochen haben
du wirst gesprochen
haben
er wird gesprochen haben
wir werden gesprochen
haben
ihr werdet gesprochen haben
sie werden gesprochen haben

CONDITIONAL

Pres.
ich würde sprechen
du würdest sprechen
er würde sprechen
wir würden sprechen
ihr würdet sprechen
sie würden sprechen

Perf.
ich würde gesprochen haben
du würdest gesprochen
haben
er würde gesprochen haben
wir würden gesprochen
haben
ihr würdet gesprochen haben
sie würden gesprochen haben

SUBJUNCTIVE

Pres.
ich spreche
du sprechest
er spreche
wir sprechen
ihr sprechet
sie sprechen

Past
ich spräche
du sprächest
er spräche
wir sprächen
ihr sprächet
sie sprächen

Fut.
ich werde sprechen
du werdest sprechen
er werde sprechen
wir werden sprechen
ihr werdet sprechen
sie werden sprechen

Pres. Perf.
ich habe gesprochen
du habest gesprochen
er habe gesprochen
wir haben gesprochen
ihr habet gesprochen
sie haben gesprochen

Past Perf.
ich hätte gesprochen
du hättest gesprochen
er hätte gesprochen
wir hätten gesprochen
ihr hättet gesprochen
sie hätten gesprochen

Fut. Perf.
ich werde gesprochen haben
du werdest gesprochen
haben
er werde gesprochen haben
wir werden gesprochen
haben
ihr werdet gesprochen haben
sie werden gesprochen haben

IMPERATIVE: **sprich–sprecht–sprechen Sie**

8. geben (give)

PRINCIPAL PARTS: **geben, gab, gegeben**

INDICATIVE	CONDITIONAL	SUBJUNCTIVE
Pres.		*Pres.*
ich gebe		ich gebe
du gibst		du gebest
er gibt		er gebe
wir geben		wir geben
ihr gebt		ihr gebet
sie geben		sie geben
Past		*Past*
ich gab		ich gäbe
du gabst		du gäbest
er gab		er gäbe
wir gaben		wir gäben
ihr gabt		ihr gäbet
sie gaben		sie gäben
Fut.	*Pres.*	*Fut.*
ich werde geben	ich würde geben	ich werde geben
du wirst geben	du würdest begen	du werdest geben
er wird geben	er würde geben	er werde geben
wir werden geben	wir würden geben	wir werden geben
ihr werdet geben	ihr würdet geben	ihr werdet geben
sie werden geben	sie würden geben	sie werden geben
Pres. Perf.		*Pres. Perf.*
ich habe gegeben		ich habe gegeben
du hast gegeben		du habest gegeben
er hat gegeben		er habe gegeben
wir haben gegeben		wir haben gegeben
ihr habt gegeben		ihr habet gegeben
sie haben gegeben		sie haben gegeben
Past Perf.		*Past Perf.*
ich hatte gegeben		ich hätte gegeben
du hattest gegeben		du hättest gegeben
er hatte gegeben		er hätte gegeben
wir hatten gegeben		wir hättet gegeben
ihr hattet gegeben		ihr hättet gegeben
sie hatten gegeben		sie hätten gegeben
Fut. Perf.	*Perf.*	*Fut. Perf.*
ich werde gegeben haben	ich würde gegeben haben	ich werde gegeben haben
du wirst gegeben haben	du würdest gegeben haben	du werdest gegeben haben
er wird gegeben haben	er würde gegeben haben	er werde gegeben haben
wir werden gegeben haben	wir würden gegeben haben	wir werden gegeben haben
ihr werdet gegeben haben	ihr würdet gegeben haben	ihr werdet gegeben haben
sie werden gegeben haben	sie würden gegeben haben	sie werden gegeben haben

IMPERATIVE: **gib—gebt—geben Sie**

9. lesen (read)

PRINCIPAL PARTS: **lesen, las, gelesen**

INDICATIVE	CONDITIONAL	SUBJUNCTIVE
Pres.		*Pres.*
ich lese		ich lese
du liest		du lesest
er liest		er lese
wir lesen		wir lesen
ihr lest		ihr leset
sie lesen		sie lesen
Past		*Past*
ich las		ich läse
du lasest		du läsest
er las		er läse
wir lasen		wir läsen
ihr last		ihr läset
sie lasen		sie läsen
Fut.	*Pres.*	*Fut.*
ich werde lesen	ich würde lesen	ich werde lesen
du wirst lesen	du würdest lesen	du werdest lesen
er wird lesen	er würde lesen	er werde lesen
wir werden lesen	wir würden lesen	wir werden lesen
ihr werdet lesen	ihr würdet lesen	ihr werdet lesen
sie werden lesen	sie würden lesen	sie werden lesen
Pres. Perf.		*Pres. Perf.*
ich habe gelesen		ich habe gelesen
du hast gelesen		du habest gelesen
er hat gelesen		er habe gelesen
wir haben gelesen		wir haben gelesen
ihr habt gelesen		ihr habet gelesen
sie haben gelesen		sie haben gelesen
Past Perf.		*Past Perf.*
ich hatte gelesen		ich hätte gelesen
du hattest gelesen		du hättest gelesen
er hatte gelesen		er hätte gelesen
wir hatten gelesen		wir hätten gelesen
ihr hattet gelesen		ihr hättet gelesen
sie hatten gelesen		sie hätten gelesen
Fut. Perf.	*Perf.*	*Fut. Perf.*
ich werde gelesen haben	ich würde gelesen haben	ich werde gelesen haben
du wirst gelesen haben	du würdest gelesen haben	du werdest gelesen haben
er wird gelesen haben	er würde gelesen haben	er werde gelesen haben
wir werden gelesen haben	wir würden gelesen haben	wir werden gelesen haben
ihr werdet gelesen haben	ihr würdet gelesen haben	ihr werdet gelesen haben
sie werden gelesen haben	sie würden gelesen haben	sie werden gelesen haben

IMPERATIVE: **lies—lest—lesen Sie**

10. nehmen (take)

PRINCIPAL PARTS: nehmen, nahm, genommen

INDICATIVE	CONDITIONAL	SUBJUNCTIVE
Pres.		*Pres.*
ich nehme		ich nehme
du nimmst		du nehmest
er nimmt		er nehme
wir nehmen		wir nehmen
ihr nehmt		ihr nehmet
sie nehmen		sie nehmen
Past		*Past*
ich nahm		ich nähme
du nahmst		du nähmest
er nahm		er nähme
wir nahmen		wir nähmen
ihr nahmt		ihr nähmet
sie nahmen		sie nähmen
Fut.	*Pres.*	*Fut.*
ich werde nehmen	ich würde nehmen	ich werde nehmen
du wirst nehmen	du würdest nehmen	du werdest nehmen
er wird nehmen	er würde nehmen	er werde nehmen
wir werden nehmen	wir würden nehmen	wir werden nehmen
ihr werdet nehmen	ihr würdet nehman	ihr werdet nehmen
sie werden nehmen	sie würden nehman	sie werden nehmen
Pres. Perf.		*Pres. Perf.*
ich habe genommen		ich habe genommen
du hast genommen		du habest genommen
er hat genommen		er habe genommen
wir haben genommen		wir haben genommen
ihr habt genommen		ihr habet genommen
sie haben genommen		sie haben genommen
Past Perf.		*Past Perf.*
ich hatte genommen		ich hätte genommen
du hattest genommen		du hättest genommen
er hatte genommen		er hätte genommen
wir hatten genommen		wir hätten genommen
ihr hattet genommen		ihr hättet genommen
sie hatten genommen		sie hätten genommen
Fut. Perf.	*Perf.*	*Fut. Perf.*
ich werde genommen haben	ich würde genommen haben	ich werde genommen haben
du wirst genommen haben	du würdest genommen haben	du werdest genommen haben
er wird genommen haben	er würde genommen haben	er werde genommen haben
wir werden genommen haben	wir würden genommen haben	wir werden genommen haben
ihr werdet genommen haben	ihr würdet genommen haben	ihr werdet genommen haben
sie werden genommen haben	sie würden genommen haben	sie werden genommen haben

IMPERATIVE: nimm—nehmt—nehmen Sie

11. sitzen (sit)

PRINCIPAL PARTS: **sitzen, saß, gesessen**

INDICATIVE	CONDITIONAL	SUBJUNCTIVE
Pres.		*Pres.*
ich sitze		ich sitze
du sitzest		du sitzest
er sitzt		er sitze
wir sitzen		wir sitzen
ihr sitzt		ihr sitzet
sie sitzen		sie sitzen
Past		*Past*
ich saß		ich säße
du saßest		du säßest
er saß		er säße
wir saßen		wir säßen
ihr saßt		ihr säßet
sie saßen		sie säßen
Fut.	*Pres.*	*Fut.*
ich werde sitzen	ich würde sitzen	ich werde sitzen
du wirst sitzen	du würdest sitzen	du werdest sitzen
er wird sitzen	er würde sitzen	er werde sitzen
wir werden sitzen	wir würden sitzen	wir werden sitzen
ihr werdet sitzen	ihr würdet sitzen	ihr werdet sitzen
sie werden sitzen	sie würden sitzen	sie werden sitzen
Pres. Perf.		*Pres. Perf.*
ich habe gesessen		ich habe gesessen
du hast gesessen		du habest gesessen
er hat gesessen		er habe gesessen
wir haben gesessen		wir haben gesessen
ihr habt gesessen		ihr habet gesessen
sie haben gesessen		sie haben gesessen
Past Perf.		*Past Perf.*
ich hatte gesessen		ich hätte gesessen
du hattest gesessen		du hättest gesessen
er hatte gesessen		er hätte gesessen
wir hatten gesessen		wir hätten gesessen
ihr hattet gesessen		ihr hättet gesessen
sie hatten gesessen		sie hätten gesessen
Fut. Perf.	*Perf.*	*Fut. Perf.*
ich werde gesessen haben	ich würde gesessen haben	ich werde gesessen haben
du wirst gesessen haben	du würdest gesessen haben	du werdest gesessen haben
er wird gesessen haben	er würde gesessen haben	er werde gesessen haben
wir werden gesessen haben	wir würden gesessen haben	wir werden gesessen haben
ihr werdet gesessen haben	ihr würdet gesessen haben	ihr werdet gesessen haben
sie werden gesessen haben	sie würden gesessen haben	sie werden gesessen haben

IMPERATIVE: **sitze—sitzt—sitzen Sie**

12.　stehen (stand)

PRINCIPAL PARTS: **stehen, stand, gestanden**

INDICATIVE	CONDITIONAL	SUBJUNCTIVE
Pres.		*Pres.*
ich stehe		ich stehe
du stehst		du stehest
er steht		er stehe
wir stehen		wir stehen
ihr steht		ihr stehet
sie stehen		sie stehen
Past		*Past*
ich stand		ich stände
du standst		du ständest
er stand		er stände
wir standen		wir ständen
ihr standet		ihr ständet
sie standen		sie ständen
Fut.	*Pres.*	*Fut.*
ich werde stehen	ich würde stehen	ich werde stehen
du wirst stehen	du würdest stehen	du werdest stehen
er wird stehen	er würde stehen	er werde stehen
wir werden stehen	wir würden stehen	wir werden stehen
ihr werdet stehen	ihr würdet stehen	ihr werdet stehen
sie werden stehen	sie würden stehen	sie werden stehen
Pres. Perf.		*Pres. Perf.*
ich habe gestanden		ich habe gestanden
du hast gestanden		du habest gestanden
er hat gestanden		er habe gestanden
wir haben gestanden		wir haben gestanden
ihr habt gestanden		ihr habet gestanden
sie haben gestanden		sie haben gestanden
Past Perf.		*Past Perf.*
ich hatte gestanden		ich hätte gestanden
du hattest gestanden		du hättest gestanden
er hatte gestanden		er hätte gestanden
wir hatten gestanden		wir hätten gestanden
ihr hattet gestanden		ihr hättet gestanden
sie hatten gestanden		sie hätten gestanden
Fut. Perf.	*Perf.*	*Fut. Perf.*
ich werde gestanden haben	ich würde gestanden haben	ich werde gestanden haben
du wirst gestanden haben	du würdest gestanden haben	du werdest gestanden haben
er wird gestanden haben	er würde gestanden haben	er werde gestanden haben
wir werden gestanden haben	wir würden gestanden haben	wir werden gestanden haben
ihr werdet gestanden haben	ihr würdet gestanden haben	ihr werdet gestanden haben
sie werden gestanden haben	sie würden gestanden haben	sie werden gestanden haben

IMPERATIVE: **stehe—steht—stehen Sie**

13. bleiben (remain, stay)
PRINCIPAL PARTS: bleiben, blieb, geblieben

INDICATIVE	CONDITIONAL	SUBJUNCTIVE
Pres.		*Pres.*
ich bleibe		ich bleibe
du bleibst		du bleibest
er bleibt		er bleibe
wir bleiben		wir bleiben
ihr bleibt		ihr bleibet
sie bleiben		sie bleiben
Past		*Past*
ich blieb		ich bliebe
du bliebst		du bliebest
er blieb		er bliebe
wir blieben		wir blieben
ihr bleibt		ihr bliebet
sie blieben		sie blieben
Fut.	*Pres.*	*Fut.*
ich werde bleiben	ich würde bleiben	ich werde bleiben
du wirst bleiben	du würdest bleiben	du werdest bleiben
er wird bleiben	er würde bleiben	er werde bleiben
wir werden bleiben	wir würden bleiben	wir werden bleiben
ihr werdet bleiben	ihr würdet bleiben	ihr werdet bleiben
sie werden bleiben	sie würden bleiben	sie werden bleiben
Pres. Perf.		*Pres. Perf.*
ich bin geblieben		ich sei geblieben
du bist geblieben		du seiest geblieben
er ist geblieben		er sei geblieben
wir sind geblieben		wir seien geblieben
ihr seid geblieben		ihr seiet geblieben
sie sind geblieben		sie seien geblieben
Past Perf.		*Past Perf.*
ich war geblieben		ich wäre geblieben
du warst geblieben		du wärest geblieben
er war geblieben		er wäre geblieben
wir waren geblieben		wir wären geblieben
ihr wart geblieben		ihr wäret geblieben
sie waren geblieben		sie wären geblieben
Fut. Perf.	*Perf.*	*Fut. Perf.*
ich werde geblieben sein	ich würde geblieben sein	ich werde geblieben sein
du wirst geblieben sein	du würdest geblieben sein	du werdest geblieben sein
er wird geblieben sein	er würde geblieben sein	er werde geblieben sein
wir werden geblieben sein	wir würden geblieben sein	wir werden geblieben sein
ihr werdet geblieben sein	ihr würdet geblieben sein	ihr werdet geblieben sein
sie werden geblieben sein	sie würden geblieben sein	sie werden geblieben sein

IMPERATIVE: **bleibe—bleibt—bleiben Sie**

14. fallen (fall)

PRINCIPAL PARTS: **fallen, fiel, gefallen**

INDICATIVE	CONDITIONAL	SUBJUNCTIVE
Pres.		*Pres.*
ich falle		ich falle
du fällst		du fallest
er fällt		er falle
wir fallen		wir fallen
ihr fallt		ihr fallet
sie fallen		sie fallen
Past		*Past*
ich fiel		ich fiele
du fielst		du fielest
er fiel		er fiele
wir fielen		wir fielen
ihr fielt		ihr fielet
sie fielen		sie fielen
Fut.	*Pres.*	*Fut.*
ich werde fallen	ich würde fallen	ich werde fallen
du wirst fallen	du würdest fallen	du werdest fallen
er wird fallen	er würde fallen	er werde fallen
wir werden fallen	wir würden fallen	wir werden fallen
ihr werdet fallen	ihr würdet fallen	ihr werdet fallen
sie werden fallen	sie würden fallen	sie werden fallen
Pres. Perf.		*Pres. Perf.*
ich bin gefallen		ich sei gefallen
du bist gefallen		du seiest gefallen
er ist gefallen		er sei gefallen
wir sind gefallen		wir seien gefallen
ihr seid gafallen		ihr seiet gefallen
sie sind gefallen		sie seien gefallen
Past Perf.		*Past Perf.*
ich war gefallen		ich wäre gefallen
du warst gefallen		du wärest gefallen
er war gefallen		er wäre gefallen
wir waren gefallen		wir wären gefallen
ihr wart gefallen		ihr wäret gefallen
sie waren gefallen		sie wären gefallen
Fut. Perf.	*Perf.*	*Fut. Perf.*
ich werde gefallen sein	ich würde gefallen sein	ich werde gefallen sein
du wirst gefallen sein	du würdest gefallen sein	du werdest gefallen sein
er wird gefallen sein	er würde gefallen sein	er werde gefallen sein
wir werden gefallen sein	wir würden gefallen sein	wir werden gefallen sein
ihr werdet gefallen sein	ihr würdet gefallen sein	ihr werdet gefallen sein
sie werden gefallen sein	sie würden gefallen sein	sie werden gefallen sein

IMPERATIVE: **falle—fallt—fallen Sie**

15. gehen (go)

Principal Parts: **gehen, ging, gegangen**

INDICATIVE	CONDITIONAL	SUBJUNCTIVE
Pres.		*Pres.*
ich gehe		ich gehe
du gehst		du gehest
er geht		er gehe
wir gehen		wir gehen
ihr geht		ihr gehet
sie gehen		sie gehen
Past		*Past*
ich ging		ich ginge
du gingst		du gingest
er ging		er ginge
wir gingen		wir gingen
ihr gingt		ihr ginget
sie gingen		sie gingen
Fut.	*Pres.*	*Fut.*
ich werde gehen	ich würde gehen	ich werde gehen
du wirst gehen	du würdest gehen	du werdest gehen
er wird gehen	er würde gehen	er werde gehen
wir werden gehen	wir würden gehen	wir werden gehen
ihr werdet gehen	ihr würdet gehen	ihr werdet gehen
sie werden gehen	sie würden gehen	sie werden gehen
Pres. Perf.		*Pres Perf.*
ich bin gegangen		ich sei gegangen
du bist gegangen		du seiest gegangen
er ist gegangen		er sei gegangen
wir sind gegangen		wir seien gegangen
ihr seid gegangen		ihr seiet gegangen
sie sind gegangen		sie seien gegangen
Past Perf.		*Past Perf.*
ich war gegangen		ich wäre gegangen
du warst gegangen		du wärest gegangen
er war gegangen		er wäre gegangen
wir waren gegangen		wir wären gegangen
ihr wart gegangen		ihr wäret gegangen
sie waren gegangen		sie wären gegangen
Fut. Perf.	*Perf.*	*Fut. Perf.*
ich werde gegangen sein	ich würde gegangen sein	ich werde gegangen sein
du wirst gegangen sein	du würdest gegangen sein	du werdest gegangen sein
er wird gegangen sein	er würde gegangen sein	er werde gegangen sein
wir werden gegangen sein	wir würden gegangen sein	wir werden gegangen sein
ihr werdet gegangen sein	ihr würdet gegangen sein	ihr werdet gegangen sein
sie werden gegangen sein	sie würden gegangen sein	sie werden gegangen sein

IMPERATIVE: **gehe—geht—gehen Sie**

16. kommen (come)

PRINCIPAL PARTS: **kommen, kam, gekommen**

INDICATIVE	CONDITIONAL	SUBJUNCTIVE
Pres.		*Pres.*
ich komme		ich komme
du kommst		du kommest
er kommt		er komme
wir kommen		wir kommen
ihr kommt		ihr kommet
sie kommen		sie kommen
Past		*Past*
ich kam		ich käme
du kamst		du kämest
er kam		er käme
wir kamen		wir kämen
ihr kamt		ihr kämet
sie kamen		sie kämen
Fut.	*Pres.*	*Fut.*
ich werde kommen	ich würde kommen	ich werde kommen
du wirst kommen	du würdest kommen	du werdest kommen
er wird kommen	er würde kommen	er werde kommen
wir werden kommen	wir würden kommen	wir werden kommen
ihr werdet kommen	ihr würdet kommen	ihr werdet kommen
sie werden kommen	sie würden kommen	sie werden kommen
Pres. Perf.		*Pres. Perf.*
ich bin gekommen		ich sei gekommen
du bist gekommen		du seiest gekommen
er ist gekommen		er sei gekommen
wir sind gekommen		wir seien gekommen
ihr seid gekommen		ihr seiet gekommen
sie sind gekommen		sie seien gekommen
Past Perf.		*Past Perf.*
ich war gekommen		ich wäre gekommen
du warst gekommen		du wärest gekommen
er war gekommen		er wäre gekommen
wir waren gekommen		wir wären gekommen
ihr wart gekommen		ihr wäret gekommen
sie waren gekommen		sie wären gekommen
Fut. Perf.	*Perf.*	*Fut. Perf.*
ich werde gekommen sein	ich würde gekommen sein	ich werde gekommen sein
du wirst gekommen sein	du würdest gekommen sein	du werdest gekommen sein
er wird gekommen sein	er würde gekommen sein	er werde gekommen sein
wir werden gekommen sein	wir würden gekommen sein	wir werden gekommen sein
ihr werdet gekommen sein	ihr würdet gekommen sein	ihr werdet gekommen sein
sie werden gekommen sein	sie würden gekommen sein	sie werden gekommen sein

IMPERATIVE: **komme–kommt–kommen Sie**

17. besuchen (visit)

PRINCIPAL PARTS: **besuchen, besuchte, besucht**

INDICATIVE	CONDITIONAL	SUBJUNCTIVE
Pres.		*Pres.*
ich besuche		ich besuche
du besuchst		du besuchest
er besucht		er besuche
wir besuchen		wir besuchen
ihr besucht		ihr besuchet
sie besuchen		sie besuchen
Past		*Past*
ich besuchte		ich besuchte
du besuchtest		du besuchtest
er besuchte		er besuchte
wir besuchten		wir besuchten
ihr besuchtet		ihr besuchtet
sie besuchten		sie besuchten
Fut.	*Pres.*	*Fut.*
ich werde besuchen	ich würde besuchen	ich werde besuchen
du wirst besuchen	du würdest besuchen	du werdest besuchen
er wird besuchen	er würde besuchen	er werde besuchen
wir werden besuchen	wir würden besuchen	wir werden besuchen
ihr werdet besuchen	ihr würdet besuchen	ihr werdet besuchen
sie werden besuchen	sie würden besuchen	sie werden besuchen
Pres. Perf.		*Pres. Perf.*
ich habe besucht		ich habe besucht
du hast besucht		du habest besucht
er hat besucht		er habe besucht
wir haben besucht		wir haben besucht
ihr habt besucht		ihr habet besucht
sie haben besucht		sie haben besucht
Past Perf.		*Past Perf.*
ich hatte besucht		ich hätte besucht
du hattest besucht		du hättest besucht
er hatte besucht		er hätte besucht
wir hatten besucht		wir hätten besucht
ihr hattet besucht		ihr hättet besucht
sie hatten besucht		sie hätten besucht
Fut. Perf.	*Perf.*	*Fut. Perf.*
ich werde besucht haben	ich würde besucht haben	ich werde besucht haben
du wirst besucht haben	du würdest besucht haben	du werdest besucht haben
er wird besucht haben	er würde besucht haben	er werde besucht haben
wir werden besucht haben	wir würden besucht haben	wir werden besucht haben
ihr werdet besucht haben	ihr würdet besucht haben	ihr werdet besucht haben
sie werden besucht haben	sie würden besucht haben	sie werden besucht haben

IMPERATIVE: **besuche—besucht—besuchen Sie**

18. verstehen (understand)

PRINCIPAL PARTS: **verstehen, verstand, verstanden**

INDICATIVE	CONDITIONAL	SUBJUNCTIVE
Pres.		*Pres.*
ich verstehe		ich verstehe
du verstehst		du verstehest
er versteht		er verstehe
wir verstehen		wir verstehen
ihr versteht		ihr verstehet
sie verstehen		sie verstehen
Past		*Past*
ich verstand		ich verstände
du verstandst		du verständest
er verstand		er verstände
wir verstanden		wir verständen
ihr verstandet		ihr verständet
sie verstanden		sie verständen
Fut.	*Pres.*	*Fut.*
ich werde verstehen	ich würde verstehen	ich werde verstehen
du wirst verstehen	du würdest verstehen	du werdest verstehen
er wird verstehen	er würde verstehen	er werde verstehen
wir werden verstehen	wir würden verstehen	wir werden verstehen
ihr werdet verstehen	ihr würdet verstehen	ihr werdet verstehen
sie werden verstehen	sie würden verstehen	sie werden verstehen
Pres. Perf.		*Pres. Perf.*
ich habe verstanden		ich habe verstanden
du hast verstanden		du habest verstanden
er hat verstanden		er habe verstanden
wir haben verstanden		wir haben verstanden
ihr habt verstanden		ihr habet verstanden
sie haben verstanden		sie haben verstanden
Past Perf.		*Past Perf.*
ich hatte verstanden		ich hätte verstanden
du hattest verstanden		du hättest verstanden
er hatte verstanden		er hätte verstanden
wir hatten verstanden		wir hätten verstanden
ihr hattet verstanden		ihr hättet verstanden
sie hatten verstanden		sie hätten verstanden
Fut. Perf.	*Perf.*	*Fut. Perf.*
ich werde verstanden haben	ich würde verstanden haben	ich werde verstanden haben
du wirst verstanden haben	du würdest verstanden haben	du werdest verstanden haben
er wird verstanden haben	er würde verstanden haben	er werde verstanden haben
wir werden verstanden haben	wir würden verstanden haben	wir werden verstanden haben
ihr werdet verstanden haben	ihr würdet verstanden haben	ihr werdet verstanden haben
sie werden verstanden haben	sie würden verstanden haben	sie werden verstanden haben

IMPERATIVE: **verstehe—versteht—verstehen Sie**

19. anfangen (begin)

PRINCIPAL PARTS: **anfangen, fing an, angefangen**

INDICATIVE	CONDITIONAL	SUBJUNCTIVE
Pres.		*Pres.*
ich fange an		ich fange an
du fängst an		du fangest an
er fängt an		er fange an
wir fangen an		wir fangen an
ihr fangt an		ihr fanget an
sie fangen an		sie fangen an
Past		*Past*
ich fing an		ich finge an
du fingst an		du fingest an
er fing an		er finge an
wir fingen an		wir fingen an
ihr fingt an		ihr finget an
sie fingen an		sie fingen an
Fut.	*Pres.*	*Fut.*
ich werde anfangen	ich würde anfangen	ich werde anfangen
du wirst anfangen	du würdest anfangen	du werdest anfangen
er wird anfangen	er würde anfangen	er werde anfangen
wir werden anfangen	wir würden anfangen	wir werden anfangen
ihr werdet anfangen	ihr würdet anfangen	ihr werdet anfangen
sie werden anfangen	sie würden anfangen	sie werden anfangen
Pres. Perf.		*Pres. Perf.*
ich habe angefangen		ich habe angefangen
du hast angefangen		du habest angefangen
er hat angefangen		er habe angefangen
wir haben angefangen		wir haben angefangen
ihr habt angefangen		ihr habet angefangen
sie haben angefangen		sie haben angefangen
Past Perf.		*Past Perf.*
ich hatte angefangen		ich hätte angefangen
du hattest angefangen		du hättest angefangen
er hatte angefangen		er hätte angefangen
wir hatten angefangen		wir hätten angefangen
ihr hattet angefangen		ihr hättet angefangen
sie hatten angefangen		sie hätten angefangen
Fut. Perf.	*Perf.*	*Fut. Perf.*
ich werde angefangen haben	ich würde angefangen haben	ich werde angefangen haben
du wirst angefangen haben	du würdest angefangen haben	du werdest angefangen haben
er wird angefangen haben	er würde angefangen haben	er werde angefangen haben
wir werden angefangen haben	wir würden angefangen haben	wir werden angefangen haben
ihr werdet angefangen haben	ihr würdet angefangen haben	ihr werdet angefangen haben
sie werden angefangen haben	sie würden angefangen haben	sie werden angefangen haben

IMPERATIVE: **fange an—fangt an—fangen Sie an**

20. ankommen (arrive)

PRINCIPAL PARTS: **ankommen, kam an, angekommen**

INDICATIVE	CONDITIONAL	SUBJUNCTIVE

INDICATIVE

Pres.
ich komme an
du kommst an
er kommt an
wir kommen an
ihr kommt an
sie kommen an

Past
ich kam an
du kamst an
er kam an
wir kamen an
ihr kamt an
sie kamen an

Fut.
ich werde ankommen
du wirst ankommen
er wird ankommen
wir werden ankommen
ihr werdet ankommen
sie werden ankommen

Pres. Perf.
ich bin angekommen
du bist angekommen
er ist angekommen
wir sind angekommen
ihr seid angekommen
sie sind angekommen

Past Perf.
ich war angekommen
du warst angekommen
er war angekommen
wir waren angekommen
ihr wart angekommen
sie waren angekommen

Fut. Perf.
ich werde angekommen sein
du wirst angekommen sein
er wird angekommen sein
wir werden angekommen sein
ihr werdet angekommen sein
sie werden angekommen sein

CONDITIONAL

Pres.
ich würde ankommen
du würdest ankommen
er würde ankommen
wir würden ankommen
ihr würdet ankommen
sie würden ankommen

Perf.
ich würde angekommen sein
du würdest angekommen sein
er würde angekommen sein
wir würden angekommen sein
ihr würdet angekommen sein
sie würden angekommen sein

SUBJUNCTIVE

Pres.
ich komme an
du kommest an
er komme an
wir kommen an
ihr kommet an
sie kommen an

Past
ich käme an
du kämest an
er käme an
wir kämen an
ihr kämet an
sie kämen an

Fut.
ich werde ankommen
du werdest ankommen
er werde ankommen
wir werden ankommen
ihr werdet ankommen
sie werden ankommen

Pres. Perf.
ich sei angekommen
du seiest angekommen
er sei angekommen
wir seien angekommen
ihr seiet angekommen
sie seien angekommen

Past Perf.
ich wäre angekommen
du wärest angekommen
er wäre angekommen
wir wären angekommen
ihr wäret angekommen
sie wären angekommen

Fut. Perf.
ich werde angekommen sein
du werdest angekommen sein
er werde angekommen sein
wir werden angekommen sein
ihr werdet angekommen sein
sie werden angekommen sein

IMPERATIVE: **komme an—kommt an—kommen Sie an**

21. kennen (know, be acquainted with)

PRINCIPAL PARTS: **kennen, kannte, gekannt**

INDICATIVE	CONDITIONAL	SUBJUNCTIVE

INDICATIVE

Pres.
ich kenne
du kennst
er kennt
wir kennen
ihr kennt
sie kennen

Past
ich kannte
du kanntest
er kannte
wir kannten
ihr kanntet
sie kannten

Fut.
ich werde kennen
du wirst kennen
er wird kennen
wir werden kennen
ihr werdet kennen
sie werden kennen

Pres. Perf.
ich habe gekannt
du hast gekannt
er hat gekannt
wir haben gekannt
ihr habt gekannt
sie haben gekannt

Past Perf.
ich hatte gekannt
du hattest gekannt
er hatte gekannt
wir hatten gekannt
ihr hattet gekannt
sie hatten gekannt

Fut. Perf.
ich werde gekannt haben
du wirst gekannt haben
er wird gekannt haben
wir werden gekannt haben
ihr werdet gekannt haben
sie werden gekannt haben

CONDITIONAL

Pres.
ich würde kennen
du würdest kennen
er würde kennen
wir würden kennen
ihr würdet kennen
sie würden kennen

Perf.
ich würde gekannt haben
du würdest gekannt haben
er würde gekannt haben
wir würden gekannt haben
ihr würden gekannt haben
sie würden gekannt haben

SUBJUNCTIVE

Pres.
ich kenne
du kennest
er kenne
wir kennen
ihr kennet
sie kennen

Past
ich kennte
du kenntest
er kennte
wir kennten
ihr kenntet
sie kennten

Fut.
ich werde kennen
du werdest kennen
er werde kennen
wir werden kennen
ihr werdet kennen
sie werden kennen

Pres. Perf.
ich habe gekannt
du habest gekannt
er habe gekannt
wir haben gekannt
ihr habet gekannt
sie haben gekannt

Past Perf.
ich hätte gekannt
du hättest gekannt
er hätte gekannt
wir hätten gekannt
ihr hättet gekannt
sie hätten gekannt

Fut. Perf.
ich werde gekannt haben
du werdest gekannt haben
er werde gekannt haben
wir werden gekannt haben
ihr werdet gekannt haben
sie werden gekannt haben

IMPERATIVE: **kenne—kennt—kennen Sie**

22. wissen (know)

PRINCIPAL PARTS: **wissen, wu ß te, gewuß t**

INDICATIVE	CONDITIONAL	SUBJUNCTIVE
Pres.		*Pres.*
ich weiß		ich wisse
du weißt		du wissest
er weiß		er wisse
wir wissen		wir wissen
ihr wißt		ihr wisset
sie wissen		sie wissen
Past		*Past*
ich wußte		ich wüßte
du wußtest		du wüßtest
er wußte		er wüßte
wir wußten		wir wüßten
ihr wußtet		ihr wüßtet
sie wußten		sie wüßten
Fut.	*Pres.*	*Fut.*
ich werde wissen	ich würde wissen	ich werde wissen
du wirst wissen	du würdest wissen	du werdest wissen
er wird wissen	er würde wissen	er werde wissen
wir werden wissen	wir würden wissen	wir werden wissen
ihr werdet wissen	ihr würdet wissen	ihr werdet wissen
sie werden wissen	sie würden wissen	sie werden wissen
Pres. Perf.		*Pres. Perf.*
ich habe gewußt		ich habe gewußt
du hast gewußt		du habest gewußt
er hat gewußt		er habe gewußt
wir haben gewußt		wir haben gewußt
ihr habt gewußt		ihr habet gewußt
sie haben gewußt		sie haben gewußt
Past Perf.		*Past Perf.*
ich hatte gewußt		ich hätte gewußt
du hattest gewußt		du hättest gewußt
er hatte gewußt		er hätte gewußt
wir hatten gewußt		wir hätten gewußt
ihr hattet gewußt		ihr hättet gewußt
sie hatten gewußt		sie hätten gewußt
Fut. Perf.	*Perf.*	*Fut. Perf.*
ich werde gewußt haben	ich würde gewußt haben	ich werde gewußt haben
du wirst gewußt haben	du würdest gewußt haben	du werdest gewußt haben
er wird gewußt haben	er würde gewußt haben	er werde gewußt haben
wir werden gewußt haben	wir würden gewußt haben	wir werden gewußt haben
ihr werdet gewußt haben	ihr würdet gewußt haben	ihr werdet gewußt haben
sie werden gewußt haben	sie würden gewußt haben	sie werden gewußt haben

IMPERATIVE: **weiß—wißt—wissen Sie**

23. es können (be able to do, say, learn it, etc.)

PRINCIPAL PARTS: **können, konnte, gekonnt**

INDICATIVE

Pres.
ich kann es
du kannst es
er kann es
wir können es
ihr könnt es
sie können es

Past
ich konnte es
du konntest es
er konnte es
wir konnten es
ihr konntet es
sie konnten es

Fut.
ich werde es können
du wirst es können
er wird es können
wir werden es können
ihr werdet es können
sie werden es können

Pres. Perf.
ich habe es gekonnt
du hast es gekonnt
er hat es gekonnt
wir haben es gekonnt
ihr habt es gekonnt
sie haben es gekonnt

Past Perf.
ich hatte es gekonnt
du hattest es gekonnt
er hatte es gekonnt
wir hatten es gekonnt
ihr hattet es gekonnt
sie hatten es gekonnt

Fut. Perf.
ich werde es gekonnt
　haben
du wirst es gekonnt
　haben
　etc.

CONDITIONAL

Pres.
ich würde es können
du würdest es können
er würde es können
wir würden es können
ihr würdet es können
sie würden es können

Perf.
ich würde es gekonnt
　haben
du würdest es gekonnt
　haben
　etc.

IMPERATIVE: – – –

SUBJUNCTIVE

Pres.
ich könne es
du könnest es
er könne es
wir können es
ihr könnet es
sie können es

Past
ich könnte es
du könntest es
er könnte es
wir könnten es
ihr könntet es
sie könnten es

Fut.
ich werde es können
du werdest es können
er werde es können
wir werden es können
ihr werdet es können
sie werden es können

Pres. Perf.
ich habe es gekonnt
du habest es gekonnt
er habe es gekonnt
wir haben es gekonnt
ihr habet es gekonnt
sie haben es gekonnt

Past Perf.
ich hätte es gekonnt
du hättest es gekonnt
er hätte es gekonnt
wir hätten es gekonnt
ihr hättet es gekonnt
sie hätten es gekonnt

Fut. Perf.
ich werde es gekonnt
　haben
du werdest es gekonnt
　haben
　etc.

24. lesen können (can read)

PRINCIPAL PARTS: **können, konnte, gekonnt (können)**

INDICATIVE	CONDITIONAL	SUBJUNCTIVE
Pres.		*Pres.*
ich kann lesen		ich könne lesen
du kannst lesen		du könnest lesen
er kann lesen		er könne lesen
wir können lesen		wir können lesen
ihr könnt lesen		ihr könnet lesen
sie können lesen		sie können lesen
Past		*Past*
ich konnte lesen		ich könnte lesen
du konntest lesen		du könntest lesen
er konnte lesen		er könnte lesen
wir konnten lesen		wir könnten lesen
ihr konntet lesen		ihr könntet lesen
sie konnten lesen		sie könnten lesen
Fut.	*Pres.*	*Fut.*
ich werde lesen können	ich würde lesen können	ich werde lesen können
du wirst lesen können	du würdest lesen können	du werdest lesen können
er wird lesen können	er würde lesen können	er werde lesen können
wir werden lesen können	wir würden lesen können	wir werden lesen können
ihr werdet lesen können	ihr würdet lesen können	ihr werdet lesen können
sie werden lesen können	sie würden lesen können	sie werden lesen können
Pres. Perf.		*Pres. Perf.*
ich habe lesen können		ich habe lesen können
du hast lesen können		du habest lesen können
er hat lesen können		er habe lesen können
wir haben lesen können		wir haben lesen können
ihr habt lesen können		ihr habet lesen können
sie haben lesen können		sie haben lesen können
Past Perf.		*Past Perf.*
ich hatte lesen können		ich hätte lesen können
du hattest lesen können		du hättest lesen können
er hatte lesen können		er hätte lesen können
wir hatten lesen können		wir hätten lesen können
ihr hattet lesen können		ihr hättet lesen können
sie hatten lesen können		sie hätten lesen können
Fut. Perf.	*Perf.*	*Fut. Perf.*
ich werde haben lesen können	ich würde haben lesen können	ich werde haben lesen können
du wirst haben lesen können, etc.	du würdest haben lesen können, etc.	du werdest haben lesen können, etc.
(rarely used tense)		

25. sich setzen (sit down)

PRINCIPAL PARTS: **sich setzen, setzte sich, sich gesetzt**

INDICATIVE	CONDITIONAL	SUBJUNCTIVE
Pres.		*Pres.*
ich setze mich		ich setze mich
du setzest dich		du setzest dich
er setzt sich		er setze sich
wir setzen uns		wir setzen uns
ihr setzt euch		ihr setzet euch
sie setzen sich		sie setzen sich
Past		*Past*
ich setzte mich		ich setzte mich
du setztest dich		du setztest dich
er setzte sich		er setzte sich
wir setzten uns		wir setzten uns
ihr setztet euch		ihr setztet euch
sie setzten sich		sie setzten sich
Fut.	*Pres.*	*Fut.*
ich werde mich setzen	ich würde mich setzen	ich werde mich setzen
du wirst dich setzen	du würdest dich setzen	du werdest dich setzen
er wird sich setzen	er würde sich setzen	er werde sich setzen
wir werden uns setzen	wir würden uns setzen	wir werden uns setzen
ihr werdet euch setzen	ihr würdet euch setzen	ihr werdet euch setzen
sie werden sich setzen	sie würden sich setzen	sie werden sich setzen
Pres. Perf.		*Pres. Perf.*
ich habe mich gesetzt		ich habe mich gesetzt
du hast dich gesetzt		du habest dich gesetzt
er hat sich gesetzt		er habe sich gesetzt
wir haben uns gesetzt		wir haben uns gesetzt
ihr habt euch gesetzt		ihr habet euch gesetzt
sie haben sich gesetzt		sie haben sich gesetzt
Past Perf.		*Past Perf.*
ich hatte mich gesetzt		ich hätte mich gesetzt
du hattest dich gesetzt		du hättest dich gesetzt
er hatte sich gesetzt		er hätte sich gesetzt
wir hatten uns gesetzt		wir hätten uns gesetzt
ihr hattet euch gesetzt		ihr hättet euch gesetzt
sie hatten sich gesetzt		sie hätten sich gesetzt
Fut. Perf.	*Perf.*	*Fut. Perf.*
ich werde mich gesetzt haben	ich würde mich gesetzt haben	ich werde mich gesetzt haben
du wirst dich gesetzt haben	du würdest dich gesetzt haben	du werdest dich gesetzt haben
er wird sich gesetzt haben	er würde sich gesetzt haben	er werde sich gesetzt haben
wir werden uns gesetzt haben	wir würden uns gesetzt haben	wir werden uns gesetzt haben
ihr werdet euch gesetzt haben	ihr würdet euch gesetzt haben	ihr werdet euch gesetzt haben
wie werden sich gesetzt haben	sie würden sich gesetzt haben	sie werden sich gesetzt haben

IMPERATIVE: **setze dich—setzt euch—setzen Sie sich**

26. gelobt werden (be praised)

PRINCIPAL PARTS: **gelobt werden, wurde gelobt, gelobt worden**

INDICATIVE	CONDITIONAL	SUBJUNCTIVE
Pres.		*Pres.*
ich werde gelobt		ich werde gelobt
du wirst gelobt		du werdest gelobt
er wird gelobt		er werde gelobt
wir werden gelobt		wir werden gelobt
ihr werdet gelobt		ihr werdet gelobt
sie werden gelobt		sie werden gelobt
Past		*Past*
ich wurde gelobt		ich würde gelobt
du wurdest gelobt		du würdest gelobt
er wurde gelobt		er würde gelobt
wir wurden gelobt		wir würden gelobt
ihr wurdet gelobt		ihr würdet gelobt
sie wurden gelobt		sie würden gelobt
Fut.	*Pres.*	*Fut.*
ich werde gelobt werden	ich würde gelobt werden	ich werde gelobt werden
du wirst gelobt werden	du würdest gelobt werden	du werdest gelobt werden
er wird gelobt werden	er würde gelobt werden	er werde gelobt werden
wir werden gelobt werden	wir würden gelobt werden	wir werden gelobt werden
ihr werdet gelobt werden	ihr würdet gelobt werden	ihr werdet gelobt werden
sie werden gelobt werden	sie würden gelobt werden	sie werden gelobt werden
Pres. Perf.		*Pres. Perf.*
ich bin gelobt worden		ich sei gelobt worden
du bist gelobt worden		du seiest gelobt worden
er ist gelobt worden		er sei gelobt worden
wir sind gelobt worden		wir seien gelobt worden
ihr seid gelobt worden		ihr seiet gelobt worden
sie sind gelobt worden		sie seien gelobt worden
Past Perf.		*Past Perf.*
ich war gelobt worden		ich wäre gelobt worden
du warst gelobt worden		du wärest gelobt worden
er war gelobt worden		er wäre gelobt worden
wir waren gelobt worden		wir wären gelobt worden
ihr wart gelobt worden		ihr wäret gelobt worden
sie waren gelobt worden		sie wären gelobt worden
Fut. Perf.	*Perf.*	*Fut. Perf.*
ich werde gelobt worden sein	ich würde gelobt worden sein	ich werde gelobt worden sein
du wirst gelobt worden sein	du würdest gelobt worden sein	du werdest gelobt worden sein
er wird gelobt worden sein, etc.	er würde gelobt worden sein, etc.	er werde gelobt worden sein, etc.

IMPERATIVE: **werde gelobt—werdet gelobt—werden Sie gelobt**

Vocabulary

German—English

A

Abend *m*. (-e) evening; heute abend, this evening
Abendessen *n*. (-) supper
aber but; however
ab-fahren (u, a) [fährt] [sein] depart, leave
ab-schreiben (ie, ie) copy
acht eight
all (e) all
allein alone
allerlei all sorts of (*things*)
alles all, everything
als when; than; as
also therefore
alt old
Amerika *n*. America
amerikanisch American
amüsieren (sich) have a good time
an at, on, to, up to
ander other
Anekdote *f*. (-n) anecdote
Anfang *m*. (-̈e) beginning
an-fangen (i, a) [fängt] begin
Anfangsbuch *n*. (-̈er) beginning book
an-kommen (a, o) [sein] arrive
an-nehmen (a, o) [nimmt] accept; assume
anstatt (statt) [+ *gen*.] instead of
Antwort *f*. (-en) answer
antworten (*with dat*.) answer
Anzug *m*. (-̈e) suit (*clothes*)
April *m*. April
Arbeit *f*. (-en) work
arbeiten work
arm poor
Arm *m*. (-e) arm
Arzt *m*. (-̈e) physician, doctor

auch also, too
auf on, upon, to
Aufgabe *f*. (-n) lesson
auf-heben (o, o) lift up
auf-hören cease, stop
auf-machen open
auf-stehen (stand auf, aufgestanden) [sein] get up, stand up
Auge *n*. (-n) eye
August *m*. August
aus out of, from
aus-sehen (a, e) [sieht] look, appear
aus-sprechen (a, o) [spricht] pronounce
auswendig lernen learn by heart
Automobil *n*. (-e) *or* Auto *n*. (-s) automobile

B

Bach *m*. (-̈ e) brook
Badezimmer *n*. (-) bathroom
bald soon
bauen build
Bauer *m*. (-n) farmer
Baum *m*. (-̈e) tree
bedeuten mean, signify
bedeutend important
befinden [sich] (a, u) be; be located; feel
begegnen [sein; *takes dat*.] meet
beginnen (a, o) begin
behalten (ie, a) [behält] keep; remember
bei by, near; with, at; at the house of
beide (*plur*.) both
Bein *n*. (-e) leg
Beispiel *n*. (-e) example; z. B. (zum —), for example

225

bekommen (bekam, bekommen) receive
beliebt popular
beobachten observe
bereiten prepare
Berg *m.* (-e) mountain
berühmt famous
beschreiben (ie, ie) describe
besonders especially
besser better
best best
bestehen (a, a) exist; —aus, consist of
bestellen order
besuchen visit
betrachten look at, observe
betrügen (o, o) deceive
Bett *n.* (-en) bed
bezahlen pay
biegen (o, o) bend
Bier *n.* beer
Bild *n.* (-er) picture
billig cheap
binden (a, u) bind, tie
bis until; to, up to, as far as
bitte please; you are welcome
bitten (bat, gebeten) beg, ask; —um, ask for
blau blue
bleiben (ie, ie) [sein] remain, stay
Bleistift *m.* (-e) pencil
blitzen lighten
Blume *f.* (-n) flower
Boden *m.* (⸚) ground, land, soil
Boot *n.* (-e) boat
Börse *f.* (-n) purse
böse bad; angry
brauchen need; use
braun brown
breit broad
Brief *m.* (-e) letter
bringen (brachte, gebracht) bring
Brot *n.* (-e) bread
Brücke *f.* (-n) bridge
Bruder *m.* (⸚) brother
Buch *n.* (⸚er) book

C

Café *n.* (-s) café

D

da there; then; since (*conj.*)
dabei therewith; at the same time
Dach *n.* (⸚er) roof
dafür for it (them)
dagegen against it; on the other hand
damit with it (them); in order that
Dampfer *m.* (-) steamship
dankbar grateful, thankful
danken (*with dat.*) thank; Danke schön! Thank you!
dann then
daß that (*conj.*)
dauern last, continue
Decke *f.* (-n) ceiling
dein (deine dein) your
denken (dachte, gedacht) think
denn (*conj.*) for; (*adv.*) then
der (die, das) the; who, which, that (*rel. pron.*); (*demon. pron.*) he, she, they, that one
derjenige (diejenige, dasjenige) the one; he, she, they, etc.
derselbe (dieselbe, dasselbe) the same; he, she, they, etc.
deshalb therefore, on that account
deutlich clear, distinct
deutsch (*adj.*) German; auf—, in German
Deutsch *n.* German (*lang.*)
Deutschland *n.* Germany
Dezember *m.* December
Dichter *m.* (-) author; poet
Dienstag *m.* Tuesday
dieser (diese, dieses) this; the latter
doch still, yet, however; surely
Dollar *m.* (-s) dollar
donnern thunder
Donnerstag *m.* Thursday
Dorf *n.* (⸚er) village
draußen outside, out of doors
drei three
dreißig thirty
dreizehn thirteen
dritt third
Drittel *n.* (-) third
dumm stupid
dunkel dark

durch (*with acc.*) through; by
dürfen (durfte, gedurft *or* dürfen) be
permitted, may

E

ebenso ... wie, just as ... as
ehe before (*conj.*)
ehrlich honest
ein (eine, ein) a, an; one
einander (*recipr. pron.*) one another;
each other
einfach simple
einige (*plur.*) some, a few
ein-laden (u, a) [lädt] invite
einmal once, once upon a time; noch
—, again
ein-treten (a, e) [tritt] [sein] step in,
enter; occur, start
Einwohner *m.* (–) inhabitant
einzig single, only
Eisen *n.* iron
Eisenbahn *f.* (–en) railroad
elf eleven
Eltern (*plur.*) parents
empfehlen (a, o) [empfiehlt]
recommend
Ende *n.* (–n) end; zu—bringen, finish;
zu—kommen, end, come to an end;
zu—sein, be done, finished; am—,
finally, at last
endlich finally
England *n.* England
entdecken discover
enthalten (ie, a) [enthält] contain
Erde *f.* (–n) earth
Erdkunde *f.* geography
erhalten (ie, a) [erhält] receive
erinnern remind; sich—an + *acc.*, remember
erkälten (sich) catch cold
Erkältung *f.* (–en) cold
erklären explain; declare
erlauben (*with dat.*) permit
erreichen reach
ersparen save (*money*)
erst (*adj.*) first; (*adv.*) first, not until
erstaunt astonished
erwähnen mention

erzählen relate, tell
Esel *m.* (–) donkey
essen (aß, gegessen) [ißt] eat
Eßzimmer *n.* dining room
etwas something; some; somewhat
euer (eure, euer) your
Europa *n.* Europe

F

Fabrik *f.* (–en) factory
fahren (u, a) [fährt] [sein] go, drive,
ride (in a vehicle)
fallen (fiel, gefallen) [fällt] [sein]
fall
Familie *f.* (–n) family
Farbe *f.* (–n) color
fast almost
faul lazy
Februar *m.* February
fechten (o, o) [ficht] fight
Feder *f.* (–n) pen
Fehler *m.* (–) mistake
feindlich hostile
Feld *n.* (–er) field
Fenster *n.* (–) window
Ferien (*plur.*) vacation
finden (a, u) find
flach flat, level
Flächeninhalt *m.* (–e) area
Fleisch *n.* meat
fleißig industrious
fliegen (o, o) [sein] fly
fließen (o, o) [sein] flow
Fluß *m.* (⁼e) river
folgen [sein] (*with dat.*) follow
fort-fahren (u, a) [fährt] continue
Fortschritte *m.* (*pl.*) progress; —
machen, make progress
Frage *f.* (–n) question; eine—stellen,
ask a question
fragen ask
Frankreich *n.* France
französisch (*adj.*) French
Französisch *n*; French (*lang.*)
Frau *f.* (en) woman; wife; Mrs.
Fräulein *n.* (–) young lady; Miss
Freitag *m.* Friday
fremd strange; foreign

freuen (sich) [über + *acc*.] be glad, rejoice over, be pleased with; sich —auf + *acc*., look forward to
Freund *m*. (-e) friend
Freundin *f*. (-nen) friend
freundlich friendly
frieren (o, o) freeze
froh happy, glad
früh early; morgen —, tomorrow morning
früher earlier; formerly
Frühling *m*. (-e) spring
Frühstück *n*. breakfast
führen lead; Krieg —, wage war
fünf five
für for (*acc*.)
fürchten fear; sich—vor, be afraid of
Fuß *m*. (ᵁe) foot; zu—gehen, go on foot, walk
Fußboden *m*. (ᵁ) floor

G

ganz entire, whole
gar:—nicht, not at all; —nichts, nothing at all
Garten *m*. (ᵁ) garden
Gebäude *n*. (-) building
geben (a, e) [gibt] give; Es gibt, there is, there are
geboren born (sein for the living, wurde for the dead) Wo bist du geboren? Wo wurde Geothe geboren?
gebrauchen use
Gedicht *n*. (-e) poem
gefallen (gefiel, gefallen) [gefällt] [*takes dat*.] please; Wie gefällt Ihnen mein Hut? How do you like my hat?
gegen (*acc*.) against; toward
gehen (ging, gegangen) [sein] go
gehören belong to
gelb yellow
Geld *n*. money
Gelegenheit *f*. (-en) opportunity
gelingen (a, u) [sein] [*impers*.] succeed; Es ist mir gelungen, es zu

machen, I have succeeded in making it.
genau exactly
genießen (o, o) enjoy
genug enough
gerade straight; just (*adv*.)
gern(e) gladly; ich lese —, I like to read
Geschäft *n*. (-e) business
geschehen (a, e) [geschieht] [sein] happen
Geschichte *f*. (-n) story, history
Gesellschaft *f*. (-en) company, society
gestern yesterday; —abend, yesterday evening
Gesundheit *f*. health
gewinnen (a, o) win; get, earn
gewiß certain(ly), surely
gewöhnlich usual(ly)
Glas *n*. (ᵁer) glass; ein —Wasser, a glass of water
glauben believe; think
gleich alike; at once, immediately
glücklich fortunate; happy
Gott *m*. God; —sei Dank! Thank God!
grau gray
greifen (griff gegriffen) grasp, seize
Grenze *f*. (-n) boundary
groß large
Größe *f*. greatness; size
Großstadt *f*. (ᵁe) large city (*100,000 or more inhabitants*)
grün green
gut good; well (*adv*.)
Gut *n*. (ᵁer) farm

H

haben (hatte, gehabt) have; recht haben, be right
halb half
Hälfte *f*. (-n) half
halten (ie, a) [hält] hold; eine Rede —, make a speech; für etwas —, consider
Hand *f*. (ᵁe) hand
Handschuh *m*. (-e) glove

hangen (i, a) [hängt] hang
häufig frequently
Haus *n*. (-er) house; nach Hause, (toward) home; zu Hause, at home
Heft *n*. (-e) notebook
heiß hot
heißen (ie, ei) be called; Wie —Sie? What is your name?
helfen (a, o) [hilft] [*with dat.*] help
hell light, bright
Herbst *m*. (-e) autumn
herein-kommen (a, o) [sein] come in
Herr *m*. (-en) gentleman; Mr.
Herz *n*. (-en) heart
heute today; —morgen, this morning
hier here
Himmel *m*. (-) heaven, sky
hinaus-gehen (i, a) [sein] go out
hinein-gehen (i, a) [sein] go in
hinter behind
hoch high (*drops c of stem when declined*)
hoffen hope
holen fetch
hören hear
Hotel *n*. (-s) hotel
Hund *m*. (-e) dog
hundert hundred
Hut *m*. (-e) hat

I

ihr (ihre, ihr) her; their
Ihr (Ihre, Ihr) your
immer always
in in (*dat.*); into (*acc.*)
Industrie *f*. (-n) industry
interessant interesting
interessieren interest; sich —für, be interested in

J

ja yes
Jahr *n*. (-e) year
Jahreszeit *f*. (-en) season
Januar *m*. January
jawohl yes; yes indeed
je ever; je. . .je, je. . .desto, the. . .the
jeder (jede, jedes) each, every

jedermann everybody, everyone
jemand anyone, someone
jener (jene, jenes) that; the former
jetzt now
Juli *m*. July
jung young
Juni *m*. June

K

Kaffee *m*. coffee
kalt cold
Kanada *n*. Canada
Kanal *m*. (-e) canal
Kartoffel *f*. (-n) potato
Kathedrale *f*. (-n) cathedral
kaufen buy
Kaufmann *m*. (*pl*. Kaufleute) merchant
kaum hardly, scarcely
kein (keine, kein) not a, not any, no
Kellner *m*. (-) waiter
kennen (kannte, gekannt) know, be acquainted with; —lernen, get acquainted with
Kind *n*. (-er) child
Kino *n*. (-s) moving picture theater
Kirche *f*. (-n) church
klar clear
Klasse *f*. (-n) class
Klavier *n*. (-e) piano
Kleid *n*. (-er) dress; die Kleider, clothes
klein small
klopfen knock
klug intelligent, wise
Knabe *m*. (-n) boy
kochen cook
Köln Cologne
kommen (kam, gekommen [sein] come
König *m*. (-e) king
können (konnte, gekonnt *or* können) can, be able
Kopf *m*. (-e) head
korrigieren (korrigierte, korrigiert) correct
kosten cost

krank sick
Krieg *m.* (-e) war;—führen, wage war
Küche *f.* (-n) kitchen
kurz short

L

lachen laugh
Laden *m.* (⸚) store
Lage *f.* (-n) location, situation
Land *n.* (⸚er) land, country; auf das
—, to the country; auf dem Lande,
in the country
Landkarte *f.* (-n) map
lang long
lange (*adv.*) long, a long time
langsam slow
Lärm *m.* noise
lassen (ie, a) [läßt] let; leave; (*causative*) have, make
laufen (ie, au) [läuft] [sein] run;
walk
leben live
Leben *n.* life
leer empty
legen lay
lehren teach
Lehrer *m.* (-) teacher
Lehrerin *f.* (-nen) teacher
leicht light; easy
Leid *n.* sorrow, grief; Es tut mir leid,
I am sorry.
leiden (litt, gelitten) suffer
Leipzig Leipzig
lernen learn; auswendig —, learn by
heart; kennen —, get acquainted
with
lesen (a, e) [liest] read
letzt last
Leute (*plur.*) people
lieb dear; —haben, like, love
lieben love
Lied *n.* (-er) song
liegen (a, e) lie
link left
Liste *f.* (-n) list
loben praise
lustig gay, merry

M

machen make, do; eine Reise —,
make a journey, travel; einen Spaziergang —, take a walk
Mädchen *n.* (-) girl
Mahlzeit *f.* (-en) meal
Mai *m.* May
Mal *n.* (-e) time (*succession*)
man (*indef. pron.*) one, they, we,
people
mancher (manche, manches) many a,
many; some
Mann *m.* (⸚er) man; husband
Mark *f.* (-) mark (*unit of German
money*)
März *m.* March
Meer *n.* (-e) sea; ocean
mehr more
mehrere (*plur.*) several
mein (meine, mein) my
Meinung *f.* (-en) opinion; meiner—
nach, in my opinion
Million *f.* (-en) million
Minute *f.* (-n) minute
mit (*with dat.*) with
Mittag *m.* noon; zu —, at noon
Mittagessen *n.* dinner
Mitte *f.* middle, center
Mittwoch *m.* Wednesday
mögen (mochte, gemocht *or* mögen)
like to, may
möglich possible
Monat *m.* (-e) month
Montag *m.* Monday
Morgen *m.* (-) morning
morgen tomorrow; —früh, tomorrow
morning; heute —, this morning
müde tired
München Munich
Museum *n.* (*plur* Museen) museum
Musik *f.* music
müssen (mußte, gemußt *or* müssen)
must, have to
Mutter *f.* (⸚) mother

N

nach after, to; according to
Nachbar *m.* (-n) neighbor

nachdem after (*conj.*)
Nachmittag *m.* (-e) afternoon
nächst nearest, next
Nacht *f.* (ⁱ) night
nah near
Nähe *f.* vicinity
nähen sew
Name *m.* (-n) name
natürlich natural; of course
neben beside
nehmen (nahm, genommen) [nimmt]
  take
nein no
nennen (nannte, genannt) name
neu new
neun nine
neunzig ninety
nicht not; gar —, not at all; noch —,
  not yet
nichts nothing
nie never
niedrig low
niemand no one, nobody
noch still, yet; —nicht, not yet; —einmal, again, once more
Norden *m.* north
nördlich northern
nötig necessary
November *m.* November
nur only
nützlich useful

O

ob whether; als —, as though
oben above; upstairs
obgleich although
oder or; entweder —oder, either —or
öffnen open
oft often
ohne (*with acc.*) without
Oktober *m.* October
Onkel *m.* (-) uncle
Ostern (*plur.*) Easter; zu —, at Easter

P

Paar *n.* (- and -e) pair; ein paar, a
  few, some
Papier *n.* (-e) paper

Park *m.* (-s) park
Platz *m.* (ⁱe) place, seat; public
  square; —nehmen, sit down, take
  a seat
plaudern chat, talk
plötzlich suddenly
Präsident *m.* (-en) president
Preußen *n.* Prussia
Professor *m.* (-en) professor
Prüfung *f.* (-en) examination

Q

Quadratmeile *f.* (-n) square mile

R

raten (ie, a) [rät] [*with dat.*] advise
Rathaus *n.* (ⁱer) city hall
rauchen smoke
Rechnung *f.* (-en) bill
recht right; —haben, be right
Rede *f.* (-n) speech, talk; eine —halten, make a speech, give a talk
Regen *m.* rain
regnen rain
reich rich
Reise *f.* (-n) trip, journey; eine —
  machen, go on a journey, travel
reisen [sein] travel
reiten (ritt, geritten) [sein] ride (*on
  an animal*)
Restaurant *n.* (-s) restaurant
Richter *m.* (-) judge
richtig right, correct
Roman *m.* (-e) novel
rot red
Ruf *m.* reputation
rufen (ie, u) call
ruhig calm, quiet
Rußland *n.* Russia

S

Sache *f.* (-n) thing
sagen say, tell
Satz *m.* (ⁱe) sentence
schade: Es ist —, It's too bad, It's a
  shame.
Schauspiel *n.* (-e) play (*theater*)
scheinen (ie, ie) shine; seem

schelten (a, o) [schilt] scold
schicken send
Schlachtfeld *n.* (-er) battlefield
schlafen (ie, a) [schläft] sleep
Schlafzimmer *n.* (-) bedroom
schlagen (u, a) [schlägt] strike, beat
schlecht bad, poor
schließen (o, o) shut, lock
Schloß *n.* (⁼er) castle
schmutzig dirty
Schnee *m.* snow
schneiden (schnitt, geschnitten) cut
schneien snow
schnell fast
schon already
schön beautiful
schreiben (ie, ie) write
Schuh *m.* (-e) shoe
Schule *f.* (-n) school
Schüler *m.* (-) pupil
Schülerin *f.* (-nen) pupil
Schulzimmer *n.* (-) schoolroom
schwach weak
schwarz black
Schwarzwald *m.* Black Forest (*large forest, about 70 x 20 mi. in SW Germany*)
schweigen (ie, ie) be silent, say nothing
die Schweiz Switzerland
schwer heavy; difficult
Schwester *f.* (-n) sister
schwimmen (a, o) [sein] swim
sechs six
sechzehn sixteen
sechzig sixty
See *m.* (-n) lake
sehen (a, e) [sieht] see
Sehenswürdigkeit *f.* (-en) thing worth seeing, sight(s) of a city (*museums, parks, etc.*)
sehr very; very much (*adv.*)
sein (war, gewesen) [sein] be
sein (seine, sein) his; its
seit (*with dat.*) since
seitdem (*conj.*) since
Seite *f.* (-n) side; page
selbst self (*pron.*); even (*adv.*)
selten seldom

senden (sandte, gesandt) send
September *m.* September
setzen set; sich —, sit down
sieben seven
siebzehn seventeen
siebzig seventy
singen (a, u) sing
sitzen (saß, gesessen) sit
so so; thus (*often not translated*)
sobald as soon as
sofort immediately
Sohn *m.* (⁼e) son
solcher (solche, solches) such
Soldat *m.* (-en) soldier
sollen (sollte, gesollt *or* sollen) be to, shall; be said to; ought, should
Sommer *m.* (-) summer
sondern but
Sonnabend *m.* (-e) Saturday
Sonne *f.* (-n) sun
Sonntag *m.* (-e) Sunday
Sorge *f.* (-n) care, worry
sorgfältig careful(ly)
spät late; später, later, afterward
Spaziergang *m.* (⁼e) walk; einen — machen, take a walk
spielen play
Sprache *f.* (-n) language
sprechen (a, o) [spricht] speak
Sprichwort *n.* (⁼er) proverb
springen (a, u) [sein] spring, jump
Staat *m.* (-en) state
Stadt *f.* (⁼e) city
stark strong
stehen (stand, gestanden) stand
steigen (ie, ie) [sein] climb, rise
stellen place, put; eine Frage —, ask a question
sterben (a, o) [stirbt] [sein] die
Stimme *f.* (-n) voice
Stock *m*, (⁼e) stick, cane
stolz proud; —auf (*acc.*) proud of
Straße *f.* (-n) street
streiten (stritt, gestritten) quarrel
Stück *n.* (-e) piece; ein —Brot, a piece of bread
Student *m.* (-en) student; Studentin *f.* (-nen) student
studieren (studierte, studiert) study

Stuhl *m.* (̈e) chair
Stunde *f.* (-n) hour
suchen seek, look for
südlich southern

T

Tafel *f.* (-n) blackboard
Tag *m.* (-e) day
Tante *f.* (-n) aunt
tanzen dance
Tasse *f.* (-n) cup; eine —Kaffee, a cup
of coffee
tausend thousand
Teil *m.* (-e) part
teuer dear, expensive
Theater *n.* (-) theater
Tier *n.* (-e) animal
Tisch *m.* (-e) table
Tochter *f.* (̈) daughter
Tod *m.* death
Tours Tours (*city in France*)
tragen (u, a) [trägt] carry; wear
treffen (traf, getroffen) [trifft] meet
treiben (ie, ie) drive; carry on (*business, sports, etc.*)
trennen separate
treten (a, e) [tritt] [sein] step
trinken (a, u) drink
Trinkgeld *n.* (-er) tip
trotz (*with gen.*) in spite of
tun (tat, getan) [tust, tut] do; Es tut
mir leid, I am sorry.
Tür *f.* (-en) door

U

über over, above; concerning (*with acc.*)
überall everywhere
übersetzen translate
Übung *f.* (-en) practice
Uhr *f.* (-en) watch; um drei —, at
three o'clock; Wieviel Uhr ist es?
What time is it?
um (*with acc.*) around; —drei Uhr, at
three o'clock; —zu + *infin.*, in order to
und and
ungefähr about, approximately
Universität *f.* (-en) university
unser (unsere, unser) our

unten below, downstairs
unter under; among
untersuchen investigate
usw. (und so weiter) etc., and so
forth

V

Vater *m.* (̈) father
verbrennen (verbrannte, verbrannt)
burn, burn up
verdienen earn
die Vereinigten Staaten (*m. plur.*) the
United States
vergessen (vergaß, vergessen)
[vergißt] forget
vergleichen (i, i) compare
verkaufen sell
verlieren (o, o) lose
verschieden different
versprechen (a, o) [verspricht] promise (*with dat.*)
verstehen (verstand, verstanden) understand
versuchen try
verzeihen (ie, ie) [*with dat.*] pardon
viel much; viele many
vielleicht perhaps
vier four
viert fourth
Viertel *n.* (-) fourth, quarter
vierzig forty
Vogel *m.* (̈) bird
Volk *n.* (̈er) people, nation
vollenden finish, complete
von from, of, off; by
vor before, in front of
vor-kommen (a, o) [sein] occur
vor-lesen (a, e) [liest] read aloud
Vormittag *m.* (-e) forenoon
vor-schlagen (u, a) [schlägt] propose,
suggest

W

wachsen (u, a) [wächst] [sein] grow
während while; during (*with gen.*)
wahr true; nicht —? not so? isn't
he? haven't they? etc.
Wahrheit *f.* truth
Wald *m.* (̈er) forest, woods
Wand *f.* (̈) wall

wann when
warm warm
warten wait; —auf + *acc.*, wait for
warum why
was what; alles —, all that
Wasser *n.* water
wecken awaken
Weg *m.* (-e) road
wegen (*with gen.*) on account of
Weihnachten (*plur. but takes sing. verb*) Christmas; zu —, at Christmas
weil because
Wein *m.* (-e) wine
Weise *f.* (-n) way, manner; auf diese —, in this way
weiß white
weit wide, far
welcher (welche, welches) who, which, that (*rel. pron.*); which, what (*interrog. adj.*)
Welt *f.* (en) world
wenig little (*quantity*); wenige, few; ein —, a little
wenigstens at least
wenn when; if
wer who
werden (wurde, geworden) [wirst, wird] [sein] become, get
werfen (a, o) [wirft] throw
Werk *n.* (-e) work
Wetter *n.* weather
wie how; as, like
wieder again
wiederholen repeat, review
Wiederholung *f.* (-en) repetition, review
wieder-sehen (a, e) [sieht] see again; Auf Wiedersehen! Goodbye!
Wien Vienna
wieviel (e) how much, how many; um wieviel Uhr, at what time
Wind *m.* (-e) wind
Windmühle *f.* (-n) windmill
Winter *m.* (-) winter
wirklich real(ly)
wissen (wußte, gewußt) [weiß, weißt, weiß] know (a fact)
wo where

Woche *f.* (-n) week
wohl well; probably, surely, doubtless
wohnen live, dwell, reside
Wohnzimmer *n.* (-) living room
wollen (wollte, gewollt *or* wollen) [willst, will] wish to, want to, will; claim to
womit with what; with which
Wort *n.* ($\ddot{}$er) word
Wörterbuch *n.* ($\ddot{}$er) dictionary
wünschen wish

Z

zählen count
zahllos countless
zehn ten
zeigen show
Zeile *f.* (-n) line
Zeit *f.* (-en) time
Zeitung *f.* (-en) newspaper
Zensur *f.* (-en) grade (class)
zerbrechen (a, o) [zerbricht] break up, break to pieces
ziehen (zog, gezogen) draw, pull
ziemlich quite, rather
Zigarette *f.* (-n) cigarette
Zigarre *f.* (-n) cigar
Zimmer *n.* (-) room
zu to; too (*excessively*)
zu-bringen (brachte zu, zugebracht) pass, spend (*time*)
zuerst first, at first
zufrieden satisfied
zu-machen close, shut
zurück-bringen (brachte zurück, zurück-gebracht) bring back
zurück-gehen (ging zurück, zurück-gegangen) [sein] go back
zurück-kommen (a, o) [sein] come back
zusammen together
zuweilen occasionally
zwanzig twenty
zwei two
zweimal twice
zweit second
zwischen between
zwölf twelve

Vocabulary

A

a, an ein (eine, ein)
able: be—, können (konnte, gekonnt *or* können)
about ungefähr; über + *acc*. (*concerning*)
accept an-nehmen (nahm an, angenommen) [nimmt]
according to nach
account: on — of, wegen (*gen*.)
acquainted : be — with, kennen (kannte, gekannt); become — with, kennen lernen
advise raten (ie, a) [rät] [*takes dat*.]
afraid: be —, fürchten; be — of, sich fürchten vor (*dat*.)
after nach (*dat*.); nachdem (*conj*.)
afternoon Nachmittag *m*. (-e)
again wieder; noch einmal
against gegen; — it (them), dagegen
alike gleich
all all (e); alles (everything)
almost fast
alone allein
already schon
also auch
although obgleich
always immer
America Amerika *n*.
American (*adj*.) amerikanisch
among unter
and und
anecdote Anekdote *f*. (-n)
angry böse
animal Tier *n*. (-e)
answer Antwort *f*. (-en)
answer antworten (*dat*.)
any: not —, kein (keine, kein)

anyone jemand
appear (look) aus-sehen (a, e) [sieht]
approximately ungefähr
April April *m*.
area Flächeninhalt *m*. (-e)
arm Arm *m*. (-e)
around um (*acc*.)
arrive an-kommen (kam an, angekommen) [sein]
as als; wie; da
as soon as sobald
ask fragen; — a question, eine Frage stellen; ask for, bitten um (bat, gebeten)
assume an-nehmen (nahm an, angenommen) [nimmt]
astonished erstaunt
at an, bei; at home, zu Hause; at two o'clock, um zwei Uhr; at my aunt's, bei meiner Tante; at once, sofort
August August *m*.
aunt Tante *f*. (-n)
automobile Automobil *n*. (-e); Auto *n*. (-s)
autumn Herbst *m*.
awaken wecken

B

back (*sep. pref*.) zurück
bad böse; schlecht (*quality*); It's too bad, Es ist schade.
bathroom Badezimmer *n*. (-)
battlefield Schlachtfeld *n*. (-er)
be sein (war, gewesen) [sein] ; sich befinden (a, u); be said to, sollen (sollte, gesollt *or* sollen)
beat schlagen (u, a) [schlägt]

235

beautiful schön
because weil
become werden (u, o) [sein]
bed Bett *n.* (-en)
bedroom Schlafzimmer *n.* (-)
beer Bier *n.*
before ehe (*conj.*); vor (*prep.*)
beg bitten (bat, gebeten); — for, bitten um
begin beginnen (a, o); an-fangen (fing an, angefangen) [fängt]
beginning Anfang *m.* (̈e) — book, Anfangsbuch *n.* (̈er)
behind hinter
believe glauben
belong to gehören
below unter (*prep.*); unten (*adv.*)
bend biegen (o, o)
beside neben
best best; am besten
better besser
between zwischen
bill Rechnung *f.* (-en)
bind binden (a, u)
bird Vogel *m.* (̈)
black schwarz
blackboard Tafel *f.* (-n)
Black Forest Schwarzwald *m.*
blue blau
boat Boot *n.* (-e)
book Buch *n.* (̈er)
born geboren (*with pres. of* sein *for living persons*; *with* wurde *for the dead*) [Wo bist du geboren? Wo wurde Goethe geboren?]
both beide
boundary Grenze *f.* (-n)
boy Knabe *m.* (-n)
bread Brot *n.* (-e)
break brechen (a, o) [bricht]; — to pieces, zerbrechen
breakfast Frühstück *n.* (-e)
bridge Brücke *f.* (-n)
bright hell; klug (*wise*)
bring bringen (brachte, gebracht); — back, zurück-bringen
broad breit; weit
brook Bach *m.* (̈e)

brother Bruder *m.* (̈)
brown braun
build bauen
building Gebäude *n.* (-)
burn (up) verbrennen (verbrannte, verbrannt)
business Geschäft *n.* (-e)
but aber; sondern
buy kaufen
by an, bei, neben; von

C

café Café *n.* (-s)
call rufen (ie, u); be called, heißen (ie, ei)
can können (konnte, gekonnt *or* können) [kann, kannst, kann]
Canada Kanada *n.*
canal Kanal *m.* (̈e)
cane Stock *m.* (̈e)
care Sorge *f.* (-n)
careful sorgfältig
carry tragen (u, a) [trägt]
castle Schloß *n.* (̈ er)
catch fangen (i, a) [fängt] ; — cold, sich erkälten
cathedral Kathedrale *f.* (-n)
cease auf-hören
ceiling Decke *f.* (-n)
center Mitte *f.*
certain (ly) gewiß
chair Stuhl *m.* (̈e)
cheap billig
child Kind *n.* (-er)
Christmas Weihnachten (*plural, but takes verb in sing.*); at —, zu Weihnachten
church Kirche *f.* (-n)
cigar Zigarre *f.* (-n)
cigarette Zigarette *f.* (-n)
city Stadt *f.* (̈e); large — (*100 000 or more pop.*), Großstadt *f.* (̈e)
city hall Rathaus *n.* (̈er)
class Klasse *f.* (-n)
clear deutlich; klar
climb steigen (ie, ie) [sein]
close zu-machen; schließen (o, o)
clothes Kleider (*plur. of* Kleid)

coffee Kaffee *m.*
cold kalt; catch —, sich erkälten; Erkältung *f.* (–en)
Cologne Köln (*city in Germany*)
color Farbe *f.* (–n)
come kommen (kam, gekommen) [sein]; come back zurück-kommen (a, o) [sein]; come in herein-kommen (a, o)
company Gesellschaft *f.* (–en)
compare vergleichen (verglich, verglichen)
complete vollenden
consist of bestehen aus (bestand, bestanden)
contain enthalten (ie, a) [enthält]
continue fort-fahren (u, a) [fährt]; dauern
cook kochen
copy ab-schreiben (ie, ie)
correct (*adj.*) richtig
correct (*verb*) korrigieren (korrigierte, korrigiert)
cost kosten
count zählen
countless zahllos
country Land *n.* (–er); in the —, auf dem Lande; to the —, auf das Land
course: of —, doch, natürlich, wohl
cup Tasse *f.* (–n); a cup of coffee, eine Tasse Kaffee
cut schneiden (schnitt, geschnitten)

D

dance tanzen
dark dunkel
daughter Tochter *f.* (–)
day Tag *m.* (–e)
dear lieb; teuer (*expensive*)
death Tod *m.*
deceive betrügen (o, o)
December Dezember *m.*
declare erklären
depart ab-fahren (u, a) [fährt] [sein]
describe beschreiben (ie, ie)
dictionary Wörterbuch *n.* (–er)
die sterben (a, o) [stirbt] [sein]

different verschieden
difficult schwer
dining room Eßzimmer *n.* (–)
dinner (*noon*) Mittagessen *n.* (–)
dirty schmutzig
discover entdecken (entdeckte, entdeckt)
do tun (a, a) [tust, tut]
doctor Arzt *m.* (–e)
dog Hund *m.* (–e)
dollar Dollar *m.* (–s)
donkey Esel *m.* (–)
door Tür *f.* (–en)
downstairs unten
draw ziegen (zog, gezogen)
dress Kleid *n.* (–er)
drink trinken (a, u)
drive treiben (ie, ie); fahren (u, a) [fährt] [sein]
during während (*gen.*)
dwell wohnen

E

each jeder (jede, jedes); — other einander
early früh
earn verdienen; gewinnen
earth Erde *f.* (–n)
Easter Ostern (*plur.*); at —, zu Ostern
easy leicht
eat essen (aß, gegessen) [ißt, ißt]
eight acht
either ... or, entweder ... oder
eleven elf
end Ende *n.* (–n); come to an —, zu Ende kommen (a, o)
England England *n.*
enjoy genießen (o, o)
enough genug
enter ein-gehen (i, a) [sein]; eintreten (a, e) [sein]
entire ganz
error Fehler *m.* (–)
especially besonders
Europe Europa *n.*
even selbst; — my friends, selbst meine Freunde
evening Abend *m.* (–e); this —, heute abend

ever je
every jeder (jede, jedes)
everybody (everyone) jedermann
everything alles
everywhere überall
exact (ly) genau
examination Prüfung *f.* (-en)
example Beispiel *n.* (-e); for —, zum
 Beispiel (z. B.)
exist bestehen (bestand, bestanden)
expensive teuer
explain erklären
eye Auge *n.* (-n)

F

factory Fabrik *f.* (-en)
fall fallen (fiel gefallen) [fällt] [sein]
family Familie *f.* (-n)
famous berühmt
far weit
farm Gut *n.* (ᵕer)
farmer Bauer *m.* (-n)
fast schnell
father Vater *m.* (ᵕ)
fear fürchten; sich fürchten vor (*dat.*)
February Februar *m.*
feel sich befinden (a, u)
fetch holen
few wenige; a —, einige, ein paar
field Feld *n.* (-er)
fifty fünfzig
fight fechten (o, o) [ficht]
finally endlich
find finden (a, u)
finish vollenden; zu Ende bringen
 (brachte, gebracht)
first erst (*adj.*); at —, zuerst
five fünf
flat flach
floor Fußboden *m.* (ᵕ)
flow fließen (o, o) [sein]
flower Blume *f.* (-n)
fly fliegen (o, o) [sein]
follow folgen (*takes dat.*) [sein]
foot Fuß *m.* (ᵕe); go on —, zu Fuß
 gehen (i, a) [sein]
for denn (*conj*); für (*acc.*)
foreign fremd

forenoon Vormittag *m.* (-e)
forest Wald *m.* (ᵕer)
forget vergessen (a, e) [vergißt]
for it (them) dafür; dazu
former: the —, jener (jene, jenes)
formerly früher
forth: and so —, und so weiter (usw.)
fortunate glücklich
forty vierzig
four vier
fourth viert (*adj.*); Viertel *n.* (-)
France Frankreich *n.*
freeze frieren (o, o)
French (*adj.*) französisch
French (*lang.*) Französisch *n.*
frequently häufig
Friday Freitag *m.*
friend Freund *m.* (-e); Freundin *f.*
 (-nen)
friendly freundlich
from von; aus
front: in — of, vor

G

gain gewinnen (gewann, gewonnen)
garden Garten *m.* (ᵕ)
gay lustig
gentleman Herr *m.* (-en)
geography Erdkunde *f.*
German (*adj.*) deutsch; in —, auf
 deutsch; German (*lang*) Deutsch *n.*
Germany Deutschland *n.*
get werden (u, o) [wirst, wird] [sein] ;
 gewinnen (a, o)
get up auf-stehen (stand auf, aufgestanden) [sein]
girl Mädchen *n.* (-)
give geben (a, e) [gibt]
glad froh; be —, sich freuen
gladly gern (e)
glass Glas *n.* (ᵕer); a — of water, ein
 Glas Wasser
glove Handschuh *m.* (-e)
go gehen (ging, gegangen) [sein] ;
 fahren (u, a) fährt [sein] ; go back
 zurückgehen (ging zurück, zurück-
 gegangen) [sein] ; go in hinein-
 gehen (ging hinein, hineingegan-

gen) [sein]; go out hinausgehen
(ging hinaus, hinausgegangen)
[sein]
God Gott *m.*
good gut
Goodbye! Auf Wiedersehen!
grade (*school*) Zensur *f.* (-en)
grasp greifen (griff, gegriffen)
grateful dankbar
gray grau
green grün
ground Boden *m.*
grow wachsen (u, a) [wächst] [sein]

H

half halb (*adj.*); Hälfte *f.* (-n)
hand Hand *f.* (̈-e); on the other —,
dagegen
hang hangen (i, a) [hängt]
happen geschehen (a, e) [geschieht]
[sein]; vor-kommen (a, o) [sein]
happy froh; glücklich
hardly kaum
hat Hut *m.* (̈-e)
have haben (hatte, gehabt); [*causative* verb] lassen (ie, a) [läßt, läßt];
have to, müssen (mußte, gemußt
or müssen) [muß, mußt, muß]
head Kopf *m.* (̈-e)
health Gesundheit *f.*
hear hören
heart Herz *n.* (-en); learn by —, auswendig lernen
heaven Himmel *m.* (-)
heavy schwer
help helfen (a, o) [hilft] [*takes dat.*]
her (*poss. adj.*) ihr (ihre, ihr)
here hier
high hoch; higher, höher; highest,
höchst
his sein (seine, sein)
hold halten (ie, a) [hält]
home: at —, zu Hause; home (*motion
toward*) nach Hause
honest ehrlich
hope hoffen
hostile feindlich
hot heiß

hotel Hotel *n.* (-s)
hour Stunde *f.* (-n)
house Haus *n.* (̈-er)
how wie; — much wieviel; — many,
wieviele
however aber, doch
hundred hundert

I

if wenn
immediately gleich; sofort
important bedeutend
in in
industrious fleißig
industry Industrie *f.* (-n)
inhabitant Einwohner *m.* (-)
instead of statt *or* anstatt (*genit.*)
intelligent klug
interest interessieren; be interested in,
sich interessieren für
interesting interessant
into in (*acc.*)
investigate untersuchen (untersuchte,
untersucht)
invite ein-laden (u, a) [lädt]
iron Eisen *n.*
its sein (seine, sein); ihr (ihre, ihr)

J

January Januar *m.*
journey Reise *f.* (-n); go on a —, eine
Reise machen
judge Richter *m.* (-)
July Juli *m.*
jump springen (a, u) [sein]
June Juni *m.*
just eben, gerade (*adverbs*); just as ...
as, ebenso ... wie

K

keep behalten (ie, a) [behält]
kind: what — of a —? Was für ein
—?; all —s of, allerlei
king König *m.* (-e)
kitchen Küche *f.* (-n)
knock klopfen
know (*acquainted with*) kennen
(kannte, gekannt); know (*fact; by*

heart), wissen (wußte, gewußt) [weiß, weißt, weiß]

L

lake See *m.* (-n)
land Land *n.* (⸚er); Boden *m.*
language Sprache *f.* (-n)
large groß
last letzt (*adj.*); dauern
late spät
latter: the —, dieser (diese, dieses)
laugh lachen
lay legen
lazy faul
lead führen
learn lernen; — by heart, auswendig lernen
least: at —, wenigstens
leave ab-fahren (u, a) [fährt] [sein]; lassen (ie, a) [läßt]
left link
leg Bein *n.* (-e)
Leipzig Leipzig (*city in Germany*)
lesson Aufgabe *f.* (-n)
let lassen (ie, a) [läßt]; erlauben
letter Brief *m.* (-e)
level flach
lie liegen (a, e)
life Leben *n.* (-)
lift heben (o, o); — up, auf-heben (o, o)
light leicht; hell
lighten blitzen
like gern haben; lieb haben; mögen (mochte, gemocht *or* mögen); gefallen (gefiel, gefallen) [gefällt], *as in* Das Buch gefällt mir, I like the book; like best, am liebsten haben; like best to do something, etwas am liebsten tun, *as in* Ich tanze am liebsten, I like best of all to dance.
line Zeile *f.* (-n)
list Liste *f.* (-n); of words, Wortliste *f.* (-n)
little klein; a —, ein wenig
live leben; wohnen (*dwell*)
living room Wohnzimmer *n.* (-)
location Lage *f.* (-n)
lock schließen (o, o)

long lang; a — time, lange
look (*appear*) aus-sehen (a, e) [sieht]; look at, betrachten; look for, suchen; look forward to, sich freuen auf (*acc.*)
lose verlieren (o, o)
love lieben
low niedrig

M

make machen; lassen (ie, a) [läßt] [*causative verb*]
man Mann *m.* (⸚er)
manner Weise *f.* (-n); in this —, auf diese Weise
many (a) mancher (manche, manches); viele
map Landkarte *f.* (-n)
March März *m.*
mark (*Germ. coin*) Mark *f.* (-)
may (*permission*) dürfen (durfte, gedurft *or* dürfen) [darf, darfst, darf]; may (*possibility*) mögen (mochte, gemocht *or* mögen) [mag, magst, mag]
May Mai *m.*
Meal Mahlzeit *f.* (-en)
mean bedeuten
meat Fleisch *n.*
meet begegnen [sein] [*takes dat.*]; treffen (traf, getroffen) [trifft]
mention erwähnen
merchant Kaufmann *m.* (*plur. Kaufleute*)
merry lustig
middle Mitte *f.*
million Million *f.* (-en)
minute Minute *f.* (-n)
Miss Fräulein *n.* (-)
mistake Fehler *m.* (-)
Monday Montag *m.*
money Geld *n.*
month Monat *m.* (-e)
more mehr
morning Morgen *m.* (-); this —, heute morgen; tomorrow —, morgen früh; Good —! Guten Morgen!
mother Mutter *f.* (⸚)
mountain Berg *m.* (-e)

moving-picture theater Kino n. (–s)
Mr. Herr m. (–en)
Mrs. Frau f. (–en)
much viel
Munich München
museum Museum n. (*plur.* Museen)
music Musik f.
must müssen (mußte, gemußt *or* müssen) [muß, mußt, muß]
my mein (meine, mein)

N

name Name m. (–n); nennen (nannte, genannt); be named, heißen (ie, ei); What is your —? Wie heißen Sie?
natural natürlich
near bei; nah
necessary nötig
need brauchen
neighbor Nachbar m. (–n)
never nie
new neu
newspaper Zeitung f. (–en)
next nächst (*adj.*); — to, neben
night Nacht f. (–e)
nine neun
no nein; kein (keine, kein)
nobody niemand
noise Lärm m.
noon Mittag m.; at —, zu Mittag
no one niemand
north Norden m.
northern, northerly nördlich
not nicht; — at all, gar nicht; — yet, noch nicht
notebook Heft n. (–e)
nothing nichts; — at all, gar nichts
novel Roman m. (–e)
now jetzt
November November m.

O

observe beobachten; betrachten
occasionally zuweilen
occur geschehen (a, e) [geschieht] [sein]; ein-treten (a, e) [tritt] [sein]; vorkommen (a, o) [sein]
ocean Meer n. (–e)
o'clock: at two —, um zwei Uhr

October Oktober m.
of von; aus
off von
often oft
old alt
on auf
once einmal; at —, gleich, sofort; — more, noch einmal; — upon a time, einmal
one eins; ein (eine, ein); man (*indef. pron.*); one another, einander
only nur; einzig (*adj.*)
open öffnen; auf-machen
opinion Meinung f. (–en); in my —, meiner Meinung nach
opportunity Gelegenheit f. (–en)
or oder; either . . . or, entweder . . . oder
order bestellen; in — that, damit; in — to, um . . . zu + *infin.*
other ander
ought sollte (*past subj. of* sollen); — to have, hätte . . . sollen
our unser (unsere, unser)
out of aus (*dat.*); out of doors (*outside*) draußen
over über

P

page Seite f. (–n)
pair Paar n. (–); a — of shoes, ein Paar Schuhe
paper Papier n. (–e)
pardon verzeihen (ie, ie) [*takes dat.*]
parents Eltern (*plur.*)
park Park m. (–s)
part Teil m. (–e)
pay bezahlen
pen Feder f. (–n)
pencil Bleistift m. (–e)
people Leute (*plur.*); man (*indef. pron.*); Volk n. (–er)
perhaps vielleicht
permit erlauben (*takes dat.*); be permitted (dürfen, durfte, gedurft *or* dürfen) [darf, darfst, darf]
physician Arzt m. (–e); Doktor m. (en)
piano Klavier n. (–e)
picture Bild n. (–e)

piece Stück *n*. (–e)
place stellen
play spielen; Schauspiel (*theat*.) *n*.
(–e)
please gefallen (gefiel, gefallen) [ge-
fällt] [*takes dat*.] ; bitte
pleased glad: be –, sich freuen
poem Gedicht *n*. (–e)
poet Dichter *m*. (–)
poor arm; schlecht (*quality*)
popular beliebt
possible möglich
potato Kartoffel *f*. (–n)
practice Übung *f*. (–en)
praise loben
prefer lieber haben; lieber mögen
(mochte, gemocht *or* mögen); lieber tun, etc. (I prefer to stay here,
Ich bleibe lieber hier.)
prepare bereiten
president Präsident *m*. (–en)
probably wohl
professor Professor *m*. (–en)
progress (*verb*) Fortschritte machen
promise versprechen (a, o) [ver-
spricht] [*takes dat*.]
pronounce aus-sprechen (a, o) [spricht]
propose vor-schlagen (u, a) [schlägt]
proud stolz; – of, stolz auf (*acc*.)
proverb Sprichwort *n*. (–̈er)
Prussia Preußen *n*.
public square Platz *m*. (–̈e)
pull ziehen (zog, gezogen)
pupil Schüler *m*. (–); Schülerin *f*.
(–nen)
purse Börse *f*. (–n)
put stellen

Q

quarrel streiten (stritt, gestritten)
question Frage *f*. (–n); ask a –, eine
Frage stellen
quiet ruhig
quite ziemlich

R

railroad Eisenbahn *f*. (–en)
rain regnen; Regen *m*.

rather ziemlich
reach erreichen
read lesen (a, e) [liest]
read aloud vor-lesen (a, e) [liest]
real (ly) wirklich
receive bekommen (bekam, bekommen); erhalten (ie, a) [erhält]
recommend empfehlen (a, o) [emp-
fiehlt]
red rot
rejoice sich freuen
relate erzählen
remain bleiben (ie, ie) [sein]
remember sich erinnern (an + *acc*.);
behalten (ie, a) [behält]
repeat wiederholen
repetition Wiederholung *f*. (–en).
reputation Ruf *m*.
restaurant Restaurant *n*. (–s)
review wiederholen; Wiederholung *f*.
(–en)
ride fahren (u, a) [fährt] [sein] ; reiten (*horseback*) (ritt, geritten)
[sein]
right recht; richtig (*correct*); be –,
recht haben
river Fluß *m*. (–̈e)
road Weg *m*. (–e)
roof Dach *n*. (–̈er)
room Zimmer *n*. (–)
run laufen (ie, au) [läuft] [sein]
Russia Rußland *n*.

S

same; the –, derselbe (dieselbe, dasselbe); at the – time, dabei
satisfied zufrieden
Saturday Sonnabend *m*.
save (up) ersparen
say sagen; – nothing, schweigen
(ie, ie)
scarcely kaum
school Schule *f*. (–n)
schoolroom Schulzimmer *n*. (–)
scold schelten (a, o) [schilt]
sea Meer *n*. (–e)
season Jahreszeit *f*. (–en)

seat Platz *m.* (⁼e); take a —, Platz nehmen (a, o)
second (*adj.*) zweit
see sehen (a, e) [sieht] ; see again wieder-sehen (a, e) [sieht]
seek suchen
seem scheinen (ie, ie)
seize greifen (griff, gegriffen)
seldom selten
self selbst; he himself, er selbst
sell verkaufen
send schicken; senden (sandte, gesandt)
sentence Satz *m.* (⁼e)
separate trennen
September September *m.*
set setzen
seven sieben
seventeen siebzehn
seventy siebzig
several mehrere; einige
sew nähen
shall werden + *infin. to form future tense*; sollen (sollte, gesollt *or* sollen)
shame: It's a —, Es ist schade.
shine scheinen (ie, ie)
shoe Schuh *m.* (-e)
short kurz
should sollte (*past subj. of* sollen); — have, hätte . . . sollen
show zeigen
shut zu-machen; schließen (o, o)
sick krank
side Seite *f.* (-n)
sight (*of a city*) Sehenswürdigkeit *f.* (-en)
signify bedeuten
silent: be —, schweigen (ie, ie)
simple einfach
since seit (*prep. with dat.*); seitdem (*conj.*); da (*conj.*)
sing singen (a, u)
single einzig
sister Schwester *f.* (-n)
sit sitzen (saß, gesessen); sit down, sich setzen; Platz nehmen (nahm, genommen)

six sechs
sixteen sechzehn
sixty sechzig
size Größe *f.* (-n)
sky Himmel *m.* (-)
sleep schlafen (ie, a) [schläft]
small klein
smoke rauchen
snow schneien; Schnee *m.*
so so
society Gesellschaft *f.* (-en)
soil Boden *m.* (⁼)
soldier Soldat *m.* (-en)
some (*a few*) einige; ein paar; some (*quantity*) etwas (etwas Brot, etwas Kaffee, etc.)
somebody (some one) jemand
something etwas
somewhat etwas; ziemlich
son Sohn *m.* (⁼e)
song Lied *n.* (-er)
soon bald
sorry: be —, leid tun; I am —, Es tut mir leid.
sort: all sorts of, allerlei
southern (southerly) südlich
speak sprechen (a, o) spricht
speech Rede *f.* (-n); make a —, eine Rede halten (ie, a)
spend (*time*) zu-bringen (brachte zu, zugebracht)
spite: in — of, trotz (*genit,*)
spring Frühling *m.* (-e)
spring springen (a, u) [sein]
square mile Quadratmeile *f.* (-n)
stand stehen (stand, gestanden); — up, auf-stehen (stand, gestanden) [sein]
start an-fangen (i, a) [fängt] ; beginnen (a, o); ein-treten (a, e) [sein]
state Staat *m.* (-en); the United States, die Vereinigten Staaten
stay bleiben (ie, ie) [sein]
steamship Dampfer *m.* (-)
step treten (a, e) trittst, [tritt] [sein] ; —in, ein-treten (a, e) [sein]
stick Stock *m.* (⁼e)
still (*adj.*) ruhig

still (*adv.*) doch; noch (*time*)
stop auf-hören
store Laden *m.* (⁻)
story Geschichte *f.* (–n)
straight gerade
strange fremd
street Straße *f.* (–n)
strike schlagen (u, a) [schlägt]
strong stark
student Student *m.* (–en); Studentin *f.* (–nen)
study studieren (studierte, studiert)
stupid dumm
success gelingen (a, u) [sein] [*used only impersonally*]
such solcher (solche, solches)
suddenly plötzlich
suffer leiden (litt, gelitten)
suggest vor-schlagen (u, a) [schlägt]
suit (*clothes*) Anzug *m.* (⁻e)
summer Sommer *m.* (–)
sun Sonne *f.* (–n)
Sunday Sonntag *m.* (–)
supper Abendessen *n.* (–)
surely doch; wohl
swim schwimmen (a, o) [sein]
Switzerland die Schweiz

T

table Tisch *m.* (–e)
take nehmen (nahm, genommen) [nimmt] ; — a walk, einen Spaziergang machen
talk plaudern
teach lehren
teacher Lehrer *m.* (–); Lehrerin *f.* (–nen)
tell erzählen (*tell a story*); sagen
ten zehn
than als
thank danken (*takes dat.*); Thank you! Danke schön!
thankful dankbar
that (*conj.*) daß
that (*dem. adj.*) jener (jene, jenes)
that (*dem. pron.*) der (die, das); derjenige (diejenige, dasjenige)
that (*rel. pron.*) der (die, das); welcher (welche, welches) .

the der (die, das)
the . . . the, je . . . .je (desto)
theater Theater *n.* (–)
their ihr (ihre, ihr)
then dann; denn
there da; — is (are), Es gibt
therefore also; deshalb
therewith dabei; damit
thing Sache *f.* (–n); all sorts of things, allerlei (Sachen)
think denken (dachte, gedacht); glauben
third dritt (*adj.*); Drittel *n.* (–)
thirteen dreizehn
thirty dreißig
this dieser (diese, dieses); dies
thousand tausend
three drei
through durch (*acc.*)
throw werfen (a, o) [wirft]
thunder donnern
Thursday Donnerstag *m.*
tie binden (a, u)
time (*duration*) Zeit *f.* (–en); have a good —, sich amüsieren; at the same —, dabei; a long —, lange; at what —, um wieviel Uhr?
time (*repetition*) Mal *n.* (–e); the first —, das erste Mal; three times, dreimal
tip Trinkgeld *n.* (–er)
tired müde
to an, auf, nach, zu; Ich gehe an die Tafel; er ging nach Berlin; ich ging zu meinem Onkel.
today heute
together zusammen
tomorrow morgen; — morning, morgen früh
too (*in addition*) auch; zu (*excess*)
Tours Tours (*city in France*)
toward gegen (*acc.*); nach (*dat.*)
translate übersetzen (übersetzte, übersetzt)
travel reisen (sein); eine Reise machen
tree Baum *m.* (⁻e)
trip Reise *f.* (–n); take a —, eine Reise machen

truth Wahrheit *f.*
try versuchen
Tuesday Dienstag *m.*
twelve zwölf
twenty zwanzig
twice zweimal
two zwei

U

uncle Onkel *m.* (–)
under unter
understand verstehen (verstand, verstanden)
United States (the) die Vereinigten Staaten
university Universität *f.* (–en)
until bis; not –, erst
up auf; herauf; hinauf; up to, bis
upon auf
upstairs oben
use gebrauchen
useful nützlich
usual (ly) gewöhnlich

V

vacation die Ferien (*plur.*)
very sehr
vicinity Nähe *f.*
Vienna Wien
village Dorf *n.* (–̈er)
visit besuchen
voice Stimme *f.* (–n)

W

wage war Krieg führen
wait warten; – for, warten auf (+*acc.*)
waiter Kellner *m.* (–)
walk gehen (ging gegangen) [sein]; zu Fuß gehen; take a –, einen Spaziergang machen
wall Wand *f.* (–̈e)
want to wollen (wollte, gewollt *or* wollen) [will, willst, will]
war Krieg *m.* (–e); wage –, Krieg führen
warm warm
watch Uhr *f.* (–en)

water Wasser *n.*
way Weg *m.* (–e); in this –, auf diese Weise
weak schwach
wear tragen (u, a) [trägt]
weather Wetter *n.*
Wednesday Mittwoch *m.*
week Woche *f.* (–n)
welcome: "You are welcome" (*as reply to* "Thank you"), Bitte!
what was (*inter. pron.*); welcher (welche, welches) (*inter. adj.*)
when als; wenn; wann; da
where wo
whether ob
which (*inter. adj.*) welcher (welche, welches); (*rel. pron.*) der (die, das); welcher (welche, welches)
while während
white weiß
who (*inter. pron.*) wer; (*rel. pron.*) der (die, das); welcher (welche, welches)
whole ganz
why warum
wide breit; weit
wife Frau *f.* (–en)
win gewinnen (a, o)
wind Wind *m.* (–e)
windmill Windmühle *f.* (–n)
window Fenster *n.* (–)
wine Wein *m.* (–e)
winter Winter *m.* (–)
wish wünschen; wollen (wollte, gewollt *or* wollen) [will, willst, will]
with mit; bei; – it (them) damit; – what . . .? womit
without ohne (*acc.*); – seeing him, ohne ihn zu sehen
woman Frau *f.* (–en)
woods Wald *m.* (–̈er)
word Wort *n.* (–̈er)
work arbeiten; Arbeit *f.* (–en); Werk *n.* (–e)
world Welt *f.* (–en)
worry Sorge *f.* (–n)
write schreiben (ie, ie)
writer Dichter *m.* (–)

Y

year Jahr *n.* (-e)
yellow gelb
yes ja; yes indeed, jawohl
yesterday gestern; — evening, gestern
   abend

yet doch; noch (*time*); not —, noch
   nicht
young jung
young lady Fräulein *n.* (-)
your dein (deine, dein); euer (eure,
   euer); Ihr (Ihre, Ihr)

Index

The references are to lessons and the numbered sections in them.

247

DATE DUE

DEMCO 38-297